JN028554

民法 Ⅲ ── 債権総論

〔第5版〕

野村豊弘・栗田哲男・池田真朗・永田眞三郎・野澤正充 著

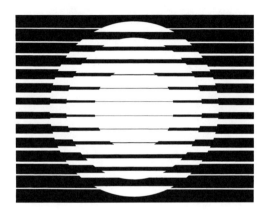

有斐閣 S シリーズ

Yuhikaku

第5版 はしがき

2017年の債権法改正に伴って本書第4版が刊行された2018年から，約5年が経過した。その間，2020年4月1日に改正法が施行されている。周知のように，債権法の改正は，債権法全体の見直しを行ったものであり，それに従った改訂は多岐にわたるものであった。そこで，第4版では，ただ単に，新債権法の内容を解説するだけにとどまらず，旧規定と新規定とを比較対照し，どのように改正が行われたのかを読者に伝えることを主眼としていた。そのためにかえって理解しにくいところがあったように思われる。また，現段階において，改正法に関する重要な判例の展開が明らかになっているわけではないが，改正法に関する解説書も多く出版され，解釈論はかなり進んでいるように思われる。そこで，このような学説の展開を踏まえて，もう一度本書の全体を見直すこととした。本書の読者にとって，旧版よりも読みやすくなっているとすれば，幸いである。

今回の改訂では，有斐閣書籍編集部の島袋愛未氏と藤本依子氏にお世話になった。お礼を申し上げたい。

2023年3月2日

執筆者一同

初版 はしがき

　Ｓシリーズ『民法Ⅰ〜Ⅴ』は，民法を総則，物権，債権総論，債権
各論，親族・相続に分け，各々に一巻をあて，各巻を４人（Ⅴのみは
３人）で分担執筆したものである。

　このシリーズの特色は，次の三点である。

　第一は，コンパクトな体裁で民法をひととおり学ぶことができるよ
うなテキストを提供する。コンパクトといっても，単に簡単というだ
けでなく，わかりやすいかたちで必要な事項をほぼ網羅的にカバーす
ることに努めた。簡単でしかもわかりやすくというのは，矛盾すると
もいえるが，共著者間で，原稿の段階，校正刷りの段階での読合せを
重ねて，表現や説明方法に工夫を加えるとともに，叙述の全体として
の統一性があるように努めた。

　第二に，全体を平版に説明することを避けて，叙述に濃淡をつけ，
表を活用するとともに，★を付して叙述の重要度を示すことにした。
星印一個★には二つの場合があり，一つは制度の基本となる事項，も
う一つは論点としての重要度第一段階である。星印二個★★は論点と
しての重要度第二段階であり，三個★★★は最重要であることを示し
ている。しかし，何が重要かは，人によっても，時によっても変わる
から，あくまで参考にしかすぎない。

　第三に，表のほか，理解を助けるために図を入れて，本文の解説を
わかりやすくする工夫をした。本来は読者自ら図をえがいて考えるの
が望ましいのであろうが，図の助けを借りることにより，少しでも理
解を進めようとするものである。これ以外にも，各自が具体例ごとに
図によって立体的な理解をはかるように望みたい。

　なお，判例については，民法の仕組みを説明したあと，関連のある
判例に必要な限りふれた。現在では，判例なしに民法を理解すること

は不可能といってもよいからである。もっとも，判例は最高裁判決に限っても多数にのぼるので，基本的なものに限定している。

学説については，判例を前提として展開されているものを中心にして，とくに対立のある問題について，対立点や結果の差異などに留意しつつふれている。

本書は，主として初学者を読者として想定している。したがって，これだけで民法のすべてがわかるわけではない。むしろ，民法を学ぶにあたってはどうしても理解しておかなければならない事項を精選して丁寧に解説している。民法の学習をより深めるためには，巻末に掲げた詳細な体系書や注釈書によって，学び進んでいってほしい。

このほか，先にもふれたが，民法の理解を深めるためには，民法が実際に適用された裁判（判例）を読むことが必要とされる。この本に引用されている判例は，いずれもエッセンスの引用にとどまるので，ぜひとも判例集にあたって読んでほしい。判例を読むことは必ずしも容易ではないが，巻末にあげたように，基本的判例が学習研究用に編集された本がいくつか出版されているので，それによるのが近道かもしれない。

最後に，企画段階から種々の協力を惜しまず，執筆上のお世話をいただいた有斐閣書籍編集部の前橋康雄，奥村邦男，大井文夫の各氏にお礼を申し上げたい。

　1988 年 3 月 17 日

執筆者一同

■執筆者紹介■ 《 》内は執筆分担

野村豊弘（のむら　とよひろ）〈第1章，第4章，第7章，第8章〉
1966年　東京大学法学部卒業
現　在　学習院大学名誉教授
〔主要著書〕
民事法入門〔第8版補訂〕（2022年，有斐閣），民法（2）——債権法
〔第4版〕（2022年，勁草書房，共著），民法（3）——親族法・相続法
〔第4版〕（2020年，勁草書房，共著），民法Ⅰ序論・民法総則〔第3
版〕（2013年，有斐閣），民法Ⅱ物権〔第2版〕（2009年，有斐閣），
分析と展開・民法Ⅰ〔第3版〕，Ⅱ〔第5版〕（2004年，2005年，弘文
堂，共著）

栗田哲男（くりた　てつお）〈第2章，第3章〉
1970年　東京大学法学部卒業
　　　　元立教大学法学部教授
〔主要論文〕
「富喜丸事件の研究」（法協88巻1,2号，共著），「消費者取引における
解除・損害賠償」（1985年，現代契約法大系4巻〔有斐閣〕所収），
「建設業における共同企業体の構成員の倒産」（判タ543号）

池田真朗（いけだ　まさお）〈第5章，第6章〉
1973年　慶應義塾大学経済学部卒業
現　在　武蔵野大学法学部教授，慶應義塾大学名誉教授
〔主要著書〕
債権譲渡と民法改正（2022年，弘文堂），民法への招待〔第6版〕
（2022年，税務経理協会），スタートライン債権法〔第7版〕（2020年，
日本評論社），スタートライン民法総論〔第3版〕（2018年，日本評論
社），債権譲渡の研究〔増補2版〕（2005年，弘文堂），マルチラテラ
ル民法（2002年，有斐閣，共著）

永田眞三郎（ながた　しんざぶろう）〈第7章〉
1966年　京都大学法学部卒業
　　　　元関西大学教授
〔主要著書・論文〕
情報ネットワーク時代の法学入門（1989年，三省堂，共編著），民法
入門・総則〔第5版補訂版〕（2023年，有斐閣，共著），物権〔第2
版〕（2019年，有斐閣，共著），債権〔第2版〕（2022年，有斐閣，共

著），「権利行使の期間制限」（1986 年，判例における法理論の展開
〔有斐閣〕所収）

野 澤 正 充（のざわ　まさみち）〈第 2 章，第 3 章〉

1983 年　立教大学法学部卒業
現　在　立教大学法学部教授

〔主要著書〕

契約法の新たな展開（2022 年，日本評論社），契約法 —— セカンドス
テージ債権法Ⅰ〔第 3 版〕（2020 年，日本評論社），債権総論 —— セカ
ンドステージ債権法Ⅱ〔第 3 版〕（2020 年，日本評論社），事務管理・
不当利得・不法行為 —— セカンドステージ債権法Ⅲ〔第 3 版〕（2020
年，日本評論社），民法学と消費者法学の軌跡（2009 年，信山社），契
約譲渡の研究（2002 年，弘文堂）

目　　次

★は重要ポイントを示す。

第1章　序　　論―――――――――――――――――――――― 1

Ⅰ　債権の意義 ……………………………………………………… 1

(1)　債権の定義 (1)　　★★(2)　債権と物権の違い (2)

(3)　債権と請求権 (5)　　(4)　債権の性質 (5)

Ⅱ　債権法の内容 ………………………………………………… 6

1　債権法の範囲 …………………………………………… 6

(1)　民法と特別法 (6)　　(2)　債権法の内容 (6)

2　債権法の特色 …………………………………………… 6

★★債権法の特色 (6)　　(1)　任意法規性 (6)　　(2)　普遍性
(7)　　(3)　信義則 (7)

第2章　債権の目的―――――――――――――――――――― 8

Ⅰ　序　　説 ……………………………………………………… 8

1　債権の目的とは何か ………………………………………… 8

2　債権の種類 ……………………………………………………… 10

(1)　特定物債権と種類債権 (10)　　(2)　金銭債権と非金銭債
権 (11)　　(3)　元本債権と利息債権 (11)　　(4)　選択債権
(11)　　(5)　可分債務と不可分債務 (11)　　(6)　与える債務
と為す債務 (11)　　(7)　作為債務と不作為債務 (12)

(8)　結果債務と手段債務 (12)　　(9)　一時的給付・継続的給
付・回帰的給付 (12)　　(10)　任意債権 (13)

Ⅱ　特定物債権と種類債権 ……………………………………… 13

　1　特定物債権………………………………………………… 13

　　★特定物債権（13）　　（1）善管注意義務（14）　　（2）善管注
　　意義務違反の効果（14）

　2　種類債権…………………………………………………… 14

　　★種類債権（14）　　（1）種類債権の引渡しと特定（集中）
　　（15）　　（2）品質（15）　　（3）制限（限定）種類債権（16）

Ⅲ　金銭債権 ……………………………………………………… 16

　1　金銭債権の特殊性 ………………………………………… 16

　　（1）どの通貨で支払うか（16）　　（2）貨幣価値の変動と金銭
　　債権（17）

　2　元本債権と利息債権 ……………………………………… 17

　　（1）法定利率（18）　　（2）単利と複利（19）

Ⅳ　選択債権 ……………………………………………………… 19

　1　選択債権とは何か ………………………………………… 19

　2　選択権 ……………………………………………………… 20

　　（1）誰が選択するか（20）　　（2）選択権の行使とその効果
　　（20）

　3　選択権の移転，不能による特定…………………………… 21

　　（1）選択権の移転（21）　　（2）不能による特定（21）

第3章　債権の効力──────────────── 22

Ⅰ　はじめに ……………………………………………………… 22

　1　債権にはどのような効力があるか………………………… 22

　2　債権の実現………………………………………………… 22

　　（1）債務者による任意の履行（23）　　（2）裁判所による債権
　　の実現（24）

  3 特殊な効力の債務 ……………………………………… 25
  (1) 債権の実現に問題のある債務 (25)　(2) 特殊な効力の
  債務に関する理論 (26)　★自然債務 (26)

  4 債権と第三者 ………………………………………………… 27
  ★★債権と第三者 (27)　(1) 不法行為の成否 (28)
  (2) 妨害排除請求 (29)

Ⅱ 履行の強制 ……………………………………………………… 30

  1 履行の強制とは何か ……………………………………… 30

  2 履行の強制の方法 ………………………………………… 31

  3 履行の強制の要件・効果 ………………………………… 32
  (1) 履行の強制の要件 (32)　(2) 履行の強制の効果 (32)
  (3) 各種の履行の強制方法 (32)

  4 履行の強制の制度上の問題点 …………………………… 34
  (1) 各種強制手段相互間の問題 (34)　(2) 履行の強制と債
  務者の自由意思 (35)　(3) 履行の強制ができない債務 (36)

Ⅲ 債務不履行 ……………………………………………………… 38

  1 債務不履行の基礎的事項 ………………………………… 38
  (1) 債務不履行とは何か (38)　(2) 債務不履行の成立要件
  (39)　★「債務の本旨」とは何か (39)　★免責事由 (40)

  2 債務不履行の諸類型 ……………………………………… 44
  (1) 履行遅滞とは何か (44)　(2) 履行不能とは何か (46)
  ★履行不能にはどのようなものがあるか (47)　(3) 不完全履
  行 (49)　★不完全履行とは何か (49)

  3 現代的課題 ………………………………………………… 52
  ★★★(1) 安全配慮義務 (52)　★★(2) 契約締結上の過失
  (54)　★(3) 説明義務・告知義務 (55)

Ⅳ 損害賠償 ………………………………………………………… 57

1　債務不履行による損害賠償とはどのようなものか …… 57

　(1)　債務不履行の効果 (57)　　(2)　問題の範囲 (58)

2　損害賠償の共通原則 ………………………………………… 58

　(1)　損害賠償の方法 (58)　　(2)　損害とは何か (59)

　(3)　因果関係 (60)　　(4)　損害賠償の範囲 (61)　　★通常損

　害・特別損害 (61)　　(5)　損害額の調整 (63)　　(6)　損害賠

　償額の予定 (64)　　(7)　代償請求権 (64)　　(8)　賠償者の代

　位 (65)　　(9)　損害賠償に関する立証責任 (65)

3　損害賠償に関する理論的問題 ……………………………… 65

　★★★損害賠償に関する理論的問題 (65)　　(1)　損害賠償の範

　囲の制限原理 (65)　　(2)　損害概念 (67)　　★損害＝金銭説

　(67)　　★損害＝事実説 (67)　　(3)　債務不履行と不法行為と

　の交錯 (68)

4　債務不履行の類型と損害賠償 ……………………………… 69

　(1)　履行遅滞と損害賠償 (69)　　★履行遅滞と塡補賠償 (70)

　(2)　履行不能と損害賠償 (71)　　★損害額算定の基準時 (71)

　(3)　不完全履行 (73)

V　受領遅滞 ………………………………………………………… 74

1　受領遅滞とは何か ……………………………………………… 74

2　受領遅滞の意義 ………………………………………………… 74

　(1)　受領義務説 (74)　　(2)　弁済の提供説 (75)

3　受領遅滞の要件・効果 ………………………………………… 75

　(1)　要件 (75)　　(2)　効果 (75)

第4章　責任財産の保全 ────────────── 77

I　序　説 …………………………………………………………… 77

1　責任財産 ………………………………………………………… 77

　　★**責任財産**（77）

　2　責任財産の保全 ……………………………………………… 77

Ⅱ　債権者代位権……………………………………………………… 78

　1　債権者代位権の意義……………………………………………… 78

　　(1) 具体例（78）　　(2) 意義（79）

　2　債権者代位権により保全される債権（被保全債権に関
　　する代位権行使の要件）………………………………………… 80

　　★★★(1) **保全の必要性**（80）　　(2) 債権が履行期にあるこ
　　と（83）　　(3) 債権が強制執行により実現可能であること
　　（84）

　3　債権者代位権の客体（被代位権利に関する代位権行使の
　　要件）……………………………………………………………… 84

　　(1) 序（84）　　(2) 債権者代位権の客体となるかどうかの判
　　断（85）　　★(3) **債権者代位権の客体にならない権利**（85）
　　(4) 債務者の権利不行使（87）

　4　債権者代位権の行使……………………………………………… 88

　　(1) 行使の方法（88）　　(2) 行使の範囲（88）　　(3) 相手方
　　の地位（88）　　★(4) **債権者への直接履行**（89）　　(5) 債務者
　　への訴訟告知（90）

　5　債権者代位権行使の効果 ………………………………………… 90

　　★★債権者代位権行使の効果（90）　　(1) 債務者による処分の
　　権限（90）　　(2) 効果の帰属（91）　　(3) 費用償還請求権
　　（92）　　★(4) **代位訴訟判決の効力**（93）

　6　債権者代位権の転用……………………………………………… 94

　　★★★債権者代位権の転用（94）　　(1) 立法により解決された
　　転用の事例（95）　　(2) その他の転用の事例（97）　　(3) 無
　　資力要件の要否（98）

Ⅲ　詐害行為取消権 ………………………………………………… 99

1　詐害行為取消権（債権者取消権）の意義 ……………………… 99
(1)　具体例 (99)　　(2)　意義 (99)　　★(3)　日本法の特色
(101)　　★★(4)　詐害行為取消権の性質に関する理論の対立
(102)

2　詐害行為取消権の要件 ……………………………………………104
★★(1)　債務者の行為に関する要件 (105)　　(2)　債務者の詐害
意思と受益者・転得者の悪意 (112)　　★★★(3)　債権者の債
権に関する要件 (114)

3　詐害行為取消権の行使 ……………………………………………115
(1)　行使の方法 (115)　　★(2)　行使の相手方 (116)
(3)　行使の範囲 (117)　　(4)　債権者への直接履行 (118)
(5)　債務者への訴訟告知 (119)　　★(6)　詐害行為取消権行使
の期間制限 (119)

4　詐害行為取消権行使の効果 ………………………………………120
★★詐害行為取消権行使の効果 (120)　　(1)　取消認容判決の効
力 (121)　　(2)　受益者との関係 (122)　　(3)　転得者との関
係 (122)

第5章　多数当事者の債権関係 ────────────── 124
Ⅰ　序　説 …………………………………………………………………124
1　多数当事者の債権関係とは ……………………………………124
2　機能の二元性 ………………………………………………………125
3　債権・債務の共同的帰属形態 …………………………………125
(1)　債権・債務の合有的帰属 (127)　　(2)　債権・債務の総
有的帰属 (127)

Ⅱ　分割債権・分割債務 ………………………………………………128
1　分割債権・分割債務 ……………………………………………128

    2　分割債権・分割債務の要件 ……………………128

      (1)　分割債権 (129)　　(2)　分割債務 (129)

    3　分割債権・分割債務の効力 …………………………129

      (1)　対外的効力——独立性 (129)　　(2)　影響関係——相対

      性 (130)　　(3)　内部関係——不発生 (130)

Ⅲ　不可分債権・不可分債務 ………………………………130

    1　不可分債権・不可分債務の意義と要件 …………………130

      (1)　性質上の不可分 (131)　　(2)　分割債権・債務への変更

      (131)

    2　不可分債権の効力 ………………………………………132

      (1)　対外的効力 (132)　　(2)　影響関係 (132)　　(3)　内部関

      係 (133)

    3　不可分債務の効力 ………………………………………134

      (1)　対外的効力 (134)　　(2)　影響関係 (134)　　(3)　内部関

      係 (135)

Ⅳ　連帯債務 ……………………………………………………135

    1　連帯債務の意義 …………………………………………135

      (1)　意義 (135)　　(2)　性質 (136)

    2　連帯債務の要件 …………………………………………136

      (1)　法律の規定による成立 (136)　　(2)　契約による成立

      (137)　　★(3)　連帯の推定 (137)

    3　連帯債務の効力 …………………………………………138

      (1)　対外的効力 (138)　　★(2)　影響関係(1)——絶対的効力

      (138)　　★★(3)　影響関係(2)——相対的効力 (140)　　(4)　内

      部関係 (143)　　★★★求償権の制限 (143)

    4　不真正連帯債務 …………………………………………147

      (1)　意義 (147)　　(2)　効力 (148)

5　連帯債権 ……………………………………………149

V　保証債務 ……………………………………………150
1　保証債務とは ………………………………………150
　(1)　意義 (150)　　(2)　法的性質 (151)
2　保証債務の成立 ……………………………………153
　★(1)　保証契約 (153)　　(2)　保証人の資格 (154)　　(3)　主
　たる債務の存在 (155)
3　保証債務の効力 ……………………………………156
　(1)　債権者・保証人間の効力 (156)　　★保証債務の内容 (156)
　★★取消権を保証人が行使しうるか (159)　　(2)　主たる債務
　者・保証人間の効力 (159)　　(3)　債権者の情報提供義務
　(160)
4　保証人の求償権 ……………………………………160
　(1)　序説 (160)　　(2)　委託を受けた保証人の求償権 (161)
　(3)　委託を受けない保証人の求償権 (163)　　(4)　主たる債
　務者が数人いる場合の保証人の求償権 (164)　　(5)　保証人
　の代位権 (165)
5　連帯保証 ……………………………………………165
　(1)　意義と性質 (165)　　(2)　成立 (165)　　(3)　効力 (166)
　★(4)　連帯債務との異同 (167)
6　共同保証 ……………………………………………168
　(1)　意義と種類 (168)　　★保証連帯 (168)　　(2)　分別の利
　益 (168)　　(3)　共同保証人相互間の求償 (170)
7　継続的保証 …………………………………………171
　★継続的保証 (171)　　(1)　根保証・信用保証 (171)
　(2)　賃借人の債務の保証 (173)　　(3)　身元保証 (174)
　(4)　機関保証 (175)

 8 個人保証人の保護の強化 ……………………………………175

 ★個人保証人の保護の強化 (175)　(1) 個人根保証契約 (175)

 ★★(2) 事業債務についての個人保証契約 (176)

第6章　債権譲渡と債務引受————————————————179

 Ⅰ　序　説 ………………………………………………………179

 1　債権譲渡，債務引受とは ……………………………………179

 2　債権の譲渡性 …………………………………………………180

 ★★★譲渡制限特約 (180)

 Ⅱ　債権譲渡 ………………………………………………………192

 1　債権譲渡の意義と機能…………………………………………192

 2　債権譲渡の成立要件……………………………………………192

 (1) 成立要件 (192)　(2) 債権譲渡と他の類似の制度 (193)

 3　債権譲渡の対抗要件……………………………………………195

 (1) 対抗要件主義の採用 (195)　(2) 民法対抗要件の構

 造——二つの対抗要件 (195)　(3) 対抗要件の強行法規性

 (197)　(4) 対抗要件の構成要素 (198)　★確定日付 (201)

 (5) 債務者に対する対抗要件としての通知・承諾の効果

 (202)　(6) 第三者に対する対抗要件としての確定日付ある

 通知・承諾の効果 (203)　★★★優劣決定の基準 (205)

 ★★(7) 民法の対抗要件に対する特例としての債権譲渡登記制

 度 (208)

 4　債権譲渡の効果と債務者の抗弁 ……………………………211

 (1) 原則 (211)　(2) 債務者の抗弁 (211)　(3) 異議をと

 どめない承諾による抗弁喪失規定の廃止 (212)

 5　債権譲渡の原因関係……………………………………………214

 (1) 序説 (214)　★(2) 債権流動化のための債権譲渡 (214)

　★★(3)　担保のための債権譲渡 (215)　　(4)　代物弁済として
の債権譲渡 (217)

　6　債権譲渡による資金調達と将来債権譲渡 ………………217
　　★★★債権譲渡による資金調達と将来債権譲渡 (217)

　7　債権譲渡と相殺 …………………………………………219
　　★★債権譲渡と相殺 (219)　　(1)　改正法の規定──従来の判
例法理と同様の部分 (219)　　(2)　改正法の規定──差押え
と相殺と同一の拡張部分 (219)　　(3)　改正法の規定──差
押えと相殺の規定を超える拡張部分 (221)　　(4)　改正法の
読み替え規定 (222)

Ⅲ　民法の債権譲渡と他の法律による債権譲渡………………223
Ⅳ　債務引受 …………………………………………………225
　1　序　説 ……………………………………………………225
　2　免責的債務引受 …………………………………………225
　　(1)　意義 (225)　　(2)　要件 (226)　　(3)　効果 (226)
　3　併存的債務引受 …………………………………………229
　　(1)　意義 (229)　　(2)　要件 (229)　　(3)　効果 (230)
　4　履行引受 …………………………………………………231
　　(1)　意義 (231)　　(2)　要件 (231)　　(3)　効果 (231)

Ⅴ　契約譲渡（契約上の地位の移転）………………………232
　1　意　義 ……………………………………………………232
　2　要　件 ……………………………………………………232
　　(1)　契約の内容 (232)　　(2)　当事者 (233)
　3　効　果 ……………………………………………………234
　　(1)　原則 (234)　　(2)　解除権の帰趨 (234)　　(3)　取消権の
帰趨 (234)
　4　問題点 ……………………………………………………235

第7章　債権の消滅————————————————236

Ⅰ　序　説 ……………………………………………………236

　1　債権の目的と債権の消滅 ………………………………236

　2　債権の消滅原因 …………………………………………237

　　(1)　消滅原因と民法の規定 (237)　　(2)　目的の実現と消滅
　　原因 (237)　　(3)　権利一般に共通な消滅原因 (238)

Ⅱ　弁済と供託……………………………………………………239

　1　弁　済 ……………………………………………………239

　　★(1)　弁済の意義と性質 (239)　　(2)　弁済の提供 (240)
　　★★弁済の提供と責任軽減 (240)　　★★口頭の提供 (243)
　　(3)　第三者の弁済 (244)　　(4)　弁済による代位 (246)
　　★弁済した第三者の求償権実現の確保 (246)　　★★★弁済につい
　　て利益を有する代位者相互間の関係 (248)　　(5)　弁済の受領権
　　(254)　　★★債権の準占有者への弁済 (256)　　★★(6)　弁済の
　　充当 (259)　　(7)　弁済の証明のための弁済者の権利 (261)

　2　代物弁済……………………………………………………262

　　(1)　代物弁済の意義と性質 (262)　　★★(2)　本来の給付に代
　　わる「他の給付」(263)　　(3)　債権者との間の契約 (263)
　　(4)　弁済と同一の効果 (264)　　★(5)　代物弁済の予約 (264)

　3　供　託 ……………………………………………………265

　　★(1)　供託の意義と性質 (265)　　★(2)　供託原因 (265)
　　(3)　供託をなすべき場所 (267)　　(4)　目的物の売却代金に
　　よる供託 (267)　　(5)　一部供託 (268)　　(6)　債権者の供託
　　物引渡請求権 (268)　　(7)　供託者の供託物の取戻し (268)

Ⅲ　相　殺 ………………………………………………………269

　1　序　説 ……………………………………………………269

　　★(1)　相殺の意義と性質 (269)　　★★(2)　相殺制度の機能

（270）

　　2　相殺適状と相殺の禁止 ……………………………………270

　　★★(1)　相殺適状（270）　　★★双方の債権が弁済期にあること

　　（272）　　(2)　相殺の禁止（273）　　★★受働債権が不法行為等

　　に基づく債権であるとき（274）　　★★★自働債権が受働債権の差

　　押え後に取得された債権であるとき（276）　　★★受働債権が譲渡

　　された場合の債務者による相殺の可否（279）

　　3　相殺の方法と相殺の効果 ………………………………281

　　(1)　相殺の方法（506条1項）（281）　　(2)　相殺の効果（281）

　Ⅳ　更改・免除・混同 ………………………………………283

　　1　更　改 ……………………………………………………283

　　★(1)　更改の意義と性質（283）　　(2)　更改の要件（284）

　　(3)　更改の効果（285）

　　2　免　除 ……………………………………………………286

　　(1)　免除の意義と性質（286）　　★(2)　免除の方法と効果（287）

　　3　混　同 ……………………………………………………288

　　★(1)　混同の意義と性質（288）　　★★(2)　混同の効果（288）

第8章　有価証券———————————————————290

　Ⅰ　序　説 ……………………………………………………290

　　1　平成29年改正前 …………………………………………290

　　2　平成29年改正 ……………………………………………291

　Ⅱ　有価証券 …………………………………………………291

　　1　指図証券 …………………………………………………291

　　(1)　指図証券の意義（291）　　(2)　指図証券の譲渡（292）

　　(3)　指図証券の善意取得（292）　　(4)　指図証券の譲渡にお

　　ける抗弁の制限（293）　　(5)　指図証券の質入れ（293）

(6) 指図証券の弁済の場所，証券の提示による履行遅滞およ
び債務者の調査の権利等（293）　(7) 指図証券の喪失およ
びその場合の権利行使方法（294）

2　記名式所持人払証券……………………………………294

(1) 記名式所持人払証券の意義（294）　(2) 記名式所持人
払証券の譲渡（294）　(3) 記名式所持人払証券の善意取得
（295）　(4) 記名式所持人払証券の譲渡における抗弁の制限
（295）　(5) 記名式所持人払証券の質入れ（295）　(6) 指
図証券に関する規定の準用（295）

3　その他の記名証券（指図証券および記名式所持人払証券
以外の記名証券）………………………………………296

(1) その他の記名証券の意義（296）　(2) その他の記名証
券の譲渡，質権設定等（296）

4　無記名証券　…………………………………………297

(1) 無記名証券の意義（297）　(2) 無記名証券の譲渡，質
権設定等（297）

5　免責証券………………………………………………297

(1) 免責証券の意義（297）　(2) 免責証券の譲渡，債務者
の保護等（298）

■ 債権法改正の新しい条文は，いつからどのように適用されるのか（299）
■ 参考文献（304）
■ 事項索引（307）
■ 判例索引（314）

■ 略 語 例 ─────────────────

□ 法令名の略語

民法の条文は，原則として，条数のみを引用する。それ以外の法
令名の略語は，原則として，有斐閣六法の略語を用いる。

□ 判例引用の略語

民　録　大審院民事判決録
刑　録　大審院刑事判決録
民　集　大審院民事判例集，最高裁判所民事判例集
刑　集　大審院刑事判例集，最高裁判所刑事判例集
高民集　高等裁判所民事判例集
下民集　下級裁判所民事裁判例集
家　月　家庭裁判月報
新　聞　法律新聞
評　論　法律学説判例評論全集
裁判例　大審院裁判例
判　タ　判例タイムズ
判　時　判例時報
金　判　金融・商事判例
　　　　　＊
大連判　大審院連合部判決
最大判　最高裁判所大法廷判決
最　判　最高裁判所判決
高　判　高等裁判所判決
地　判　地方裁判所判決
　　　　　＊
例　最判昭 36・6・20 民集 15 巻 6 号 1602 頁
　　　→最高裁判所昭和 36 年 6 月 20 日判決（最高裁判所民事判
　　　　例集 15 巻 6 号 1602 頁所収）

第1章　序　　論

I　債権の意義

(1)　債権の定義　　ボアソナードの起草した旧民法では，債権について定義規定を置いていたが（財産編3条，293条），現行民法には，そのような定義規定は存在しない。たとえば，売買契約を例にとると，買主は売主に対して目的物の引渡しを請求することができ，売主は買主に対して代金の支払を請求することができる。このように，ある特定の人が他の特定の人に対して，ある特定の行為をすること（あるいはしないこと）を請求しうる権利を有している場合に，その権利を一般に債権と呼んでいる。

　前述の売買の例について見方を変えると，売主は買主に対して目的物を引き渡す義務を負い，買主は売主に対して代金を支払う義務を負っているということができる。このようにある特定の人が他の特定の人に対して，ある特定の行為をする（あるいはしない）義務を負っている場合に，その義務を債務と呼んでいる。ここにあげた例からもわかるように，当事者間の権利義務関係を権利の側からみたものが債権であり，義務の側からみたものが債務である。比喩的にいえば，債権と債務は一つの権利義務関係の表と裏といえよう。そして，債権を有している当事者を債権者といい，債務を負っている当事者を債務者という。前述の例では，目的物の引渡しについては，買主が目的物引渡債権を有する債権者

であって，売主が目的物引渡債務を負う債務者であることになる。あるいは，売買代金については，売主が代金債権を有する債権者であって，買主が代金債務を負う債務者であることになる。債権債務の内容である債務者のなすべき行為（すなわち，債権者の請求しうる行為）を給付と呼んでいる（401条1項・2項，402条1項・3項，410条，482条）。給付は必ずしも作為の場合ばかりでなく，不作為の場合もある。たとえば，給付が不作為である場合の例として，建物の賃貸借に際して，賃借人が賃借建物において賃貸人と同一の営業をしないことを約束した場合をあげることができる。

★★　　(2) **債権と物権の違い**　　民法は，債権と物権を対置させている。すなわち，債権が他人に対して行為を請求する権利であるのに対して，物権は一定の物を直接に支配する排他的な権利であるとされている（本シリーズⅡ・物権法編第1章1(3)）。このように理念型として定義された債権と物権との間には次のような差異がみられる。

　　第一に，物権には，排他性があるが，債権には，排他性がないとされる。したがって，一つの物について同一の内容の物権は一つしか成立しないこととなる（一物一権主義）。すなわち，一つの物について，二つの所有権が成立することはありえないのである。これに対して，同一内容の債権は，たとえそのうちの一つしか実現しえない場合であっても，複数成立しうると解されている。たとえば，ある歌手が，一方で東京の劇場に出演する契約をある興行主と締結し，他方でそれと同一の日時に大阪の劇場に出演する契約を別の興行主と締結した場合には，契約締結の先後と無関係に両方の債権債務関係は完全に有効に成立しうるのである。すなわち，両方の債権は完全に平等である（歌手が一方の劇場に出演すれば，他方の劇場に出演できなくなるが，そちらの債権債務関係は債務不履行

の問題として処理されることになる）。

　第二に，排他性とも関連するが，物権には絶対性があるのに対して，債権には絶対性はなく，相対性があるにすぎないとされている。すなわち，物権の権利者は誰に対しても物権を主張することができる。たとえば，所有権者は，誰に対しても所有権を主張することができ，もし所有権の行使を妨げている者があれば，その者に対してその妨害の排除を請求できる。これに対して，債権者は，債務者に対してのみ債権の内容の実現（履行という）を請求しうるにとどまり，他の第三者に対してその請求をすることはできない。たとえば，賃貸人と賃借人との間に，賃借人は賃貸人と同一の営業をしない旨の合意がある場合に，この競業避止義務について，賃貸人が，その履行を請求しうるのは，合意の相手方である賃借人に対してだけであって，他の第三者に対してはその請求はできない。そもそも物権については，一般的に義務者を意味する言葉はないが，債権については，一般的に義務者を意味するものとして，債務者という言葉が用いられているのは，債権の相対性を前提とするものであるといえよう。

　第三に，物権については，物権法定主義がとられている（175条）。それによって，民法その他の法律によって物権として認められているもののほか，新たな種類の物権を自由に作ることはできないとされている。物権は，排他性，絶対性が認められているために，第三者に対する影響が大きいこと，自由に創設される多種多様な物権に対応する公示方法を設けることは困難であること，などを考えると，このような制約は当然のことといえよう。これに対して，債権は，債権者と債務者との間を規律するもので，原則として他の第三者に影響を与えないから，当事者間で自由に債権債務の内容を定めてもよいと考えられる。契約自由の原則はこ

のような自由を容認するものである。平成29年改正前においては，民法に規定はなかったが，このことは当然のことと考えられていた。そして，平成29年改正によって，明文の規定が入れられた（521条2項）。

　第四に，物権については，当然にその譲渡性が認められている。債権についても，現在では，原則としてその譲渡性が認められているが（466条1項），歴史的には，必ずしも債権の譲渡は自由ではなかった。物権が物を直接に支配する権利であり，債権が債権者と債務者との間でのみ効力を有するにすぎない以上，このことは当然のことといえよう。現在でも，債権の譲渡性が認められていない場合が残っている。たとえば，どちらも他人の土地を利用する権利であるが，地上権，永小作権については，その譲渡性が認められているのに対して（永小作権について272条が，明文で譲渡性を認めており，地上権についても類推されると解されている），賃借権については，その譲渡性が制限されている（612条）。その根拠は，地上権，永小作権が物権であるのに対して，賃借権は賃貸人と賃借人との間の個人的な信頼関係の上に成立する債権であると考えられていることである。

　第五に，両立しえない物権と債権が競合する場合に，物権が債権に優先するとされている。たとえば，賃借人は賃貸人（＝所有者）に対してその賃借物を利用する債権を有するが，賃貸人からその物の所有権（すなわち物権）を譲り受けた第三者には賃借権を対抗できないのが原則である（「売買は賃貸借を破る」という法格言はこのことを意味する）。もっとも，建物所有を目的とする土地の賃借権，建物の賃借権，農地の賃借権等については，一定の要件を備えるとその賃借権を第三者に対抗することができる（605条，借地借家10条，31条，農地18条）。

　(3)　債権と請求権　　民法では，債権という言葉と並んで，請求権という言葉も用いられている（721条，724条，884条）。また，「請求することができる」という表現も用いられている（416条2項，443条1項，481条1項等）。そこで，請求権がどのような意味を持っているか，特に債権とどのような差異があるかが問題となる。しかし，民法典の中には，請求権についての定義規定はない。そこで，主としてドイツ法学を参照しながら，請求権とはなにかが論じられてきた。しかし，最近では，このような議論にはあまり実益がないと考えられるようになった。いずれにせよ，請求権という言葉は多義的に使用されている。たとえば，債権と同義に用いられている場合，債権に基づく具体的・個別的な内容を意味している場合などがある。

　(4)　債権の性質　　一般に，債権の性質として，相対性，平等性，譲渡性，不可侵性があげられている。

　相対性，平等性，譲渡性については，物権との対比においてすでに述べた通りである。ここでは，不可侵性について述べるにとどめる。債権の相対性を強調すると，債権の不可侵性は認められないことになる。前述の例についていえば，歌手が出演契約を二重にしたとしても，二つの契約は完全に平等であって，そのあいだに優劣はないのであるから，後の契約が前の契約上の債権を侵害したことにはならないといえよう。しかし，学説・判例は，古くから債権の不可侵性を認め，債権が侵害された場合には，不法行為として損害賠償請求を認めている（詳しくは，第3章I4(1)）。さらに，物権に近い効力の与えられている債権（対抗力のある不動産賃借権）については，物権的請求権と同じように侵害状態を除去する請求権が認められている（605条の4。なお，本書30頁，本シリーズⅡ・物権法編第2章Ⅲ1(3)）。

Ⅱ　債権法の内容

1　債権法の範囲

(1)　民法と特別法　　債権法というときには，一般的には，民法第3編「債権」を意味することが多い（形式的意義における債権法などと呼ばれる）。しかし，債権に関する特別法も少なくなく，これらの特別法も含めて，債権法ということもある（実質的意義における債権法などと呼ばれる）。

　債権法の領域における主な特別法として，次のような法律をあげることができる。利息制限法，供託法，身元保証ニ関スル法律，割賦販売法，特定商取引に関する法律，特定商品等の預託等取引契約に関する法律，無限連鎖講の防止に関する法律，借地借家法，消費者契約法，製造物責任法，失火ノ責任ニ関スル法律，自動車損害賠償保障法，原子力損害の賠償に関する法律，などがある。

(2)　債権法の内容　　民法第3編「債権」は，総則，契約，事務管理，不当利得，不法行為の5章からなっている。本書が扱うのは，このうち総則の部分であって，講学上は債権総論と呼ばれる。債権総則には，債権の内容に関する規定，債権の効力に関する規定，債権の移転に関する規定，債権の消滅に関する規定，が含まれている。

★★　2　債権法の特色

(1)　任意法規性　　第一の特色として，債権法は原則として任意法規であることをあげることができる。排他性の認められている物権と異なって，債権には相対性しかなく，第三者に対する影響が少ないので，民法は，当事者の意思を尊重し，債権法の規定

は任意規定として当事者の意思を解釈し，補充するにとどまるものとしたのである。ただし，債権法の領域における特別法では，民法の規定が修正されていることが少なくなく，その場合には，強行法規とされていることが多い（割賦5条2項，借地借家9条，16条，21条，30条，37条等参照）。

(2)　普遍性　　第二の特色として，債権法の内容は普遍的であることをあげることができる。債権法の対象となっている取引は合理性によって規律されるため，均一化する傾向にある。特に国際取引の盛んな現代社会においてはその傾向は著しい。その結果，債権法の内容も普遍的なものとなり，家族法，土地法のような地域的特性は少なくなっている。

(3)　信義則　　第三の特色として，債権法においては信義則が重要な役割を果たしていることをあげることができる。フランス民法は，契約が信義則に従って交渉され，締結され，履行されなければならないと規定し（1104条1項），ドイツ民法は，債務者が取引の慣行を考慮し，信義誠実の要求するところに従って給付をなすべき義務を負うと規定している（242条）。またドイツ民法は，信義則が契約の解釈原理となることも規定している（157条）。日本でも，同じように考えられている。すなわち，債権の行使および債務の履行において，当事者が信義則に従うべきこととされている。また，契約の解釈についても信義則が基準となるとされている（最判昭32・7・5民集11巻7号1193頁）。なお，フランス民法では，信義則に関する規定が契約のところに置かれ，ドイツ民法では信義則に関する規定が債務法に置かれているのに対して，日本民法では総則に置かれているが，信義則の重要性に差異はない。

第2章　債権の目的

I　序　説

1　債権の目的とは何か

「債権の目的」という表現は，ヨーロッパの表現をそのまま翻訳したものであって，日常の用語法とは異なって用いられている。すなわち，当事者が債権によって実現しようと意図している目標でも，動機でもない。債権の目的とは，債務者の一定の行為（作為・不作為），すなわち給付を意味するものである。なお，民法典では，「債権の目的」ということばとは別に，「債権の目的物」ということばが用いられている（401条，402条1項など）。ここにいう「債権の目的物」とは，たとえば物の引渡債務における物や，代金支払債務における金銭のように，給付の対象を意味することばである。

　ところで，債権が法律上の保護を受けるためには（たとえば，裁判によって債権の内容を強制的に実現する），どのような給付内容でもよいわけではなく，以下の要件をみたしていることが必要である。まず，債権が法律の規定に基づいて発生する場合（事務管理・不当利得・不法行為）には，その規定に定められた要件が必要である。また，債権が契約から生じる場合には，債権総則は，単に給付内容が経済的な価値を有しなくともよいと定めるにすぎず（399条），当事者の自由な意思に委ねられている。ただし，学説によって給

付の適法性，可能性および確定性が要件としてあげられていた。

　(ア)　給付の適法性　　自動車の売買契約に基づいて販売店が買主に自動車を引き渡す場合のように，債務者が給付する内容は法律上適法であり，社会的にも妥当なものであることを要する。給付内容が不法ないしは公序良俗に反するような場合には（たとえば，麻薬の売買），そのような契約は無効である（90条）。

　(イ)　給付の可能性　　平成29年改正前は，債務者がなすべき給付は実現可能なものであることを要し，債権発生の時から不可能な給付を目的とする債権は無効である，と解されていた。たとえば，焼失して現存しない建物を引き渡すという給付は実現不可能である。しかし，民法は，この場合においても，当該債権は無効ではなく，その存在を前提に，債務者の債務不履行となり，債権者が，債務者に対し，「第415条の規定によりその履行の不能によって生じた損害の賠償を請求することを妨げない」とする（412条の2第2項）。また，契約成立の後に債務の履行が不能となった場合にも，当該債務は当然には消滅せず，債権者は，依然として債務者に対し，債権に基づく履行請求権を有することを前提に，「その債務の履行を請求することができない」とする（412条の2第1項）。すなわち，民法は，「債務の履行が契約その他の債務の発生原因及び取引上の社会通念に照らして不能である」（同項）ことは，債務の消滅事由ではなく，その限界事由としてとらえ，債務が消滅するためには，債権者による解除権の行使（541条，542条）が必要であるとする。

　(ウ)　給付の確定性　　自動車の売買契約に基づいて買主が売主に代金として100万円を支払うことのように，債務者が給付する内容は確定したものであることを要する。もっとも，契約成立時点では確定していなくとも，後日何らかの方法で確定しうるもの

であれば，確定性の要件は充足する。たとえば，売買において，代金額については第三者機関の評価額に従うとするような場合である。後に述べる選択債権などもその例である。

　(エ)　給付の経済的価値　　債権総則は，債権の目的とするためには給付が経済的価値を有することは必要ではないとする（399条）。これを根拠として，古い下級審の事例では宗教的行為を行う契約も債権として成立するとしたものがある（称名念仏事件―東京地判年月日不明新聞986号25頁）。もっとも，経済的に価値のない給付を目的とする債権については，そもそも契約当事者に法律的拘束力を生じさせる意思がなく，たとえ不履行があっても，道徳的・宗教的な制裁に委ねる意思である場合も少なくないであろう。

2　債権の種類

　債権，特に契約に基づく債権は，当事者が原則として自由にその内容を定めることができる。このため債権の目的はおのずと多様なものとなり，これを様々な角度から分類することが可能である。たとえば民法は，主要な債権につき，その給付内容の確定基準に関する規定を設けている（400条以下）。そこで，まずこれに着目した分類が考えられる（(1)～(4)）。しかし，債権の種類はこれに尽きるものではなく，債権総則の規定を理解するうえで意味のある分類は他にも存在する。それらを含めて，債権の分類を以下に列挙する（なお，これらの分類は，一定の目的のもとになされているものであり，その目的を念頭において，分類を理解することが必要である）。

　(1)　特定物債権と種類債権　　給付の対象が物の個性を重視した特定物の給付を内容としているか，それとも物の種類に着目しているかによる分類である（本章Ⅱ参照）。この分類は，物の保管義務（400条），給付の特定（401条2項）について意味がある。

(2) 金銭債権と非金銭債権 これは，給付の対象が金銭であるかどうかによる分類である。売買においては，売主は代金の支払を請求するという金銭債権を取得し，買主は物の引渡しを請求するという非金銭債権を取得する。金銭債権については，どのような通貨で支払うべきかについて規定が設けられているほか（402条，403条），履行遅滞に関する特則があり（419条），また金銭債権と非金銭債権では強制執行の方法にも差異がある（民執43条以下，168条以下，なお第3章Ⅱ3参照）。

(3) 元本債権と利息債権 これは，主として給付の経済的性質に着目した分類である。金銭の貸借において利息の合意があるときには，借主は借り受けた金銭（元本）を返還するとともに利息を支払わなければならない。このような場合に，元本の返還を求める債権が元本債権であり，元本の利用の対価としての利息の支払を求める債権が利息債権である。この分類は，消費貸借（587条以下），消費寄託（666条）に関して問題となる。また，債権総則では，利率（404条）および利息の元本への組入れ（405条）について規定が設けられている（本章Ⅲ参照）。

(4) 選択債権 複数の給付の中から，特定の給付を選択して給付することを内容とする債権を選択債権という。誰が給付を選択できるかということを中心として，詳細な規定が設けられている（406条以下）（本章Ⅳ参照）。

(5) 可分債務と不可分債務 これは，給付を分割することができるかどうかによる分類である。金銭債権は常に可分であるが，1台の自動車の給付は不可分である。両者の区別は，複数の者が一つの債務を負担している場合に意義がある（428条以下）。

(6) 与える債務と為す債務 フランス民法に由来する分類である。与える債務は，たとえば，売主の目的物引渡債務，買主の

代金支払債務のように，主として物権（占有）の移転を内容とする債務をいう。これに対して，たとえば，画家の肖像画を描く債務のように，労務の給付を内容とする債務を為す債務という。もっとも，広い意味での為す債務は作為債務のみならず，不作為債務をも含む概念として用いられている。このような区別は，履行の強制方法に関して意義を有する。

　(7)　作為債務と不作為債務　　一般的には，債務者がある行為を積極的に行うことを内容とする債務を作為債務といい（たとえば，請負人の仕事完成義務。632条），債務者が積極的な行為を行わないことを債務の内容とするものを不作為債務という（たとえば，隣地所有者相互間で高層建築物を建てないという契約をした場合）。両者の差異は履行の強制方法にみられる（民執171条1項）。これに対して，作為債務を与える債務と為す債務の上位概念ととらえ，それと不作為債務とを対置させる見解もある。

　(8)　結果債務と手段債務　　結果債務とは，一定の結果の実現を目的とする債務であり（たとえば，特定物の引渡し，建物の建築），手段債務とは，結果の実現にあたっての過程が重要な債務である（たとえば，医療契約上の医師の義務）。これも，フランス民法に由来する分類である。

　(9)　一時的給付・継続的給付・回帰的給付　　これは，給付の実現の態様に着目した分類である。一時的給付とは物を一度に給付するものであり（たとえば，不動産の通常の売却），継続的給付とは一定の期間給付を継続するものであり（たとえば，建物の賃貸借。貸主は契約期間中建物を貸し続けなければならない），回帰的給付とは同種の物を繰り返し給付するものである（たとえば，新聞の定期購読）。後の二つの場合には，当事者間に継続的関係を生じる結果，信義則の支配する程度が強くなると考えられ，契約関係の解消に際し

て，区別して扱うべきものと考えられている。

　(10)　**任意債権**　　これは，債権者または債務者に給付の内容を後に変更する権利がある債権である（たとえば，支払通貨の変更。403条）。契約によって生じる場合もあるが，例外的なものである。

Ⅱ　特定物債権と種類債権

　たとえば，自動車を買う場合に，新車ならばメーカーと型式等を指定して注文するのが通常であるが，中古車の場合には販売店にある車を実地に見て，単にメーカー・型式等だけではなく，この車と指定して注文するのが通常である（走行距離，傷みの程度が異なるので）。このように，同じく自動車の売買といっても，当事者が個々の自動車の個性に着目して行う取引（特定物債権）とそうでない取引（種類債権）とがある。

1　特定物債権　　　　　　　　　　　　　　　　　　　　　★

　特定物債権とは，特定物の引渡しを目的とする債権である。債権の目的物である物の個性に着目した債権がこれに該当する。上のような中古車売買のほか，絵画，手作りの商品に関する取引の多くがこれに該当する。特に重要なのは，土地は原則として特定物である，ということである。たとえば，同じような区画に分割された土地でも，それぞれ日当りが違い，環境が違うから，どの区画でも同じであるとはいえない。このような特定物債権のうち特定物の引渡しを目的とするものについて，民法は特に物の保管義務に関する規定を設けている（400条）。なお，特定物は，その物が滅失すれば直ちに履行不能となる。すなわち，種類債権と異なり，債務者には類似の物を他から調達する義務はない。

(1) 善管注意義務　　特定物の引渡債務の債務者は，引渡しまでの間善良な管理者の注意（「善管注意」と略称される）をもって，目的物を保管しなければならない（400条）。売買だけでなく，賃貸借（借主には契約終了時に目的物の返還義務がある），寄託など各種の契約で問題となる。善管注意とは，取引上客観的に必要とされる注意を尽くすことであるが，その内容・程度は，「契約その他の債権の発生原因及び取引上の社会通念に照らして定まる」（400条）ものであり，債権の発生原因とは関係のない，債務者の「過失」を意味するものではない。これと対比されるのは，単に債務者が自分の財産の保管に際して払う主観的な注意義務を内容とする「自己の財産に対するのと同一の注意」（無償寄託。659条）あるいは「その固有財産におけるのと同一の注意」（相続財産。918条）であり，善管注意義務はこれよりも重い注意義務である（商人は無償寄託の場合でも善管注意義務を負う。商595条）。善管注意義務については裁判上争われることが比較的少ないが，賃貸借において，目的物の使用による破損が問題となることがある。

(2) 善管注意義務違反の効果　　善管注意義務に違反して，目的物を滅失・損傷した場合には，債務者は債務不履行として損害賠償義務を負う（415条）。

★　2　種類債権

　種類債権とは，債権の目的物を示すのに種類と数量だけを指示した債権である（401条1項）。市民の日常生活における取引対象は，大量生産された個性に乏しい商品が中心であり，種類債権の社会経済的な意義は大きい。たとえば，書店で本を買う，デパートで既製服を買う場合など，日常の消費生活はほとんどが種類債権に関するものである。前述のように民法は，特定物の保管義務

については特別の規定を置くが，不特定物（種類物）に関しては格別規定を設けていない。これは，不特定物の保管が十分でなかったとしても，債権者としては新たな物の引渡しを請求できるからである（店頭の展示品が引渡しの対象となるわけではない）。なお，種類債権については，債務者が引渡しを予定していた物が滅失してもそれだけでは履行不能とはならず，その商品が市場に存在するかぎり，債務者は新たに同種の物を調達する義務がある（たとえばテレビの売買で電気店の倉庫が全焼して，商品もすべて燃えてしまったとしても，電気店の買主に対する引渡義務がなくなるわけではない）。

(1)　種類債権の引渡しと特定（集中）　　種類債権でも売主が引き渡すのは，売買の対象となった一個の物にすぎない。したがって，売主としては，最終的には多数ある商品のなかから一個を選択して，これを引き渡すことになる。債務者が引渡しに必要な行為を完了したり，債権者の同意を得て引き渡す物を指定したときには，それ以降はその物が債権の目的物となり（401条2項），債務者は特定物と同様の保管義務を負う。これによって，保管義務という面では債務者の責任が強化される。しかし，その物が滅失した場合などには履行不能となり，引渡義務を免れる点では，債務者の責任は軽減されることになる。

(2)　品質　　種類債権においては，どのような品質の物を引き渡すかが重要である。たとえば，木材1立方メートルといっても，木材の品質によって価格は様々である。そして，取引においては品質が重要であるから，品質についての合意がなされるのが通常である。また，明示的な合意がなくとも，契約の解釈によって定まることが多い。しかし，どうしても品質を決定することができない場合に民法は，中等の品質の物を給付すべきであるとした（401条1項）。

(3)　制限（限定）種類債権　　種類債権の一つの形態として，種類を特殊な範囲で制限した制限種類債権がある。たとえば，A社の倉庫にある特定のメーカーのテレビ 100 台の引渡債務がそうである。市場にあるそのメーカーのテレビを目的物とする種類債権に，さらに A 社の倉庫にあるものという限定が付されている。この制限種類債権は，特定（集中）に関しては種類債権と同様であるが，その限定した範囲の不特定物の給付が不能になれば，履行不能が問題となりうる点で意義がある（たとえば，A社の倉庫が全焼すれば，たとえそのメーカーのテレビが市場にあろうとも，債務は履行不能となる）。

III　金銭債権

1　金銭債権の特殊性

金銭債権とは，たとえば，売買代金として金何万円を支払うというように，一定額の金銭の引渡しを目的とする債権であり，種類債権の特殊な形態である。金銭債権では，原則として通貨の種類さえ問題とならず，目的物の個性が完全に失われている。

(1)　どの通貨で支払うか　　(ア)　通貨による支払　　金銭債権においては債務者がどのような通貨で支払うかは，原則として債務者の任意の選択に委ねられている（402条1項）。したがって，100万円を支払うのに，一万円札 100 枚で支払うか，千円札 1000 枚で支払うかは完全に債務者の自由である（日銀 46 条 2 項）。ただし，百円硬貨，十円硬貨など 500 円以下の貨幣は，20 枚までしか強制通用力を認められていないから，たとえば，一円硬貨 100 万枚で支払うことはできない（通貨 7 条）。

(イ)　特殊な通貨　　一万円札のみで支払うという合意をするな

ど，支払に使用する通貨の種類について合意があれば，それに従うことを要するのは当然である（402条1項ただし書）。

(ウ) 外貨 外国の通貨（たとえば米ドル）で支払うとの合意がある場合でも，債務者はなお日本の通貨（日本円）で支払うことができる（403条）。この場合には為替換算が必要となるが，為替相場は時期により，また場所により異なるので，弁済地における弁済時の為替相場にしたがって換算することを要する（同条）。

(2) 貨幣価値の変動と金銭債権 インフレーションなどによって貨幣価値に変動があっても，金銭債権は影響を受けないのが原則であり（名目主義），100万円の債権に対しては100万円を支払えば足りる。すなわち，貨幣価値の変動によって当然に貨幣の購買力は影響を受けるが，原則として契約締結当時に合意された金額を支払えば，債務の本旨に従った履行となる。しかし，例外として，貨幣価値の変動が極端な場合には，信義則上これが変更されることがある。いわゆる事情変更の原則が適用される場合である。ドイツでは第一次世界大戦後のインフレ期に問題となり，判例によってその適用が認められたが，当時は史上稀な異常な事態の下であった。わが国でも第二次世界大戦後のインフレ期に，戦前に発行された債券の償還金に関して裁判上問題となったことがあり，最高裁は，抽象論としては事情変更の原則の適用の可能性を認めたが，結論的には否定した（最判昭36・6・20民集15巻6号1602頁）。

2 元本債権と利息債権

金銭の貸借にあっては，借主は借受金（元金）を返還するとともに，合意があれば，借受金を使用した期間に対応した一定の比率（利率）によって計算される金銭（利息）を支払わなければなら

ない。このような場合に，貸主が貸付金の元金の支払を求めることができる権利を元本債権，元金使用の対価として利息の支払を求めることができる権利を利息債権という。

　利息債権は，さらに基本権たる利息債権と支分権たる利息債権とに分類される。基本権たる利息債権とは，元金使用の対価として一定の利息を発生させる合意によって貸主に発生する債権である。支分権たる利息債権とは，このような基本権たる利息債権にもとづいて，具体的に発生した利息の支払を請求することができる権利をいう。たとえば，100 万円を年五分の利率で 1 年間貸し付けるという場合に，1 年後に 5 万円の利息が生じる。この場合に，100 万円が元金であり，この支払を求める権利が元本債権である。また，年五分の利息を生じさせる合意が基本権たる利息債権であり，1 年後に発生する 5 万円の利息の支払を求めることのできる権利が支分権たる利息債権である。

　利息について，民法は弁済の充当（489 条）に関して規定を置くほかに，債権総則に次のような規定を設けている。

　(1)　法定利率　　金銭の貸借について利息をとるかどうか，利率をいくらに定めるかは，当事者の合意に委ねられている。ただし，利息をとるという合意がない限り，民法上は無利息が原則である（589 条）。また，利率については，利息制限法および出資取締法による制限がある（利息 1 条，出資取締 5 条）。ところで，法律の規定または当事者の合意により利息が発生する場合に，利率については合意しなかったときの利率を，民法は，「その利息が生じた最初の時点における法定利率による」とする（404 条 1 項）。そして，法定利率については，変動制を採用し，新法施行時の法定利率を年 3 パーセントとして（同条 2 項），その後は，法務省令で定めるところにより，3 年を一期とし，一期ごとに，404 条 4

項および5項のルールにより変動するものとする（同条3項）。法定利率は，利息債権に限らず，遅延賠償の額を定める場合（419条1項。第3章Ⅳ4⑴参照）および生命侵害の損害額の算定における中間利息の控除の場合（417条の2，722条1項）の基準としても，重要な意味を持っている。なお，商法においては民法の原則が修正され，商人間の金銭貸借については当然に利息が生じるものとされる（商513条1項）。また，商事法定利率を定めた商法514条は削除された。

　⑵　単利と複利　　利息の算定方法には，当初の元本に対してのみ利息が付される単利と，利息が順次元本に組み入れられ，利息に対しても利息が発生する複利（重利）とがある。いうまでもなく，複利の方が債権者にとっては有利である。民法は，当事者間の合意がないかぎり単利によるものとし，例外的に利息の支払が1年以上遅延し，かつ債権者が催促してもなお支払がないときは，利息の元本への組入れを認めている（法定重利。405条）。なお，これと異なる合意があれば，その合意が優先することは契約自由の原則上当然であり，契約による重利（約定重利）も利息制限法および出資取締法の範囲内で効力が認められる。

Ⅳ　選択債権

1　選択債権とは何か

　選択債権とは，複数の給付の中から特定の給付を選択して給付することを内容とする債権である。たとえば，A，B2台の自動車のうちのいずれか1台を売るという場合がそうである。選択債権であるためには，給付にはそれぞれ選択に値するだけの個性のあることが必要である（個性がなければ種類債権になる）。いずれが

給付されるかについて当事者は利害関心があるのが通常であるから，選択債権が成立する例は実務的には比較的稀である。しかし，親族間の贈与のように当事者間に密接な関係がある場合には，選択的な給付を目的とすることもみられる。また，無権代理人と契約をした者は，その無権代理人に対して，履行または損害賠償を選択することができるが（117条1項），これは法律の規定に基づく選択債権の例である。

2　選　択　権

(1)　誰が選択するか　　選択債権では，誰が給付を特定させることができるかが重要である。給付を特定させる権限を選択権という。選択権が誰にあるかは，当事者の合意によって定められるのが原則である。たとえば，A，Bの自動車のど・ち・ら・で・も・好・き・な・方を1台ただであげるという場合には，もらう側，すなわち債権者が選択権を有することになる。しかし，選択権の所在が明らかでない場合について，民法は補充的に，債務者が選択権を有すると定めている（406条。したがって，単にA，Bの自動車のうち1台をあげるという場合には，民法上は原則として贈与する側（債務者）が選択することになる）。なお，民法は選択権を第三者が持つことも想定している。たとえば，専門家に意見を求めて，A，Bのいずれが適当かを判定してもらうような場合である（409条）。

(2)　選択権の行使とその効果　　債権者または債務者が選択権を有する場合には，相手方にいずれを選択するかの意思表示をする必要がある（407条1項）。第三者が選択権を有する場合には，その者が債権者または債務者に意思表示をする（409条1項）。選択権が行使されると，債権発生時にさかのぼって，給付内容が特定する（411条）。たとえば，先の例でA車が選択されたとすると，

最初から A 車だけが給付の対象とされていたものとして扱われる。

3　選択権の移転，不能による特定

選択債権は選択権者の選択によって給付が特定するのが原則であるが，例外的にそれ以外の理由によって特定することもある。

(1)　選択権の移転　　選択権者が選択権を行使しない場合には，選択権は相手方に移転する。この場合には放置しておくと給付内容が特定しないままになるから，民法は，相手方が選択権を行使するように催告してもなお一定期間内に行使しないときは，選択権が相手方に移転するとしているのである（408 条。裁判上問題となった例として，最判昭 42・2・23 民集 21 巻 1 号 189 頁）。

(2)　不能による特定　　選択債権の目的物の一方の給付が不能になった場合において，その不能が選択権を有する者の過失によるものであるときは，債権は，その残存するものについて存在する（410 条）。たとえば，A，B 両自動車のうち，選択権を有する者の過失によって B 車が大破し廃車になった場合には，給付はA 車に特定する。しかし，選択権を有する者の過失によらずに給付が不能となった場合には，選択権者は，不能となった給付をなお選択することができる（410 条の反対解釈）。たとえば，上記の例で，贈与する側が選択権を有している場合において，贈与を受ける側の過失によって事故が発生したときは（たとえば，試運転中の事故），贈与する側は，不能となった B 車を選択して，結果的に債務を免れることができる。

第3章　債権の効力

I　はじめに

1　債権にはどのような効力があるか

債権は，債権者が債務者に対して一定の行為を請求することができる権利である。この権利が債務者本人に対して，また第三者に対してどのように作用するかを検討することが，本章の課題である。まず，債務者との関係では，債権がどのようにして実現されるか，とりわけ債務者が任意に履行しない場合にはどのような効果が発生するかが問題となる。その主要なものは履行の強制と損害賠償である。次に，第三者との関係では，第三者が債権の実現を妨害する場合にどのような効果が生じるかが問題である。ここでは不法行為の成否および妨害の排除の可否が重要である。これらのうち，債務の履行の強制および債務不履行による損害賠償についてはIIおよびIIIにおいて検討するが，それに先立って，そもそも債権の内容の実現とはどのようなプロセスを経て行われるのかをみておく必要がある。そして，それとの関連で，特殊な効力の債務の性質および債権と第三者との関係について概観する。

2　債権の実現

債権は，まず，債務者の任意の履行によって実現されることが期待される。何が債務の履行にあたるかについては，「債務の本

図 1　債権の実現過程の基本モデル（物の引渡債務の場合）

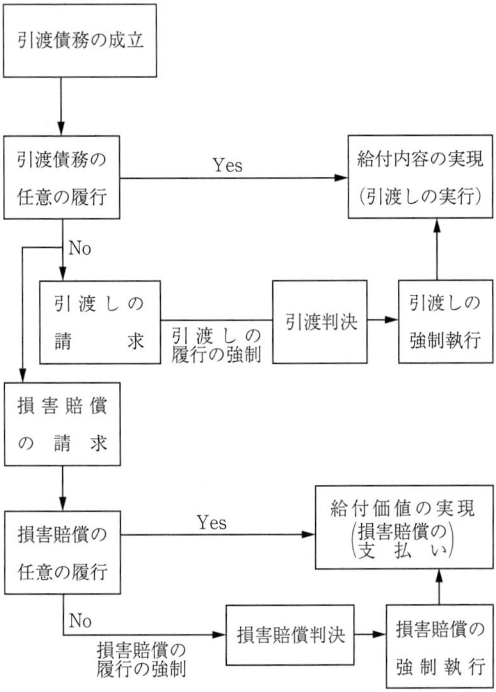

旨」に従ったものでなければならないと定められている（415条1項本文，その具体的内容については本章Ⅲ参照）。また，債務が任意に履行されない場合には国家機関の手によって強制的にその内容を実現できるのが原則である。たとえば，代表的な債権である物の引渡債務の履行とは，約束どおりに目的物が債権者に引き渡されることであり，それは次のように実現される。

　(1)　**債務者による任意の履行**　　債務者によって任意に目的物が引き渡されれば，債権の目的である給付内容がそのまま実現さ

れるため，債権の実現につき何ら問題がない（給付内容の実現）。また，債権者は，任意の履行がない場合には，引渡しをあきらめて損害賠償を請求することもできる（415条）。この場合には債権の本来の給付内容は実現されないが，これと同一の経済的価値は実現される（給付価値の実現）。この損害賠償の請求に対して債務者が任意に履行すれば，これによっても債権は実現される（もっとも，たとえば履行遅滞においては引渡しを求めるとともに，遅滞による損害賠償を求めることもできるように，厳密には引渡しと損害賠償とが常に二者択一の関係にたつわけではない）。ところで，債務者が引渡しあるいは損害賠償を任意に履行しない場合には，債権者は裁判外において履行を請求することができ，そのためにある程度の強制を伴うこともやむをえないことがある。しかし，それが社会通念を超える程度になると問題である。なぜなら，債務の履行の強制は国家が独占しているのであるから，債権者といえども債務者の意思に反して債権を実現することは許されないからである。したがって，債権を実現するために債務者から財産をむりやり取り上げたり，金銭を実力で持ち去ることはできず，それらはいずれも不法行為を構成しよう。下級審では，いわゆるサラ金問題などにおいて暴力的・脅迫的な取立行為が不法行為を構成するとして，債権者に慰謝料の支払を命じた場合もある（たとえば，大阪地判昭56・3・30判時1029号104頁）。そこで，裁判外の単なる請求などが効果をあげなければ，債権者は原則として裁判所に訴えることになる。

　(2)　裁判所による債権の実現　　裁判所によって債権を実現するためには，原則として，判決手続と強制執行手続という二段階が必要である。判決とは，債務者に対する債務を履行すべきであるとの裁判所の命令である。これによって，債務者が任意に履行すれば債権は実現される。しかし，判決にもかかわらず，債務者

がなお履行しないときには，さらに強制執行の手続を経なければならない。強制執行手続によって，債権者は執行官あるいは裁判所の手を借りて，債務者の意思とは無関係に，場合によっては実力で目的物を取り上げたり，債務者の財産を競売するなどして債権を実現させることができる（414条1項）。

　このように債権の実現のためには，複雑な手続が必要となる場合もある。しかし，最終的には，その実現が保障されているのである。

3　特殊な効力の債務

　(1)　債権の実現に問題のある債務　　債権は，最終的には裁判所によって実現されるのが原則である。しかし例外的に，その実現に問題のある特殊な債務が存在する。

　(ア)　裁判上の請求をしない特約のある債務　　債務者が任意に履行しない場合に裁判外の単なる請求はともかく，裁判上の請求まではしないという特約（不訴求特約）がなされることがある。問題は，このような特約が有効か，また，いかなる場合にその特約を認定しうるかにある。学説は一般に，契約自由の原則から，上記の特約を有効であるとする。そして判例にも，カフェーの女給の歓心を買うために客が締結した多額の金銭を与える旨の契約を，裁判上の請求権を付与する趣旨ではないと解したものがある（カフェー丸玉事件―大判昭10・4・25新聞3835号5頁）。このような債務は一種の紳士約束的なものであり，債務者が任意に履行しないかぎり債権は実現されない。

　(イ)　法律上訴求できない債務　　たとえば，①消滅時効（166条）が援用された債務，②公序良俗に反する契約（90条）に基づく債務などのように，法律の規定により裁判所に訴求することが

25

できない債務がある。しかしこれらの債務も，債務者が任意に履行することは可能である。すなわち，消滅時効に関しては有効な債務の履行と解され（508条参照），また，公序良俗に反する契約に関しては明文で返還請求権が否定されている（708条）。したがって，これらの債務も(ア)と同様に，任意の履行の場合に限って，債権が実現されるにすぎない。

　(ウ)　**強制執行をしない特約のある債務**　　債権者と債務者との間で強制執行まではしないという特約（不執行特約）をした場合に，そのような特約は有効であろうか。判例はこのような特約も有効であり，それに反して債権者が強制執行することはできないとする（大判大15・2・24民集5巻235頁，最判平5・11・11民集47巻9号5255頁）。学説も同様である。このような債務については，(ア)(イ)と異なり，裁判所に訴えを提起し，債務を履行すべきであるとの判決を得ることはできる。しかし，判決にもかかわらず債務者が任意に履行しない場合には，債権の実現を強制することができない。

　(2)　**特殊な効力の債務に関する理論**　　以上のような特殊な効力の債務をどのように評価するかについては，学説上の対立がある。すなわち，一方では，これらの債務を特別に理論化・体系化する必要はないとする見解がある。この見解によれば，これらの問題はそれぞれの特約の効力あるいは法律の解釈の問題になる。しかし他方では，債権の本質論を基礎として，以下のようにこれらを「自然債務」および「責任なき債務」（これらをあわせて不完全債務と呼ぶこともある）として理論化・体系化する見解もある。もっとも，いずれの見解によっても，具体的な結論に差異を生じるわけではない。

★　(ア)　**自然債務**　　自然債務とは，(1)(ア)および(イ)のように広く裁

判上の請求ができない債務をいう（ただし，具体的にどの債務がこれに該当するかについては争いがある）。このような債務が存在するのは，次の理由による。すなわち，債務者にその給付を強制するのは，本来，社会の道徳や慣習などの法律以外の規範であり，国家はこれを二次的に援助する関係に立つ。そうだとすれば，国家がその強制力を用いることをさし控え，任意の履行を是認しつつ，任意に履行されない場合には道徳・慣習による強制に任せることもある。つまり，自然債務は，給付の強制手段としての社会的規範と法律的規範とのギャップから生じるものであるとする。そして理論的には，通常の債権は，①給付を請求できる力（請求力。裁判に訴えるという点に着目して訴求力ともいう）と②債権者が給付を保持し返還を要しないという力（給付保持力）とを有するが，自然債務には②があって①はない，と説明する。

　(イ)　責任なき債務　　債務は，もともと給付するという法的義務だけを意味し，その義務を負う結果，債務者の財産が強制執行の目的となることを意味する責任（債権者が債務者の財産に対して強制執行できる力を債権の摑取力ともいう）とは歴史的には区別される。そして，通常の債務においては，このような意味での債務と責任とが一体となっているが，これが分離することもある。たとえば，(1)(ウ)のような強制執行をしない特約のある債務は，上の意味での債務は存在するが，責任が存在しない場合である。また，相続財産の限度で相続人が債務の弁済義務を負う限定承認（922条）や，さらには，債務者でない者が責任だけを負う物上保証人なども，債務と責任との分離現象である，と説明する。

4　債権と第三者　　★★

　債権は債権者が債務者に対して給付を請求する権利であるから，

27

債権者・債務者間の問題であって，所有権などの物権と同一の意味での排他性がない（第 1 章 I (2) 参照）。しかし，第三者が不当に債権を損なったり，その行使を妨げたりする場合には，債権にも，そのような第三者に対して，一定の効力を認める必要がある。このように，債権が第三者に対しても一定の力を有することを，債権の対外的効力ということもある。問題となるのは，次のような場合である。たとえば，A が B から土地を賃借する契約を結んでいる場合には，賃借人 A は地主 B に対して自己の賃借権を主張でき，また強制的に実現すること（B が A の土地利用を妨害する場合には，執行官の手によって，B の意思に反しても土地利用の妨害をやめさせること）もできる。しかし，B ではなく，契約とは無関係の第三者である C が，土地を占拠するなどして A の土地利用を妨害する場合はどうだろうか。

(1)　不法行為の成否　　C の行為は A に対する不法行為を構成するか。古くは債権には排他性がないことを理由として，不法行為の成立を否定する考え方が有力であった。しかし現在では，第三者が債権を侵害した場合に，債権も不法行為（709 条）の成立要件としての権利に該当し，不法行為が成立する余地があると解することについては，判例・学説上異論がない（立木売買における買主の代理人の代金着服につき，売主の代金債権への侵害を認めた事例として，大判大 4・3・10 刑録 21 輯 279 頁）。問題はその要件である。かつての通説は，債権侵害の態様を，①債権の帰属を侵害する場合（たとえば，受領権者としての外観を有する者（表見受領権者）に対する弁済（478 条）における債権者と表見受領権者との関係），②給付を侵害して債権を消滅させる場合（たとえば，売買建物に第三者が放火した場合における買主と放火犯との関係），③給付を侵害するが債権自体は消滅しない場合（たとえば，第三者による賃借地利用の妨害における賃借人

と妨害者との関係，土地の二重売買における買主相互の関係）とに分類した。そして，①，②については，通常の過失，違法性で足りるが，③については債権に排他性がないことを理由に，過失ではなく，故意が必要であるとともに，通常の違法性ではなく，強度の違法性が必要であるとして，一般の不法行為とは異なった成立要件を要するとしていた。これに対して，現在では，特に③の類型について債権侵害による不法行為の成立が著しく制限されるとし，契約関係の保護の要請から，反対する見解が有力である。

　(2)　**妨害排除請求**　　A は，B に対する賃借権にもとづいて，C の妨害の排除を請求できるか。債権にもとづく妨害排除請求についても，不法行為と同様に債権に排他性がないことを理由として，古くは否定する見解もあった。しかし現在では，判例・学説上これを肯定する余地があることについては異論がない（特定の漁場で排他的に漁をすることができる専用漁業権を第三者が侵害した場合に，専用漁業権者からではなく，専用漁業権の賃借人からの妨害排除請求を肯定した判例がある。大判大 10・10・15 民録 27 輯 1788 頁）。問題は，不法行為の成否の場合と同様に，排他性がないにもかかわらず，すべての債権について妨害排除請求権を認めてよいかという点にある。裁判上問題となるのは，主として不動産の賃貸借に関してであり，判例はこれを対抗要件の問題（605 条，借地借家 10 条，31 条）としてとらえている。すなわち，対抗要件を具備した賃借権については妨害排除請求権を認め（土地の二重賃貸借につき，最判昭 28・12・18 民集 7 巻 12 号 1515 頁），対抗要件を具備していない賃借権については，無権原の第三者に対しても妨害排除請求はできないとする（最判昭 29・7・20 民集 8 巻 7 号 1408 頁）。もっとも，判例は対抗要件を具備していない賃借権については，賃借人が賃貸人の所有権にもとづく妨害排除請求を代位行使できるとしているので（大判昭

4・12・16 民集 8 巻 944 頁。債権者代位権については第 4 章 II 参照），賃借人は結局，いずれかの方法で妨害を排除することができる。これに対して，学説では，妨害排除請求権と対抗要件とは異なった性質の問題であり，妨害排除請求権の有無について対抗力の有無を標準とすることはできず，しかも，判例が対抗力の有無にかかわらず，妨害排除請求権の債権者代位権による代位行使を認めていることは，理論的な一貫性を欠くとして，批判的な見解が有力である。この見解は，不動産賃借権の社会的重要性を重視して，対抗力の有無にかかわらず，妨害排除請求を認めるべきであるとする。

　なお，平成 29 年改正は，上記の判例法理を明文化した（605 条の 4）。すなわち，「不動産の賃借人は，第 605 条の 2 第 1 項に規定する対抗要件を備えた場合」において，「その不動産の占有を第三者が妨害しているとき」は，「その第三者に対する妨害の停止の請求」をすることができ（605 条の 4 第 1 号），また，「その不動産を第三者が占有しているとき」は，「その第三者に対する返還の請求」をすることができる（同条 2 号）とした。

II　履行の強制

1　履行の強制とは何か

　債務が任意に履行されない場合には，債権者は，原則として債権の内容を強制的に実現することができる（414 条 1 項。なお，本章 I 2 参照）。このことは当然のようにみえるが，古くは債務が任意に履行されないときには，損害賠償しか認めないという制度が行われていた国もあった。しかし，現代社会においては，原則としてすべての債権について，その本来の内容の実現が可能であると

されている。したがって，民法のこの規定は，歴史的には重要な意義がある。どのようにして債権の内容を実現するかは，債権の種類に応じていくつかの方法がある。

2　履行の強制の方法

　民法は，債権者が，「直接強制，代替執行，間接強制その他の方法による履行の強制を裁判所に請求することができる」としつつ，その内容を「民事執行法その他強制執行の手続に関する法令の規定」に委ねている（414条1項）。

　(ア)　直接強制　　これは，債務者の意思にかかわらず，国家機関が債権の内容を直接的・強制的に実現するものである。金銭の支払（民執43条以下），物の引渡債務（民執168条以下）などのように，与える債務の場合に適した強制方法である。

　(イ)　代替執行　　これは，第三者に債権の内容を実現させて，その費用を国家機関が債務者から取り立てるものである（民執171条）。これが可能なのは為す債務のうち，債務者本人が行わなくても，債権の内容の実現が可能な場合にかぎられる。たとえば，画家が絵を描く債務は，その画家本人が行わなければ，債権の内容を実現できないから，代替執行にはなじまないが，自動車を修理する債務は，その修理業者でなくとも，他の修理業者でも実現可能であるから，これについては代替執行が可能である。なお，同意，承諾，通知など意思表示または準法律行為をする債務については，そのような債務の履行を命ずる判決をもって，意思表示などがなされたものとみなされる（判決代用―民執177条）。これらの債務の目的は，一定の法律効果を発生させることにあるのだから，債務者が現実に意思表示等をしなくとも足りるからである。

　(ウ)　間接強制　　これは，金銭債務以外の債務につき，直接強

制，代替執行と並行して用いられる強制方法であり，債務を履行するまでの間裁判所が債務者に対して一定の金銭の支払義務を課することによって，債務者を心理的に圧迫して，間接的に債権の内容を実現させようとするものである（民執172条）。たとえば，不作為債務は原則としてこの方法による以外に手段がない。しかし，画家の絵を描く債務など，債務の履行にあたって債務者の自由意思が重要な債務については，この方法によることはできない。

3　履行の強制の要件・効果

(1)　履行の強制の要件　　債務者が債務を履行しないことがすべての履行の強制に共通の要件である（414条1項）。各種の履行の強制の具体的内容については，前述のように，民事執行法が詳細に定めている。

(2)　履行の強制の効果　　履行の強制は，意思表示等をする債務を除いて，すべて債権の内容の現実的な実現を目的とするものであり，国家機関の手によって実現される。

(3)　各種の履行の強制方法　　どのような債務がどのような強制方法によって実現されるかについて，代表的な債務につき簡単に説明する。

(ア)　金銭債務　　金銭債務は，損害賠償，各種の代金債務などのように，取引社会において最も重要な役割を果たしている。しかも，非金銭債務でも本来の債務が履行不能となったり，また，本来の債務の実現を諦めて契約を解除した場合には，いずれも本来の債務が損害賠償債務に転化して，結局は金銭債務になる。

金銭債務は，最も直接強制になじむものである。債務者が債務に対応する金銭を有している場合には，執行官がこれを差し押さえて債権者に交付する（動産執行の一種。民執122条以下）。債務者が

```
┌─────────────────────────────────────────────────────┐
│                  表1　判決主文の例                       │
│ 金銭債務          被告は原告に対して金X円を支払え。          │
│ 土地の引渡債務     被告は原告に対してA土地を引き渡せ。        │
│ 動産の引渡債務     被告は原告に対して……（動産）を引き渡せ。   │
│ 不動産登記手続債務  被告は原告に対してA土地につき令和○年○     │
│                  月○日の売買を原因とする所有権移転登記手続   │
│                  をせよ。                               │
│ 謝罪広告債務       被告は「……（謝罪文）」をA新聞，B新聞の     │
│                  各紙全国版社会面に各1回掲載せよ。          │
│ 建築禁止債務       被告はA土地上の建物の建築工事を続行して     │
│                  はならない。工事を中止しないときは，被告は   │
│                  原告に対し，本判決送達の日から1日あたり金     │
│                  X円を支払え。                          │
└─────────────────────────────────────────────────────┘
```

現金を有しない場合には，動産については執行官が差し押さえ，
これを売却して現金化した後，債権者に支払われる（民執122条以
下）。不動産については裁判所が差し押さえて，これを競売して
現金化した後，債権者に支払われる（民執43条以下）。また，債務
者が有する金銭債権（たとえば銀行預金）については，裁判所が差
し押さえて，債権者が債務者の債務者（第三債務者）から直接債権
を取り立てることなどが行われる（民執143条以下）。

　(イ)　土地の引渡債務　　債務者が土地を占有して引き渡さない
場合には，執行官による直接強制が行われる。すなわち，執行官
が自らその土地の占有を取得し，その後にその土地を債権者に引
き渡して，債権者に占有を取得させる（民執168条1項）。建物の
明渡債務についても同様である。

　(ウ)　動産の引渡債務　　これも土地の引渡しと同様に，直接強
制により，執行官が占有を取得し，債権者に引き渡して，債権者
に占有を取得させる（民執169条）。

(エ)　**不動産登記手続債務**　　不動産登記手続は登記権利者・登記義務者の双方が申請するのが原則である（不登60条）。たとえば，土地売買において所有権移転登記がなされるべきであるとしても，売主（登記義務者）が登記手続に応じなければ，買主（登記権利者）だけでは登記できない。しかし，不動産登記法は，登記義務者に登記を命ずる判決がある場合には，登記権利者が単独で登記手続を申請することができると定めている（不登63条）。この規定の法律的性質は，判決代用（民執177条）と同一である。

(オ)　**謝罪広告債務**　　名誉毀損などの不法行為に際して，新聞等に謝罪広告を掲載すべきことが判決で命じられる。これは作為債務であるが，債務者が自ら行うことを要しないから，債務者が履行しないときは，代替執行として債権者が債務者の費用負担の下に新聞社に掲載を依頼して，謝罪広告を実現することができる（民執171条。なお，4(2)参照）。

(カ)　**建築禁止債務**　　隣地所有者間で契約によって一方の所有者がその所有地に高層の建物を建てないという建築禁止債務を負担したが，これに違反して建築工事を開始したような場合には，不作為債務の不履行である。この場合には間接強制として，建築工事をやめるまで一定の金銭を支払うことを裁判所が命ずることができる（民執172条）。なお，建物の一部が残存している場合，代替執行または間接強制によって除去される（民執173条）。

4　履行の強制の制度上の問題点

(1)　**各種強制手段相互間の問題**　　動産の引渡しを債務者が履行しないときの強制手段としては，直接強制のほか，代替執行も間接強制も考えられる。このように，ある債務の履行の強制に複数の強制手段が考えられるときに，どの手段によるべきかが問題

となる。これについては，平成 15 年の民事執行法改正までは，①直接強制，②代替執行，③間接強制の順序で行われるべきであると解されていた。これは，間接強制が債務者に心理的圧迫を加え，人格尊重の面で他の強制方法よりも問題がある，という考え方（間接強制の補充性）に基づく。しかし，債務者に直接に強制力を加える方が人格尊重の面では問題があり，間接強制の補充性には合理性がない。また，間接強制は，その性質上，直接強制や代替執行が可能な債務についても併用することができ，運用によっては効率的である。そこで，平成 15 年の民事執行法改正により，間接強制の補充性が放棄され，債権者の申立てがあるときは，直接強制・代替執行のほかに，間接強制の併用が認められるに至った（民執 173 条 1 項）。すなわち，物の引渡債務および代替執行の可能な債務の強制手段としては，間接強制の方法によることも認められている。

　(2)　履行の強制と債務者の自由意思　　履行の強制に関して，特に「為す債務」については債務者の自由意思の尊重が問題となる。かつての学説が間接強制について消極的だったのは，これに由来する。債務者の自由意思が特に問題となるのは謝罪広告の履行の強制である（この履行の強制方法については 3 (3)(オ) 参照）。なぜなら，これについて代替執行を認めることは，債務者の意思に反して謝罪させる結果となり，債務者の思想・良心の自由（憲 19 条）を侵害する可能性があるからである。最高裁はかつて，単に真相を述べ，陳謝の意を表現するにすぎないものは良心の自由まで侵害するものではないと判断したことがある（最大判昭 31・7・4 民集 10 巻 7 号 785 頁）。また，債務者名での謝罪広告を認める判決に従って債権者がその掲載を代替執行することは，名誉毀損に関して実務上定着している。しかし，これに対しては，債権者が判決内

容を債務者の費用で日刊紙に掲載することによっても同一の目的を達成できるとして，債務者名による謝罪広告については異論を唱える見解もある。

(3) **履行の強制ができない債務**　(ア)　**強制執行をしない特約**　強制執行しないという特約がある場合には，履行の強制ができないことはすでに述べた（本章 I 3(1)(ウ)参照）。

(イ)　**家族法上の債務**　家族法上の債務についても，それが財産法上の債務である場合には通常の履行の強制の問題であるが（たとえば，相続財産である土地の引渡し），夫婦の同居義務，離婚した夫婦間の幼児の引渡義務など，家族法上の特殊性ある債務については履行の強制が許されるかどうか，許されるとしてもどのような方法によるべきかが問題となる（414条1項ただし書）。夫婦の同居義務（752条）については直接強制はもちろんであるが，債務者の自由意思の尊重という要請から間接強制も許されないと解されている（大決昭5・9・30民集9巻926頁）。幼児の引渡しについては直接強制によるべきか，間接強制によるべきか，下級審裁判例が分かれていた。そして実務上は，それが本来の役割であるかどうかについては疑問があるものの，主として人身保護法上の問題として解決され（人保2条，16条以下），その限りでは履行の強制の問題は生じなかった。ただし，判例は，別居中の夫婦間において人身保護手続が安易に利用されることを防ぐために，その要件を厳格に解していた。すなわち，「夫婦の一方〔請求者〕が他方〔拘束者〕に対し，人身保護法に基づき，共同親権に服する幼児の引渡を請求した場合には，夫婦のいずれに監護させるのが子の幸福に適するかを主眼として子に対する拘束状態の当不当を定め，その請求の許否を決すべきである」（最判昭43・7・4民集22巻7号1441頁）としつつ，この場合に，拘束者による幼児に対する

監護・拘束が権限なしにされていることが顕著である（人保規4条参照）ということができるためには，拘束者が幼児を監護することが，請求者による監護に比して子の幸福に反することが明白であることを要する（明白性の要件——最判平5・10・19民集47巻8号5099頁，最判平6・4・26民集48巻3号992頁）とした。その後，令和元年の民事執行法の改正では，ハーグ条約実施法（「国際的な子の奪取の民事上の側面に関する条約の実施に関する法律」）を参照し，「子の引渡しの強制執行」が明文化された（民執174条～176条）。この民事執行法の規定では，強制執行の方法として，間接強制のほかに，執行裁判所が決定により，執行官に子の引渡しを実施させる直接強制が認められる（民執174条1項）。ただし，直接強制の裁判所への申立ては，①間接強制の決定から2週間が経過したとき，②間接強制を実施しても，引渡しを拒んでいる親（＝債務者）が子の監護を解く見込みがないとき，または，③子の急迫の危険を防止するため直ちに強制執行をする必要があるとき，のいずれかに該当しないと認められない（同条2項）。また，直接強制の場所に債務者が不在であっても，子の引渡しは可能であるが，直接強制を申し立てた親権者（＝債権者）は，原則として，直接強制の場所に出頭しなければならない（民執175条5項）。そのほか，執行裁判所および執行官は，子の引渡しの直接強制に際して，「子の年齢及び発達の程度その他の事情を踏まえ，できる限り，当該強制執行が子の心身に有害な影響を及ぼさないように配慮しなければならない」とされた（民執176条）。

Ⅲ　債務不履行

1　債務不履行の基礎的事項

(1)　債務不履行とは何か　　債務不履行を正確に定義すること
は難しい。そこでとりあえず，文字どおり債務を履行しないこと
という抽象的定義から出発しよう。たとえば，自動車の販売店
Aが，3月1日に顧客Bに，自動車（新車）1台を代金100万円
で4月1日に引き渡すという内容の売買契約を締結したとする。
Aは，この売買契約によって自動車の引渡債務を負う。この引
渡債務の不履行にはどのようなものがあるかを，5月1日の時点
で考えるとどうだろうか。まず，Aが現在まで自動車を引き渡
さない場合と，Aが4月1日ではなく4月10日に引き渡した場
合とが考えられよう。さらに，その自動車が契約後に生産中止に
なったために引き渡せない場合もあるし，いちおう引き渡したが，
自動車が約束のものとは違う場合（自動車に欠陥がある場合や，機能
に支障はないが，ボディカラーが約束と違うという場合など）も考えられ
る。

　このように債務を履行しない場合には，いくつかの法律上の効
果が発生する。まず，Aが現在までまったく引き渡さない場合
に，Bがどうしてもその自動車をAから手に入れたいとすれば，
債権の履行の強制の問題であり，すでにみたように，BはAに
対して自動車の引渡しを請求し，裁判所に対して訴訟を提起する
こともできる（本章Ⅱ3(3)参照）。また，BがAから購入すること
を諦めたとすると，契約を解除し（541条以下），売買契約を清算
することもできる（545条1項）。さらにこれらとは別に，Aの債
務不履行を理由として，Bは損害賠償を請求することもできる

（415条）。ここで検討の対象とするのは債務が履行されないという現象のうち，債務不履行と法律上評価されるものが何かという債務不履行の要件である。なお，債務不履行と評価された場合に，Aとしてはどのような損害賠償責任を負担するか，という債務不履行の効果については，本章のⅣで検討する。

(2)　債務不履行の成立要件　　(ア)　**「債務の本旨」とは何か**　　★

何が債務不履行に該当するかという債務不履行の要件は，まず第一に，「債務の本旨に従った履行をしないとき」である（415条1項本文）。問題はこの「債務の本旨」の具体的内容である。平成29年改正前の通説は，「債務の本旨に従った履行をしないとき」を履行遅滞（412条），履行不能（改正前415条後段）とともに，条文上の根拠はないが，不完全履行とに分類した。これによると，①履行遅滞とは，期限に債務を履行しないこと（4月1日に自動車を引き渡さないこと），②履行不能とは，債務を履行することが不可能なこと（製造中止となった自動車の引渡し），③不完全履行とは，債務の一応の履行がなされたが，完全ではないこと（自動車が引き渡されたが，欠陥がある場合など）である。これに対して，このような通説の見解はドイツ民法にならったものであり，それとは構造を異にするわが民法では，条文どおり「債務の本旨」の問題としてとらえれば足りるという考え方もある。これによると何が債務の本旨に該当するかは，それが契約上の債務であれば契約の解釈の問題（何をすれば契約を履行したことになるか）に帰着する。

　平成29年改正415条1項は，「債務の本旨に従った履行をしないとき又は債務の履行が不能であるとき」と規定し，履行不能を殊更に明記している。しかし，これは，「履行をしない」という表現に履行不能が含まれないとの疑義を回避するためのものである。そうだとすれば，同条は，債務不履行の諸類型を，「債務の

本旨に従った履行をしないとき」に一元化することを基本としているとの理解も可能である。

　もっとも，沿革的かつ比較法的には，履行遅滞と履行不能が区別され，民法の規定もこの二つを基本的なモデルとして想定していることは確かである。すなわち，履行不能は，415条1項本文および同条2項1号に規定され，また履行遅滞も，412条に規定されるほか，541条は，履行遅滞に限らないが，少なくともそれをモデルに，債権者が「相当の期間を定めて」履行の催告をしたうえでの契約の解除を認めている。そうだとすれば，履行遅滞と履行不能の区別を維持することには，なお意味がある。しかし，現実の債務不履行には様々なものがあり，この二つに限られるわけではない。そこで，債務不履行を一般的に定める415条1項に従い，履行遅滞と履行不能以外には，その他の債務不履行（「債務の本旨に従った履行をしないとき」）を想定し，かつての不完全履行もこれに含まれると考えればよい。なお，ドイツ民法も，2001年に改正され，履行不能（275条）と履行遅滞（286条）のほかに，すべての不履行を包括する「義務違反」が認められている（280条）。

　そこで，2では，履行遅滞，履行不能，および，その他の債務不履行（不完全履行も含まれる）に分けて，損害賠償の要件を検討する。

★　(イ)　**免責事由**　　(a)　免責事由とは何か　　債務不履行責任が認められるためには，第二に，その債務不履行が「債務者の責めに帰することができない事由によるもの」ではないことが必要である（平成29年改正415条1項ただし書）。これは，債務者の免責事由を定めたものであって，債務者がこの免責事由を主張立証すれば，債務不履行責任を免れることになる。

　この点について，平成29年改正前には，債務不履行責任が成立するためには，その不履行が債務者の「責めに帰すべき事由」（一般に帰責事由と呼ばれる）によることが必要であるとされていた。つまり，単に履行がなされないという客観的な事実だけでは債務不履行責任は成立せず，その原因が債務者にあることが要件とされ，具体的には，債務者の故意・過失または信義則上これと同視すべき場合が帰責事由に該当すると解されていた。その背景には，民法の基本原則である過失責任の原則が存在する。すなわち，債務者は，その注意義務に反しない限り行動の自由が保障されるとする考え方である。しかし，債務不履行が問題となる局面においては，債務者は自らの意思によって契約を締結し，その債務に拘束されているため，行動の自由も制約されている。そうだとすれば，債務者が債務不履行責任を負うのは，その注意義務を尽くさなかった（＝過失があった）からではなく，契約による債務を履行しなかったからであると考えられる。

　そこで，平成29年改正415条は，かつての学説で説かれていたような，債務不履行における過失責任を否定した。すなわち，同条1項ただし書は，損害賠償責任の免責事由を，債務者の主観的な注意義務違反の有無ではなく，「契約その他の債務の発生原因及び取引上の社会通念に照らして」判断するものである。そして，このような免責事由の具体例としては，戦争・内乱・大災害のような不可抗力のほか，債務不履行が債権者の帰責事由に基づく場合などが挙げられよう。

　(b)　免責事由は誰が立証すべきか　　免責事由の存在については，債務者が立証責任を負うことが，415条1項の文言から明らかである。すなわち，債務者は，自ら締結した契約に基づき債務を履行する義務を負っている（同項本文）のであるから，債務

不履行の場合には，免責事由の存在については，債務者自らが主張・立証しなければならないことになる（同項ただし書）。たとえば，販売店Ａは，期日に目的物を引き渡せなかったことが，大規模な地震などによって自動車の輸送が不可能であり，「契約その他の債務の発生原因及び取引上の社会通念に照らして」Ａの責めに帰することができない事由によるものであったことを立証して，債務不履行責任を免れることができる。このように，債務者は，その債務不履行の原因が天災・地変のような不可抗力によることを立証すれば，損害賠償責任を免れることとなる。

　(c)　履行補助者の行為に対する責任　　債務の履行は，現代社会では債務者本人以外の者によって行われることが少なくない。たとえば，自動車の販売店Ａで実際にＢと交渉したり，自動車を引き渡したりするのが，Ａ本人ではなく，Ａの従業員であるような場合である。そこで，従業員によって債務が履行されなかった場合にも，債務者本人（販売店Ａ）が責任を負うかどうかは，取引社会において重要な意義を有する。

　この問題について，平成29年改正前の通説は，履行補助者の概念を以下の三つに分類した。

　第一は，債務者がその手足として使用する者であり，これを真の意味の履行補助者という。債務者は，どのような場合であっても，この履行補助者を使用することができるが，その故意・過失については，常に責任を負う。

　第二は，債務者に代わって履行の全部を引き受けてする者であり，これを履行代行者という。この履行代行者については，さらに次の三つの場合に分けられる。まず，①明文上履行代行者を使用することが許されない場合（104条，625条2項，658条2項，平成30年改正前1016条1項など）には，履行代行者を用いたことがすで

に債務不履行であるから，債務者は，履行代行者に過失がなくて
も責任を免れない。

　これに対して，②明文上履行代行者の使用が許される場合
（104条・658条2項・平成30年改正前1016条1項本文のやむを得ない事由
があるとき，104条・625条2項・658条2項で相手方の承諾を得たとき，平
成30年改正前1016条1項ただし書など）には，債務者は，履行代行
者の選任監督に過失があった場合にのみ責任を負う（改正前105条
参照）。そして，③明文または債権者との特約により履行代行者
の使用が禁じられず，給付の性質上履行代行者を使用しても差し
支えない場合には，真の意味の履行補助者と同様に扱われる。

　第三に，通説は，以上の分類が，賃貸借契約における目的物の
利用者についても適用されると解していた。すなわち，賃借人は，
同居する家族・同居人・来客など（利用補助者）の過失についても
責任を負う。しかし，賃貸人の承諾（612条1項，613条）のある転
借人（利用代行者）の過失については，履行代行者の②と同じく，
賃借人はその責任を負わないとしていた。

　これらのうち，第三の利用補助者・利用代行者については，賃
貸借の問題として処理すれば足りるため，今日では，履行補助者
とは異なる問題として位置づけられている。すなわち，賃借人が
同居者の過失についても責任を負うことは，判例（最判昭30・4・
19民集9巻5号556頁）の認めるところであり，学説上も異論がな
い。また，賃貸人の承諾のない転借人の過失について，賃借人が
責任を負うことにも異論はない。問題となるのは，賃貸人の承諾
（612条1項）がある場合における転借人の過失であるが，612条1
項にいう「承諾」は，賃借人を免責する趣旨ではないため，承諾
のある転借人の過失については，同居者や承諾のない転借人と同
じく，賃借人が責任を負うと解されている。

そこで，履行補助者について問題となるのは，第一と第二の場合であるが，債権法改正では，債務不履行責任における過失責任主義を否定したため，履行補助者の故意・過失を「債務者の故意・過失」と同視する，という問題の立て方は適切ではない。加えて，改正前 105 条は削除されたため，履行代行者の②のように，債務者は代行者の選任監督について過失がある場合にのみ債務不履行責任を負うという解釈も妥当性を欠く。そうだとすれば，新しい債権法の下では，法律または債務の性質上，履行補助者を用いることが可能な場合には，債務者がこれを用いることができるが，その補助者による債務不履行については，債務者が免責事由を立証しない限り責任を負うと解されよう。

　(ウ)　債務不履行の効果（損害賠償）　債務不履行は様々な法律関係に影響を及ぼすが，その最も重要なものの一つに，債務不履行による損害賠償がある（415 条）。債務者がその債務の本旨に従った履行をしない場合には，債務者は，債権者に対して損害賠償をしなければならない。たとえば，期日に自動車を引き渡さなかった A は，B に生じた損害を賠償しなければならない。このように債務不履行は，不法行為とならぶ損害賠償の発生原因である。

2　債務不履行の諸類型

　(1)　履行遅滞とは何か　履行遅滞とは，履行期を過ぎても債務を履行しないことをいう。前述の例では，販売店 A が 4 月 1 日を過ぎても自動車を B に引き渡さないことがこれに該当する。

　(ア)　履行期はどのように定まるか　履行遅滞の成否については，履行期が重要である。それでは，履行期はどのようにして定まるのであろうか。これについて民法は，三つの原則を定めている（412 条）。

(a) 確定期限債務　債務の履行期について確定期限があるときは，その期限の到来が履行期である（412条1項。たとえば，先の自動車の引渡しについては4月1日が到来すること）。契約上の債務の場合には，このような確定期限が定められることが通常である。履行期が何時であるかは，当事者にとって重大な利害関心があるからである（たとえば，1000万円借りて，それを1週間で返すか1年で返すかでは，経済的な意義がまったく異なる）。

(b) 不確定期限債務　債務の履行期について不確定な期限が定められているにすぎないときは，債務者が，その期限の到来した後に履行の請求を受けた時，またはその期限の到来したことを知った時の，いずれか早い時から遅滞の責任を負う（412条2項。たとえば，自動車の引渡日について，建築中のBの自宅が完成した日とした場合には，Bの自宅が完成した後にAが履行の請求を受けた日，またはAがBの自宅の完成を知った日の，いずれか早い日）。

(c) 期限の定めのない債務　債務の履行期について期限が定められていない場合には，債務者が履行の請求を受けた時が履行期である（412条3項。たとえば，自動車の引渡日についてA・B間で何も定めなかったときには，BがAに引渡しを請求した時）。契約上の債務については，履行期が明示的に定められていなくても，契約の解釈によって定められることが多いことに留意する必要がある。なお，消費貸借では，一定期間目的物を使用することが契約の目的であるという消費貸借の特殊性から，期限の定めがない場合でも，催告後相当期間経過して初めて履行期が到来するとの特則が定められている（591条1項）。また，使用貸借については，時として期限の定めのない貸借が行われるが，この場合には，契約の目的に従って使用収益を終えた時に目的物返還の履行期が到来する（597条2項）。問題は，不法行為による損害賠償請求権，不当

利得返還請求権などの法律の規定によって生じる債務である。不法行為による損害賠償について，判例は，不法行為と同時に履行期が到来し（たとえば，最判昭37・9・4民集16巻9号1834頁），弁護士費用についても同様であると解し（最判昭58・9・6民集37巻7号901頁），通説もこれを支持している。また，不当利得の返還については，期限の定めのない債務であり，請求によって遅滞に陥ると解されている。

　(ｲ)　遅滞と免責事由　　債権者は，債務不履行の成立のために，遅滞の事実を立証しなければならない。たとえば，自動車の引渡しが4月1日に行われなかったことを立証する必要がある（ただし実務では，履行が権利消滅事実なので債務者がその立証責任を負い，債権者は遅滞の事実の立証を要しないとする）。これに対して，債務者は，不可抗力などの免責事由を積極的に立証しなければ，債務不履行責任を負う。ただし，金銭債務について，民法は特則を定め，不可抗力をもって抗弁とすることができないとする（419条3項）。したがって，金銭債務については遅滞があれば，債務者は常に遅滞の責任を負わなければならない。なお，物の引渡しと代金支払とを同時に行うという合意がある場合には，物の引渡債務の債務者は，代金の支払があるまで引渡しを拒むことができ（同時履行の抗弁，533条），引渡期限が過ぎても，債務者はこれを立証して，債務不履行の事実を否定することができる。

　(ｳ)　遅滞の効果としての損害賠償　　履行遅滞の場合には，債権者は債務者に対して履行を請求し，また，契約を解除することができる（541条）ほかに，損害賠償を求めることもできる。その内容は，引渡しが遅れたことによる損害（遅延賠償）が中心である。

　(2)　履行不能とは何か　　履行不能とは，債務者の意思いかん

にかかわらず，債務を履行することが不可能なことをいう。たとえば，先の例で，売買の目的物である自動車が製造中止になったような場合である。このことを，民法は，「契約その他の債務の発生原因及び取引上の社会通念に照らして不能」という表現で表している（412条の2第1項）。

　　(ア)　**履行不能にはどのようなものがあるか**　　履行不能には，①　★物の滅失により，履行がそもそも物理的に不可能な場合がある。たとえば，建物の売買において建物が焼失したような場合である。また，②物理的には不可能でなくとも，取引通念上不可能と判断される場合もある。たとえば，数千メートルの深海に沈没した船舶を引き渡す債務の履行，あるいは不動産の売主が二重譲渡し，一方の買主に登記を移転したような場合には，もう一方の買主に対する登記・引渡債務の履行は不能となる（最判昭35・4・21民集14巻6号930頁）。さらに，③法律の規定によって不能となる場合もある。たとえば，売買契約後に目的物の譲渡が禁止されるような場合である（たばこの専売制の施行に伴って，たばこの私人間での売買が禁止されたことがある。大判明39・10・29民録12輯1358頁）。このように履行不能には種々の態様があるが，それぞれの債務の内容に応じて，履行が可能かどうかが具体的に検討される必要がある。なお，単に履行が困難，あるいは履行するためには費用がかかるというだけでは履行不能とならないことは当然である。たとえば，建物の焼失でも，既存の建物の売買であれば焼失によって売主の引渡債務は履行不能になる。しかし，請負に基づいて建築中の建物の焼失であれば，最初から建て直すことができるから，建物を建築し引き渡すという請負人の債務は，依然として履行が可能である。

　　(a)　**原始的不能と後発的不能**　　契約の成立後に，その契約

上の債務の履行が不能となることを，後発的不能という。これに
対して，そもそも契約成立の時点で債務の履行が不可能である場
合，たとえば，自動車の売買契約時にすでにその自動車の製造が
中止されていたような場合を，原始的不能という。そして，平成
29 年改正前は，いずれの場合にも債務が当然に消滅し，とりわ
け原始的不能の場合には，契約そのものが効力を生じないと解さ
れていた。しかし，平成 29 年改正後の民法は，債務の履行が，
「契約その他の債務の発生原因及び取引上の社会通念に照らして」
後発的に不能となっても，債務は当然には消滅せず，債務が存続
することを前提に，「債権者は，その債務の履行を請求すること
ができない」とした（412 条の 2 第 1 項。なお，第 2 章 I 1(イ)参照）。ま
た，債務が原始的に不能であっても，契約は有効であり，債権者
は，債務者に対し，「第 415 条の規定によりその履行の不能によ
って生じた損害の賠償を請求することを妨げない」とする（同条
2 項。なお，後述 3(2)参照）。

　　(b)　一部不能と全部不能　　履行不能には，債務の全部につ
いて不能が生じる場合（全部不能）と，一部についてのみ不能が
生じる場合（一部不能）とがある。たとえば，建物の売買におい
て，二棟引き渡す約束であったところ一棟が焼失した場合には，
焼失した一棟の引渡しが履行不能となる。この場合に契約全体が
履行不能となるのか，それとも一部不能として他の建物の引渡し
については影響を受けないかは，契約の解釈の問題である。二棟
そろって初めて買主が契約の目的を達成できる場合には，一部の
不能によって全体が履行不能となることもある。

　　(c)　金銭債務と履行不能　　金銭債務については，履行不能
がない。たとえば，支払いのために用意していた現金が盗まれた
り，火災で焼失したとしても，依然として履行は可能であるから，

債務者としては支払義務を免れることはできない。

　(イ)　履行不能と免責事由　　履行不能の場合にも，債権者が債務者の債務不履行責任を追及するためには，履行が不能であることを立証すれば足りる。これに対して債務者は，不可抗力によるなどの免責事由を積極的に立証しなければ，債務不履行責任を負う。天災・地変以外にも，たとえば自動車の引渡債務における自動車の製造中止，建物の引渡義務における第三者の放火による焼失のように，債務者に免責事由が認められうる場合もある。

　(ウ)　履行不能の効果　　履行不能の場合には，履行遅滞と異なり，債務者に履行を求めることは意味がない。債権者としては，契約を解除するか（542条1項1号），債務の履行に代わる損害賠償（＝塡補賠償）を求めるか（415条2項1号）である。履行不能による損害賠償の内容は，本来の給付に代わる塡補賠償が中心であり，この点でも履行遅滞と異なる。このほか，塡補賠償は，「債務者がその債務の履行を拒絶する意思を明確に表示したとき」（同項2号），および，「債務が契約によって生じたものである場合において，その契約が解除され，又は債務の不履行による契約の解除権が発生したとき」（同項3号）にも認められる。これらのうち，契約が解除されない場合には，債権者の債務者に対する履行請求権と塡補賠償の請求権とが併存するため，民法は，履行請求権が塡補賠償請求権に転形する，という構成を採らないことが明らかである。

　(3)　不完全履行　　(ア)　**不完全履行とは何か**　　不完全履行と　★
は，債務の履行が一応なされたが，不完全な点があるものを広くいう。債務の履行が一応なされたという点に特徴があり，まったく履行がなされない場合は，履行遅滞または履行不能の問題である。すでに述べたように，不完全履行を履行遅滞，履行不能とな

らぶ独立の債務不履行の形態と考えるかどうかについては，争い
があり，平成29年改正前の通説はこれを肯定していた。

　不完全履行はもともと，履行遅滞，履行不能以外のものを広く
意味するために，その内容には多様なものがある。結果の実現で
はなく，そのための過程が重要である手段債務（第2章I2(8)参
照）においては，不完全履行が債務不履行の主要な形態である
（たとえば，土地価格の鑑定が不完全であったため，鑑定の依頼者が高額な
土地を購入した）。これに対して，目的物の引渡しという結果が求
められる引渡債務の不完全履行については，代表的なものを類型
化すると次のとおりである。①給付内容自体に不完全な点がある
場合。たとえば，不特定物の引渡債務において，目的物に欠陥が
あるときがこれに該当する（自動車に欠陥があり，エンジンがかからな
い）。②給付内容に不完全な点があり，債権者の他の財産等に損
害を与えた場合。たとえば，売買目的物に欠陥があり，この欠陥
のために，目的物以外の債権者の財産に損害が拡大したときがこ
れに該当する（自動車のブレーキに欠陥があったため，事故により買主が
負傷した）。③給付内容以外の点に不完全な点がある場合。たとえ
ば，履行方法に不完全な点があるときがこれに該当する（自動車
の引渡しに際して，売主が買主のガレージに入庫させようとして，ガレージ
の扉を壊した。代金の弁済にあたって，買主が金銭を売主に叩きつけた）。
②および③の類型は，本来の債務そのものの不履行とは別個の，
債権者の利益を侵害してはならないという，本来の債務に伴う保
護義務あるいは付随的注意義務の違反であるとして，手段債務の
不履行とともに，これらを不完全履行の中心的課題とする考え方
も有力である。しかし，平成29年改正後の民法においては，い
ずれの類型も，契約の内容に適合しないものであり（562条以下），
債権者は債務者に対し，債務不履行責任（契約不適合責任）を問う

こととなろう（ただし，③の類型は，不法行為責任を追及することも可能である）。

　なお，不完全履行においては，履行に不完全な点があることについて，債権者が立証責任を負う。②および③の形態では，①の形態と異なり，そのような義務の存否が重要な争点となることが多い。

　(イ)　不完全履行と免責事由　　不完全履行についても免責事由が存在すれば，債務者が損害賠償責任を免れることは，抽象論としては履行遅滞，履行不能の場合と異ならない。しかし，手段債務については，どのような点で不完全であったかの判断が決定的に重要である。また，②および③の形態のものについては，免責事由の対象が本来の債務の不履行についてではなく，保護義務あるいは付随的注意義務の不履行についてであるとの考えもある。

　(ウ)　不完全履行の効果　　①の形態の不完全履行においては，履行が完全でないのだから，債権者としては完全な履行を請求することができるのが原則である。このように，改めて完全な物を給付することによって不完全な点を除去することが可能な場合には，債権者としてはこれを請求することができる（追完請求─562条1項）。たとえば，契約に適合しない物が引き渡された場合には，債権者は契約に適合する物の引渡しを求めることができる（エンジンのかからない自動車については，新たな自動車の引渡し。代物請求）。あるいは，債権者は欠陥を除去することを請求することもできる（たとえば，自動車のエンジンの修理。修補請求）。これについては，契約不適合責任の項で述べる（本シリーズⅣ・債権各論参照）。これに対して，手段債務の不履行あるいは②，③の形態の不完全履行においては，完全な履行をすることが不可能である（追完不能）か，または完全な履行には意味がない。このような場合には，損害賠

償を請求するしかない。

3　現代的課題

　債務不履行に関して，民法に明文の規定がないため，種々の議論を呼んでいる問題点がある。これらはいずれも債務の本来的な内容ではなく，付随的あるいは派生的な義務に関連するものである。これらについて，すでに述べた諸点と関連づけながら，その内容をみてみよう。

★★　(1)　**安全配慮義務**　　雇用契約において使用者は，被用者の生命・健康について特別の注意義務を負うか。自衛隊員が基地内で自衛隊の車両にひかれて死亡した事件について，最高裁は，安全配慮義務という考え方を示して，このような特別の注意義務を認めた（最判昭 50・2・25 民集 29 巻 2 号 143 頁）。すなわち，「安全配慮義務は，ある法律関係に基づいて特別な社会的接触の関係に入った当事者間において，当該法律関係の付随義務として当事者の一方又は双方が相手方に対して信義則上負う義務として一般的に認められる」とした。雇用においては，使用者が負う義務は賃金の支払義務が主要なものであると考えられるので，安全配慮義務を主要な義務以外の付随的義務ととらえたものである。人身事故に関してこのような義務を認めることの実際上の意義は，主として①消滅時効，および②過失の立証責任の所在にあった。

　すなわち，①前掲の最高裁の事件では，事故後 3 年が経過し，不法行為による損害賠償請求権の消滅時効（旧 724 条）が完成した後に訴訟を提起するため，使用者の責任を 10 年の消滅時効（旧 167 条 1 項）にかかる債務不履行とする必要があった。また，②不法行為においては，過失の立証責任は被害者が負担するが，債務不履行においては，債務者が免責事由の存在を立証しなけれ

ばならないので，債権者としては立証上有利であると考えられる。もっとも，平成29年改正により，人の生命・身体という法益の重要性を考慮して，不法行為責任の消滅時効については，「3年間」（724条1号）とあるのが「5年間」とされた（724条の2）。そして，債権についても，10年間の消滅時効（166条1項2号）に関しては，人の生命・身体の侵害による損害賠償請求権の消滅時効は20年とされた（167条）ほか，権利の行使が可能であることを知った時から5年間の消滅時効が設けられた（166条1項1号）。それゆえ，消滅時効に関しては，安全配慮義務違反を債務不履行とする実益はなくなった。

　昭和50年判決以後，最高裁は，安全配慮義務についていくつかの判決を公にし，この義務違反が，不法行為ではなく債務不履行であることを明確にしている。たとえば，損害賠償を請求する原告が安全配慮義務の内容を特定し，その義務違反の事実を主張・立証する責任を負うこと（最判昭56・2・16民集35巻1号56頁），死亡した被用者の遺族には固有の慰謝料請求権がないこと（最判昭55・12・18民集34巻7号888頁），安全配慮義務違反を理由とする損害賠償債務は，期限の定めのない債務であって，履行の請求を受けた時から遅滞に陥ること（前掲最判昭55・12・18）などが判示されている。このような，不法行為と債務不履行を峻別し，安全配慮義務違反を債務不履行と位置づける最高裁の考え方によると，原告にとっては安全配慮義務違反を主張することが，不法行為を主張するよりも，必ずしも有利とはいえない場合が生じている。しかし，最高裁は，対象となる契約関係を雇用に限定せず，請負（特に下請・元請関係につき最判平3・4・11判時1391号3頁）およびこれに類似する船舶の運航委託契約（最判平2・11・8判時1370号52頁）についても，安全配慮義務を肯定した。さらに下級審では，

売買，賃貸借，タレントの出演契約，在学契約などについてもこれを認めるものがある。

　学説も，一般的に安全配慮義務を認めている。しかし，①雇用以外のどの分野にまで拡大できるかという適用範囲，②不法行為の過失の注意義務と安全配慮義務における注意義務との程度の比較（最判昭58・5・27民集37巻4号477頁参照），および，③不法行為による損害賠償請求権との相互関係（いわゆる請求権競合，本章Ⅳ3(3)参照）については，問題が残されている。

　なお，2007年に制定された労働契約法は，使用者の安全配慮義務を明文化した（労契5条）。

★★ 　　(2)　**契約締結上の過失**　　遠隔地の建物の売買契約を締結したところ，実は契約成立時には建物が火災によってすでに焼失していたという場合には，平成29年改正前は，当該建物の引渡義務が原始的に不能であり，売買契約は効力を生じないと解されていた。そこで，そのような場合に，買主が建物を実地に検分したり，価格の鑑定を依頼していたとすると，それらに要した費用は買主が負担しなければならないかが問題とされた（①原始的不能の契約締結）。また，売買契約の交渉を重ねて，ほとんど合意に達した段階で，正当な理由もないのに売主が最終的な契約の締結を拒否した場合には，買主としては契約の成立を予定して支出した費用を自ら負担するほかないだろうか（②契約交渉の中途拒絶）。これらの場合に，平成29年改正前，売主の過失を要件として，買主に対する損害賠償義務を認めようとしたのが，契約締結上の過失という考え方である。これも安全配慮義務と同様に，債務不履行責任と不法行為責任とが交錯する問題である。なぜなら，契約が無効または不成立であるならば，当事者は，契約上の義務を負担しないのが原則だからである。

　①のケースについては，ドイツの学説の影響を受けて，信義則に基づく責任を認め，この責任を債務不履行の一種ととらえようとする見解が古くから有力であった。もっとも，その損害賠償の範囲については，信頼利益（契約が有効であると信じたことによる損害。たとえば，無駄になった鑑定費用）に限定するか，履行利益（契約が履行されたとすれば得たであろう利益。たとえば，転売利益）をも含むかについては争いがあった。しかし，平成29年改正後の民法は，すでに述べたように，「契約に基づく債務の履行がその契約の成立の時に不能」（原始的不能）であったとしても，当該契約は有効であり，債権者は，債務者に対して，「第415条の規定によりその履行の不能によって生じた損害の賠償を請求すること」ができるとする（412条の2第2項）。それゆえ，その損害賠償の範囲も，416条によって規律されることとなろう。

　これに対して，②のケースは，比較的最近になって論じられるようになったものであり，この場合における当事者の責任を，債務不履行責任ととらえるか，不法行為責任ととらえるかについては争いがある。判例は，不動産売買における交渉拒絶について，契約交渉が最終段階にまで達したときには，当事者は，相互に相手方の期待を侵害しないように誠実に契約の成立に努めるべき信義則上の義務があるとして，不法行為責任を認めた（最判昭58・4・19判タ501号131頁）。そこで，より根本的にこれらを不法行為の問題としてとらえ，契約締結上の過失という特別の観念を作ることの有用性を疑問視する見解もある。なお，判例は，契約準備段階における信義則上の注意義務違反を理由とする損害賠償責任を認めるものの，その責任の法的性質については明言していない（最判昭59・9・18判時1137号51頁，最判平19・2・27判時1964号45頁）。

　(3)　**説明義務・告知義務**　　売買契約の締結にあたって，売主　　★

は買主に対して，契約の内容，目的物の性質等について，積極的に説明したり，教えたりする義務があるだろうか。これは主として消費者取引の分野において論じられる。それらの事項は，一般的には，買主が自ら調査すべきであって，売主は何らそのような義務を負わないのが原則である。しかし，売主が企業であり，かつ買主が消費者であるような場合には，売主の説明義務を認める必要性もある。なぜなら，消費者は，取引の経験も法律的知識も少なく，また調査能力もないことが通常だからである。たとえば，土地売買において，消費者である買主にとっては，その土地に建築基準法などのような公法上の建築制限があるかを知ることは困難であっても，売主である不動産業者にとっては容易に調査が可能である。そして，このような場合には，公法上の義務として，説明義務が定められていることがある（たとえば，宅地建物の取引につき宅建業35条）。しかし，公法上の義務にとどまらず，消費者保護のために私法上の義務としての説明義務を認め，これに違反した場合には損害賠償責任が生じると解することができるかどうかが問題となる。契約内容によっては，信義則上の義務として，契約締結に際しての売主の説明義務を認める考え方もある。この問題も，契約の成立前に信義則上の義務を認める点で，契約締結上の過失と共通する問題であり，説明義務違反を理由として不法行為による損害賠償を肯定した下級審判決も存在した（宅建業者の説明義務について，大阪高判昭58・7・19判タ512号137頁）。そして最高裁は，契約締結前における信義則上の説明義務違反が，不法行為であって，債務不履行ではないとしている（最判平23・4・22民集65巻3号1405頁）。

　なお，特別法においては，事業者の説明義務（情報提供義務）が明記されていることがある。たとえば，金融商品の販売業者は，

顧客に対し，一定の重要事項を説明すべき義務を負い，その義務に違反した場合には，損害賠償責任を負うとされている（金融サービス4条，6条）。また，消費者契約法では，より一般的に，事業者に対して，消費者契約の内容について必要な情報を消費者に提供する旨の努力義務を課している（消費契約3条1項2号）。

　さらに，消費者取引においては，消費者の権利義務に関して契約の相手方である企業が予め教えること（告知義務）についても，同様の議論がある（たとえば，特定商取引法は，消費者に契約の申込後一定期間に限って，自由な撤回権を認め〔同9条，15条の3，24条〕，この権利について売主は，書面で告知すべき義務があるとしている〔同4条1項5号〕）。

Ⅳ　損害賠償

1　債務不履行による損害賠償とはどのようなものか

　(1)　債務不履行の効果　　損害賠償は債務不履行の効果の一つである。すでにみたように，債務不履行の効果としては，損害賠償にとどまらず，履行の強制，契約の解除などがある。また，損害賠償は，債務不履行に固有のものではなく，不法行為による損害賠償のように，債務不履行とは異なる原因によるものもある。ここでは債務不履行の効果について，先にⅢでみた債務不履行の成立要件を前提として検討する。すなわち，債務不履行の成立について，まず債務不履行の要件の共通事項を検討した後に，履行遅滞，履行不能，その他の債務不履行（不完全履行を含む）に分けて検討したのに対応して，損害賠償についても，まず債務不履行に共通する事項をみて，その後に各類型の損害賠償の問題を検討する。

(2)　問題の範囲　　たとえば，住宅の売買契約で売主が建物を期限に引き渡さないために，買主は住居に困り，ホテルに2週間滞在した結果，30万円のホテル代がかかったとしよう。この場合に，買主は売主に対して，30万円を損害賠償として請求できるかどうかが損害賠償に関する基本的な問題である。「売主が期限に引き渡さなかったこと」が債務の本旨に従わない履行かどうか，免責事由があるかどうかの判断については，Ⅲで述べたとおりである。ここでの検討の対象は，それらの債務不履行の成立要件が充足された場合に，どのような内容の損害賠償を請求できるかである。主要な課題は，①損害とは何か，②損害の発生と債務不履行との間に因果関係があるかという問題である。売主の側から考えてみると，履行遅滞にある売主としては，損害賠償をすることはやむをえないとしても，履行遅滞と無関係な損害まで賠償する必要はない。たとえば，買主がホテルに泊まったのが，住宅に困ったためではなく，本人の観光の目的であったような場合である。そうだとすれば，履行遅滞と関係のある損害と，無関係な損害とを区別する必要がある。これが因果関係の問題である。また，そもそも損害とは何かも問題となる。たとえば，買主がホテルに滞在せざるをえなかったという事実が損害なのか，それとも単純に30万円のホテル代という金銭が損害なのかという理論的な問題である。

2　損害賠償の共通原則

(1)　損害賠償の方法　　債務不履行による損害を賠償する方法としては，金銭賠償と原状回復とが考えられる。金銭賠償とは，金銭を支払うことによって，損害が発生しなかった状態を回復するものであり，原状回復とは，債務者が自らまたは他人をして現

実に損害を回復するものである。たとえば，借家人が債務不履行
によって借家を破損した場合に，その修理費用を支払うのが金銭
賠償であり，借家人が自分で修理したり，修理業者に借家人の費
用で修理させたりするのが原状回復である。立法例としては，原
状回復を原則とするものもみられるが（たとえば，ドイツ民法），民
法では金銭賠償が原則である（417条）。もっとも，債権者・債務
者が合意で損害賠償の方法を定めれば，その方法による。たとえ
ば，借家の明渡しに際して，借家人が破損部分を実際に修理する
ことを合意したような場合である。なお，民法では，不法行為に
おいても金銭賠償が原則とされている（722条1項）。

　(2)　**損害とは何か**　　損害が発生しなければ，損害賠償の問題
は生じない。その意味では，損害なければ賠償なしという原則が
存在する。もっとも，そもそも損害とは何かが問題である。しか
し，損害とは，債務不履行によって債権者がうけた不利益を広く
意味すると解されるに止まり，必ずしも積極的な定義づけがなさ
れていないのが実状である。その理由は，何が損害かということ
を独立に論じても意義がなく，後に述べる損害賠償の範囲に含ま
れるかどうかが損害賠償においては重要である，と解されている
からである。

　損害については，まず，財産上の不利益（財産的損害）と精神的
な苦痛ないし不利益（精神的損害）とが区別される。財産的損害は
さらに，積極的損害（債権者の既存の財産の減少）と消極的損害（債
権者が将来取得するであろうと考えられる利益を取得できなくなること。目
的物の転売による利益がその代表的なものであり，得べかりし利益の喪失と
もいう）とに分けることができる。損害賠償の範囲の問題に関し
ては，積極的損害は通常損害ととらえられることが多いのに対し
て，消極的損害は，特別事情による損害であるとして，予見可能

図2　損害と損害賠償の範囲

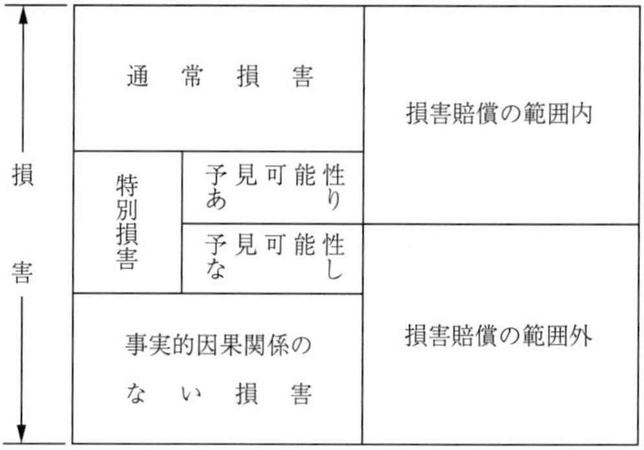

```
┌──────────────────────┬──────────────────────┐
│                      │                      │
│      通　常　損　害   │                      │
│                      │    損害賠償の範囲内   │
│                      │                      │
├───┬──────────────┤                      │
│特 │ 予 見 可 能 性   │                      │
│別 │      あ    り    │                      │
│損 ├──────────────┼──────────────────────┤
│害 │ 予 見 可 能 性   │                      │
│   │      な    し    │                      │
├───┴──────────────┤    損害賠償の範囲外   │
│    事実的因果関係の   │                      │
│    な　い　損　害     │                      │
└──────────────────────┴──────────────────────┘
```

性が要件とされることが多い。なお，取引上の債務不履行については，財産的損害とは別に精神的損害は生じないとして，損害の発生自体が否定されるのが通例である。不法行為（710条・711条）と異なり，債務不履行に関しては精神的損害に対する損害賠償に関する規定を欠くことも，その根拠の一つである。ただし，安全配慮義務を中心として，債務不履行の分野においても人身事故に関する契約責任が問題となることがある。このような場合には，不法行為との均衡上，不法行為と同様に精神的損害に対する慰謝料を認めるべきことには異論がない。

　(3)　因果関係　　債務者は，債務不履行の場合に債権者に対して損害賠償をしなければならない。しかしそれは，債務不履行と一定の関係がある損害に限定され，債務不履行と無関係の損害についてまで債務者が損害賠償責任を負うわけではない（たとえば，建物の引渡しが遅滞していた時期に，債権者が観光目的でホテルに宿泊しても，そのホテル代は履行遅滞とは無関係であり，損害賠償の対象とはならない）。つまり，損害が賠償されるためには，債務不履行と損害と

の間に原因・結果の関係（因果関係）がなければならない（債務不履行がなければ損害が発生しなかった，という条件関係）。この意味での因果関係を，後に述べる相当因果関係と区別して，特に事実的因果関係（自然的因果関係）ともいう。医療過誤，医薬品事故，公害などが債務不履行の問題として争われる場合には，帰責事由の問題とならんで，この事実的因果関係の存否が重要な争点となる。

　(4)　損害賠償の範囲　　(ア)　問題の意味　　債務不履行と事実的因果関係のある損害をすべて損害賠償の対象とすると，賠償しなければならない損害は無限に拡大する可能性がある。たとえば，建物の引渡しが遅延したのでホテルに宿泊していたところ，ホテル火災でケガをして入院し，入院中の病院の治療ミスによって重大な傷害を受けた結果，いままでの仕事を続けることができなくなり，その結果家庭生活が円滑でなくなり，離婚せざるをえなくなり……というように，「風が吹けば桶屋がもうかる」式のケースも考えられる。そこで，損害賠償の範囲を何らかの方法で合理的に制限する必要がある（制限賠償主義という。多数の国々で制限がなされている。これに対して，ドイツ民法では，条文上は制限規定がおかれていないので，完全賠償主義ともいわれる）。民法では，原則として，通常生ずべき損害（通常損害）が損害賠償の対象となり，特別な事情による損害（特別損害）については，予見可能性がある場合に限って損害賠償の対象となることを定めている（416条）。その意味では損害賠償の範囲が何であるかは，416条の解釈の問題に帰着する（ただし，この点については異論がある。3(1)の危険性関連説参照）。

　(イ)　**通常損害・特別損害**　　(a)　区別の標準　　ある損害が通　★常損害に該当するのか，それとも特別損害に該当するのかは，一般的・抽象的に定まるのではなく，契約類型，当事者の性格（商人か素人かなどの属性），目的物の性質（不動産か動産か等），契約の内

容（賃貸借契約でも長期の賃貸借か，短期の賃貸借か）などの種々の要素を総合的に考慮して判断しなければならない。したがって，住宅の引渡義務の履行遅滞だから，ホテル代は常に通常損害である，あるいは逆に特別損害であるとまでは断定できない。

(b)　416条の意義　　416条は，損害賠償の範囲の上限を設定するものである。つまり，どのような損害であれ，予見可能性さえあれば常に損害賠償の範囲に入ることになる。もっとも，ある損害が通常損害であるとすると，債権者は予見可能性について立証することなく，損害賠償を得ることができるのに対して，特別損害であるとすると，債権者が予見可能性の存在についてまで立証責任を負うことになる。

なお，最高裁は，事業用店舗の賃借人が，賃貸人の債務不履行により当該店舗で営業することができなくなった場合には，これにより賃借人に生じた営業利益喪失の損害は，民法416条1項により賃貸人にその賠償を求めることができるとしつつ，同条1項にいう通常生ずべき損害の解釈上，賃借人も，損害を回避または減少させる措置を執ることができたと解される時期以降における営業利益相当の損害の賠償を賃貸人に請求することはできないとした（最判平21・1・19民集63巻1号97頁）。

(c)　予見可能性　　予見可能性は，現に予見していた損害にとどまらず，たとえ予見していなくとも予見が可能であった損害まで損害賠償の範囲に含めるものである。そこでは予見す・べ・き・で・あ・っ・た・という判断が重要であり，予見可能性の判定は規範的な価値判断と切り離すことはできない（416条2項もその旨を明記する）。なお，予見可能性の対象は，条文上は「損害」ではなく「特別の事情」であるとされている。しかし，損害概念につき損害＝事実説（3(2)(イ)参照）に立てば，「損害」と「特別の事情」との区別は

意味を失うことになる。また，誰にとって予見可能であったかについては，条文上は当事者とされており，債権者・債務者双方にとって予見可能であることが必要であるかのようであるが，判例・通説ともに債務者にとっての予見可能性であると解している（リーディングケースはないが，大判昭12・11・15判決全集4輯22号14頁など）。

　(ウ)　弁護士費用　　債務不履行による損害賠償を訴訟上請求するために弁護士に依頼した場合の弁護士費用が，損害賠償の範囲に含まれるかどうか。これについては一般的には損害賠償の範囲には含まれないが，債務者側の不当な抗争のような場合および人身事故に関する債務不履行の場合には「相当の範囲」に限定して認めるのが判例である（たとえば，最判昭44・2・27民集23巻2号441頁，最判昭48・10・11判時723号44頁）。

　(5)　損害額の調整　　(ア)　過失相殺　　債務の不履行またはこれによる損害の発生もしくは拡大に関して，債権者に過失があった場合には，損害のすべてを債務者に負担させることは衡平に反する（なお，債権者に故意があれば，債務者に免責事由が存在する）。そこで，このような場合には，債権者の過失に応じて損害賠償額を減額することができる（418条）。したがって，相殺といっても，債務の消滅原因としての相殺（505条以下）とは意味を異にし，衡平の観点から損害額を調整するものである。不法行為においても，類似の規定がある（722条2項）。

　(イ)　損益相殺　　債務不履行によって，債権者が損害をこうむるだけではなく，かえって利益を得る場合がある。このような場合にも，過失相殺と同様の衡平の見地から，その利益を損害額から控除すべきである（損益相殺）。民法上これに関する規定はないが，異論なく承認されている。火災保険をはじめとする各種の損

害保険金を控除すべきかどうかが争われることが多い（控除否定例。最判昭50・1・31民集29巻1号68頁）。

(6)　損害賠償額の予定　　債務不履行による損害賠償をめぐっては，損害の有無，損害賠償の範囲などについて紛争が生じることがある。そこで，そのような紛争を避けるために，債権者・債務者間で，将来あるかもしれない債務不履行の損害賠償額について，予め合意しておくことがある。これが損害賠償額の予定であり，このような合意も契約自由の原則上有効である（ただし，割賦販売法6条，消費者契約法9条は，解除による損害賠償の予定について制限している）。通常は，債務不履行があれば金何円を支払う，あるいは履行が遅滞したときは，履行されるまで1日につき金何円を支払うというように，損害賠償額を金銭で定める。このような場合には，実際の損害額と無関係に債務者は，この予定賠償額を支払わなければならない（420条1項）。なお，違約金は，債務不履行に対する制裁であって，損害の塡補を目的とせず，損害賠償額の予定とその本来の性質を異にする。しかし，民法は，違約金の合意は損害賠償の予定であると推定した（420条3項）。

(7)　代償請求権　　履行不能が生じたのと同一の原因によって，債務者が利益を得ることがある。たとえば，債権の目的物を第三者が故意・過失によって破壊し，債務者がこの第三者に対して不法行為に基づく損害賠償請求権を取得する場合である。この場合において，債務者に免責事由が認められないときは，債権者は，債務者に対して債務不履行に基づく損害賠償請求をすることができる（415条1項）。これに対して，債務者に免責事由が認められるとき（目的物の滅失が第三者の故意・過失に基づくものであるとの理由で，免責事由が認められることがある）は，債務者はその債務を免れ，かつ，第三者に対する損害賠償請求権を取得する。しかし，この

結果は著しく公平に反する。そこで平成29年改正前の通説は，債務者が履行不能によって代償（第三者に対する損害賠償請求権）を取得したときは，債権者は，その代償の引渡しまたは譲渡を請求することができるとした。この代償請求権は，民法に規定はなかったが，判例もこれを承認し（最判昭41・12・23民集20巻10号2211頁），平成29年改正民法も明文の規定を設けた（422条の2）。

　(8)　賠償者の代位　　債権者が，損害賠償として，その債権の目的である物または権利の価額の全部の支払いを受けたときは，債務者は，その物または権利について当然に債権者に代位する（422条）。ここにいう代位とは，物または権利が法律上当然に債務者に移転することである。たとえば，受寄者が寄託物を盗まれ，寄託者に対して損害賠償をしたときは，盗品の所有権は，当然に受寄者に移転する。なぜなら，この場合において，盗品の所有権がなお寄託者にあるとすれば，寄託者が二重に利益を受けることとなるからである。

　(9)　損害賠償に関する立証責任　　債権者は，損害賠償の請求をするためには，損害の発生，損害と債務不履行との因果関係の存在ならびにその損害が損害賠償の範囲内のものであることについて，すべて立証責任を負う。また，損害が，通常損害であること，または特別損害の場合には予見可能性があることについても，債権者が立証責任を負う。

3　損害賠償に関する理論的問題 ★★

　(1)　損害賠償の範囲の制限原理　　(ア)　相当因果関係説　　これは，債務不履行と不法行為に共通する損害賠償の範囲を制限する原理として，相当因果関係という概念を用いる考え方である。その内容は論者によっても差異があるが，多くの見解は次のよう

なものである。すなわち，相当因果関係にある損害とは，その債務不履行から一般に生じるであろうと認められる損害をいい，さらに債務者が知り，または知りうべき事情は因果関係判断の基礎になる。そして416条は，このような相当因果関係を規定したものであると解され，不法行為の損害賠償の範囲についても制限原理として類推適用されるとする（大連判大15・5・22民集5巻386頁。いわゆる富喜丸事件。船舶の沈没に関する不法行為の事案であるが，相当因果関係説の重要な基礎となり，判例・通説の形成に決定的な意義があった）。

　(イ)　相当因果関係否定説　　これは，損害賠償の範囲を合理的に制限する必要性があることを認める点では相当因果関係説と同じであるが，債務不履行と不法行為とを共通の原理によって制限することに反対するものである。すなわち，因果関係以外に損害賠償の範囲を制限する規定を持たないドイツ民法においては，債務不履行と損害との因果関係に「相当因果関係」という特殊な内容を持たせて，これを制限原理とすることに意義と必要性がある。しかし，416条という損害賠償の範囲を制限する規定を持っている民法においては，相当因果関係説は格別の意味がなく，単純な416条の適用問題であるとする（そして，不法行為の損害賠償の範囲の制限原理としては，過失判断の前提となる注意義務を基準として，損害がその注意義務の保護範囲に含まれるかどうかを問題とする）。この考え方では，単なる条件関係としての因果関係だけが意義を有し，この意味での因果関係を特に事実的因果関係として強調する。

　(ウ)　危険性関連説　　この考え方は，前の二者がいずれも結果的には，416条を債務不履行全体の損害賠償の範囲を制限する原理とすることに対して，異論を唱えるものである。すなわち，損害を原因行為から直接的に生じた損害（第一次損害）とそれから派生的に生じた損害（二次的損害，または後続損害）とに区別し，416

条は第一次損害に関してのみ機能するものであり，後続損害については第一次損害が後続損害の発生について特別に危険性を高めたかどうかを基準として，損害賠償の範囲内かどうかを決定しようとするものである。たとえば，売主が建物を引き渡さないために，ホテルに宿泊したところ，ホテル火災で負傷したという場合に，ホテルに宿泊することを余儀なくされたこと（第一次損害）とホテル火災による負傷（後続損害）との間に，前者が後者の発生の危険性を高めるという関連性があるかどうかを問うものである。この見解は，主として不法行為の領域において主張されているものであるが，安全配慮義務を中心として不法行為と債務不履行との交錯が生じている現在では，債務不履行の領域においても意義があろう。

(2)　損害概念　　(ア)　**損害＝金銭説**　　これは，損害を財産の　★
減少額としての金銭ととらえるものであり，判例・通説の考え方でもある（債務不履行の前後における債権者の財産状態の差を損害とするものであり，差額説ともいう）。この見解によると，たとえば，債務不履行によって物が滅失し，その物の価格が100万円であったという場合には，これによって債権者に生じた100万円の財産の減少が損害であることになる。その結果，債務不履行の後に目的物の価格が変動した場合には，損害自体が変動することになり，どの時点の価格を賠償すべきかという損害額算定の基準時の問題が，独立の問題として意義を持つ（4(2)(ウ)参照）。

(イ)　**損害＝事実説**　　これは，損害を事実としてとらえる考え　★
方である。この見解によると，たとえば，債務不履行によって物が滅失した場合には，物の滅失という事実が損害であり，民法が金銭賠償主義を採用している結果，事実である損害を金銭に換算することが必要になる（この過程を金銭的評価ともいう）。そうだと

すれば，物の価格は，損害を金銭的に評価するための資料となるにすぎない。したがって，債務不履行の後に目的物の価格が変動しても，損害自体が変化するのではないから（物が滅失したという事実には変化がない），損害額算定の基準時という問題はそもそも存在せず，損害の金銭的評価の資料が変化したにすぎないことになる。損害賠償の範囲について相当因果関係否定説をとる場合には，損害についてもこの見解によることが多い。

　(3)　債務不履行と不法行為との交錯　　損害賠償に関しては，債務不履行責任と不法行為責任の双方が成立する可能性がある。たとえば，医師の過失によって患者が傷害を受けたという場合には，まず，不法行為（709条）による損害賠償請求権が成立する可能性がある。また，医師と患者との間には診療契約があり，医師の債務不履行によって損害が生じたのであるから，診療義務の不履行（不完全履行あるいは本旨に従わない履行。415条）としての損害賠償請求権も成立する可能性がある。ところが，請求権が二個あるとしても，患者が二度の損害賠償を請求できるわけではなく（たとえば，損害額が100万円であるとすると，不法行為で100万円，債務不履行で100万円の合計200万円を請求できるわけではない），一度だけ損害賠償を請求できるにすぎない。このような場合に，二つの請求権の関係をどのように考えるべきかが問題となる（これを一般に請求権競合という）。

　この問題について，判例・通説は，不法行為による損害賠償請求権と債務不履行による損害賠償請求権の双方が成立し，債権者はその選択によって一方だけを主張することも，双方を選択的に主張することもできるとする（請求権競合説）。その根拠として，各請求権は，その成立要件・効果が別個に規定されているから，相互に独立した関係にあること，および，競合を認めることが債

権者にとって有利であり，かつ便宜であることがあげられている。これに対しては，両請求権が単に条文の上で形式的に競合しているにすぎず，不法行為と債務不履行とは一般法と特別法との関係にあり，実際には特別法である債務不履行による損害賠償請求権だけが成立するとする見解（法条競合説）がある。また，請求権によって認められる給付が一回かぎりであるならば，実質的に成立する請求権は一個であるとし，不法行為規範と債務不履行規範とを一定の価値判断を基礎として統一して，新たな要件・効果を持つ一個の請求権を構成する見解（規範統合説）も存在する。

　これらの見解の対立は訴訟法と密接な関連があり，またそれぞれの請求権の要件・効果についても根本的な対立がある。したがって，問題解決のためには今後の論争を待つほかない。

4 債務不履行の類型と損害賠償

(1) 履行遅滞と損害賠償　　(ア) 損害発生の有無・因果関係

　履行遅滞によって生じる損害の中心は，債務の履行が遅れたことによる損害であり，その賠償は遅延賠償とも呼ばれる。もっとも，遅滞があれば常に損害が発生するわけではない（たとえば，日常生活で商品の引渡しが1日遅れたとしても，格別の損害がないことも少なくない）。裁判例をみる限りでは，遅滞と損害との間の事実的因果関係の存否が争われることは少ない。物の引渡債務については，臨時的な代替物の調達（建物の引渡しの遅滞とホテルへの宿泊，自動車の引渡遅滞とレンタカーの借用），あるいはその物を利用して収益をあげる機会を喪失したことによる得べかりし利益が問題となろう（商店の商品陳列ケースの引渡遅滞と開店の遅れによる得べかりし営業利益の喪失，土地の引渡しの遅滞と賃料収入の喪失）。

　(イ) 金銭債務と履行遅滞　　金銭債務の履行遅滞については，

少なくとも法定利率の損害が発生するとされ（419条1項），また，債権者は損害の発生について一切の立証責任を免れる（同条2項）。これは，金銭が常に利得を伴うという，金銭債務の特殊性に基づくものである。なお，遅延損害金に関してこれと異なる特約があれば，その特約による（同条1項ただし書）。

　(ウ)　損害賠償の範囲・損害額の算定　　履行遅滞に関して損害賠償の範囲が争いとなることは，裁判例をみる限りでは多くない。したがって，履行遅滞において何が通常損害であり，何が特別損害であるかは明確ではないが，損害賠償の範囲の問題の個別性からは，当然のことである。損害額の算定についても，履行遅滞に固有の問題はみられない。

★　　(エ)　**履行遅滞と塡補賠償**　　平成29年改正前は，履行不能の場合には本来の給付に代えて塡補賠償を求めることができるが，履行遅滞の場合には，本来の契約関係が依然として維持されている以上，契約を解除しないかぎり，塡補賠償を求めることができないのが原則であった。しかし，履行遅滞の後に相当の期間を定めて催告をしている場合には（541条），解除の意思表示がなされていなくとも，塡補賠償を請求することができるとするのが，判例・通説であった（大判昭8・6・13民集12巻1437頁）。そして，これを理論的な前提として，判例・通説は，本来の給付を請求しつつ，それが執行不能の場合には塡補賠償を求めるという訴え（代償請求）をも認めた（大判昭15・3・13民集19巻530頁）。そこで，平成29年改正では，すでに述べたように，「債務者がその債務の履行を拒絶する意思を明確に表示したとき」（415条2項2号）のほか，「債務が契約によって生じたものである場合において，その契約が解除され，又は債務の不履行による契約の解除権が発生したとき」にも，塡補賠償の請求を認めた（同項3号）。

(2)　履行不能と損害賠償　　(ア)　損害発生の有無・因果関係

　履行不能によって生じる損害の中心は，本来の給付にかわるものであり，その賠償は填補賠償とも呼ばれる。もっとも，売買契約による物の引渡債務の履行不能でも，買主が契約を解除して代金の支払義務を免れるだけで事が足りる場合もあり，履行不能があれば常に損害が発生するわけではない。物の引渡債務の場合には，同種の物を他から調達する費用（履行遅滞と異なり，臨時的なものではない），その物を利用して収益をあげる機会を失ったことによる得べかりし利益などが問題となろう。

　(イ)　損害賠償の範囲　　物の引渡債務の履行不能にあっては，その物を利用して使用・収益する機会が履行不能によって全面的に失われるのであるから，得べかりし利益（有利な転売による利益，有利な使用による利益）の喪失が遅滞の場合よりも拡大する可能性がある。目的物の転売による得べかりし利益は，特別事情による損害とされる場合もあるが，債権者が商人であるような場合には債務者に予見可能性があると判断されることが少なくないし，またそのような場合には通常損害と判断されることもある。これらも結局，損害賠償の範囲の問題の個別性に基づくものである。

　(ウ)　**損害額算定の基準時**　　物の引渡債務の履行不能においては，物の価格それ自体が損害賠償額の中心となることが少なくない（たとえば，特定物売買において目的物が売主の帰責事由によって滅失したような場合）。この場合に直ちに損害賠償が実行されればともかく，免責事由の有無について紛争がある場合等には，その間に物の価格が変動することもある（100万円で売買契約を締結し，履行不能の後に価格が130万円に上昇したような場合）。そのような場合には損害賠償額をどのように算定するべきかが問題となる。判例および相当因果関係説は，この価格変動の問題を損害の拡大ととらえ

図 3　価格変動と損害額

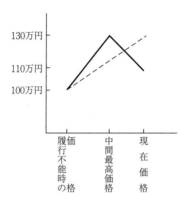

（当初 100 万円だった損害が 130 万円に拡大），損害賠償の範囲の問題と
する。つまり，①履行不能となった時点の価格が通常損害であり
（100 万円），価格上昇による損害は特別事情による損害であって，
価格上昇について予見可能性があれば，上昇した現在価格による
賠償（130 万円）が認められ，予見可能性がなければ通常損害にと
どまる。また，②価格がいったん上昇した後に下落した場合には
（130 万円に上昇した後に下落し，現在 110 万円である場合。この場合に 130
万円を中間最高価格という），130 万円の損害賠償を得るためには債
権者がその価格で目的物を処分するなど価格上昇による利益を確
実に取得したであろうという，利益取得の確実性が要件となる
（富喜丸判決（前出）以来の判例を理論的に整理したものとして，最判昭
37・11・16 民集 16 巻 11 号 2280 頁。これを確認したものとして，最判昭
47・4・20 民集 26 巻 3 号 520 頁）。

　これに対して，損害を事実としてとらえる考え方では，物の滅
失という損害事実自体は変化していないから，損害の拡大の問題
ではなく，したがって，損害の無限の拡大を制限しようとする損

害賠償の範囲の問題ではないことになる。そして，単に，物の滅
失という損害の事実を金銭的に評価するための評価資料が複雑に
なったにすぎず，債権者がどのような利益を取得する可能性があ
ったかという利益取得の可能性を基準として損害額を算定すべき
であり，どの時点の価格かという問題設定をするべきではないと
する。

(3) 不完全履行 (ア) 損害発生の有無・因果関係の存否
不完全履行によって生じる損害は，給付が不完全であることによ
る損害であり，給付の不完全さは給付によって様々である。もっ
とも，商店での売買において，包装紙が破れていたときのように，
不完全履行が常に損害を伴うわけでないことは，履行遅滞，履行
不能と同様である。下級審の判決では，給付された目的物に欠陥
があった場合に欠陥と損害との因果関係（たとえば，にわとりの飼料
の売買と買主の飼育場における廃鶏数の増加との関連性，福岡地久留米支判
昭 45・3・16 判時 612 号 76 頁），為す債務における債務不履行と損害
との因果関係（たとえば，警備会社の警備員による倉庫の施錠点検の不履
行と倉庫の盗難との関連性，高松地判昭 48・1・26 判時 706 号 54 頁，会計
係の不正行為と採用時の興信所の調査ミスとの関係，東京高判昭 48・9・18
下民集 24 巻 9〜12 号 645 頁）など，損害と債務不履行との事実的因
果関係の存否が問題となることがある。なお，医療過誤，医薬品
事故などでも，不完全履行と損害との事実的因果関係の有無が重
要な争点となる。

(イ) 損害賠償の範囲・損害額の算定 損害賠償の範囲および
損害額の算定について，不完全履行に固有の問題はない。もっと
も，給付の不完全さに基づいて派生的な損害（特に人身事故）が生
じる場合には，人身事故一般と同様に損害賠償の範囲が問題とな
ろう。また，この場合には，慰謝料が認められることについては

すでに述べた（**2**参照）。

V　受領遅滞

1　受領遅滞とは何か

　自動車の売主が引渡しのために買主の自宅まで約束の車を運んでいったところ，買主は正当な理由もないのに車に種々の難癖をつけて引き取ろうとしない。また，金銭の借主が貸主に借金を返そうとしたが，貸主が行方不明でどこにいるかわからない場合に，借主は返そうとしても返すことができない。このように債権者が受取りを拒否したり，そもそも受け取ることができない場合を受領遅滞という（413条）。このような場合には，債務は客観的には履行されていないけれども，その不履行が債務者の責めに帰することができない事由によるものであるから，債務者が債務不履行責任を負わないこと（消極的効果）については問題がない。しかし，それとは別に，どのような積極的効果が生じるかについては争いがある。また，先の自動車の例では，債務者は，弁済の提供（現実の提供。493条本文）をしているので，弁済の提供と受領遅滞との関係も問題となる。

2　受領遅滞の意義

　受領遅滞の意義については，債権者の受領義務の不履行であると積極的に位置づける考え方と，消極的に弁済の提供と同視する考え方とがあり，後者の考え方が通説である。

　(1)　受領義務説　　この考え方は，債権者には債権の受領義務があるとするものである。債務は，債務者が一定の作為・不作為をすることを内容とするが，債権者の協力なくしては債務の履行

ができない場合が少なくない。たとえば，売買契約においては買
主が目的物を受け取ってくれないと，売主は債務を履行できない。
このことを根拠として，債権債務関係においては一般的に債権者
も受領義務を負い，受領遅滞はこのような債権者の債務不履行で
あるととらえる考え方が成立する。これによると，債務者の債務
不履行の効果と同様に，債務者は契約を解除したり，損害賠償を
請求できるという積極的な効果が生じる。

　(2)　弁済の提供説　　この考え方は，債権は権利であって義務
ではないとして，債権者の受領義務を否定するものである。これ
によると，弁済の提供の要件・効果（492条以下）が債務者側から
みて規定されているのに対して，受領遅滞は同じものを債権者側
からみて規定したにすぎないと評価される。したがって，受領遅
滞では，弁済の提供と同一の弱い効果だけが認められ，解除・損
害賠償は問題とならない。

3　受領遅滞の要件・効果

　(1)　要件　　受領遅滞が成立するためには，債権者が受領を拒
否するか，受領が不可能であることを要する（413条）。債権者に
帰責事由があることを要するかどうかについては，争いがある。

　(2)　効果　　(ア)　消極的効果　　受領遅滞の効果として，次の
効果が生じることについては異論がない。①目的物保管義務の軽
減──債務者は，目的物の保管について善管注意義務を負ってい
る（400条）が，受領遅滞後は，自己の財産に対するのと同一の
注意をもって，目的物を保管する義務を負う。②危険の移転──
債務者が負担していた危険（536条1項）は債権者に移転する。③
保管費用の負担──弁済の提供後に目的物に関して増加した保管
費用を債務者は債権者に請求できる。ただし，平成29年改正前

には，これらの効果を，受領遅滞ではなく，弁済の提供の効果であるとする考え方もあった。そこで，平成29年改正では，これらが受領遅滞の効果であることを明記した（①について413条1項，②について413条の2第2項，536条2項，および，売買については567条2項，③について413条2項）。

　(イ)　積極的効果　　受領義務説では，受領遅滞を債権者の債務不履行ととらえるので，債権者の帰責事由を要件として，債務者による契約解除，損害賠償が認められる。判例には，硫黄鉱石の継続的供給契約に関して買主の受領義務を認め，その不履行としての損害賠償を認めたものもある（最判昭46・12・16民集25巻9号1472頁）。しかし，この判例は，信義則を理由とするものであって，これをもって直ちに一般的に損害賠償を認めた趣旨とは解されない。また，請負契約において，受領遅滞を理由とする請負人の解除権を否定した判例もあり（最判昭40・12・3民集19巻9号2090頁），判例としては受領義務に否定的であると考えられる。

第4章　責任財産の保全

I　序　説

1　責任財産　　　　　　　　　　　　　　　　　　★

　債権は特定の人（債務者）に対して行為を請求する権利であるので，債権が実現するかどうかは債務者が任意に履行してくれるかどうかにかかっている。債務者が債務を任意に履行しない場合には，債権者はその履行を強制することができる。物的担保または人的担保が設定されている場合には，債権者は，それによって債権を実現させることもできる。しかし，債務の履行が不可能になったり無意味になったりした場合には，債権者は債務者に債務不履行に基づく損害賠償を請求するほかない（履行が可能であっても損害賠償を請求することができることはいうまでもない）。その場合には，担保手段が講じられていない限り，現実に損害賠償が可能かどうかは債務者に十分な資力があるかどうかによることになる。すなわち，債務者の有する財産が損害賠償をするのに十分かどうかによるのである。結局，債務者の財産が債権の裏付けになっているといえよう。そこで，債務者の財産を責任財産と呼んでいる。

2　責任財産の保全

　前述のように，債務者の財産は債権者にとってその債権の実現を裏付けるものであり，特に，物的担保または人的担保のいずれ

も持っていない債権者（一般債権者という）にとっては，債務者の財産が十分にあることが債権の実現のための必須条件である。すなわち，債権者は，債務者の財産が減少するかどうかについて重大な利害を有している。しかし，債務者の財産が債権実現の裏付けになるといっても，それはあくまでも債務者の財産である以上，債務者がその財産を自由に利用し，処分できるのが原則であるということを前提としているのであって，限界があるといわざるを得ない。この原則を貫徹すると，何らの担保手段も持たない債権者は債務者の財産が減少していくのを黙ってみているよりほかはないことになる。このように弱い立場にある債権者のことを考慮し，民法は，債権者に対して，債務者の財産の利用・処分の自由に干渉することを認めているのである。これが債権者代位権と詐害行為取消権（債権者取消権）である。いずれも，債務者の責任財産を保全するために，債権者が一定の要件のもとに債務者の財産の利用・処分に干渉することを認める制度である。ただし，本来は債務者が自由にできることを債権の保全のために制約するのであるから，その目的のための必要最小限の干渉にとどめているのである。

II　債権者代位権

1　債権者代位権の意義

（1）　具体例　　債権者代位権が利用されるのは，たとえば次のような場合である。Aは，Bに対して100万円の金銭債権を有しているが，Bは，Cに対する100万円の債権以外に財産を有していない。ところが，Bは，Cに対する債権を放置していて，その債権の消滅時効が完成しそうになっている。このような場合に，

図4　債権者代位権

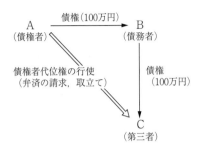

Ａは，Ｂに代わってＣに対して債務の弁済を請求し，それを取り立てることができる。

（2）　意義　　このように，債権者が，債権を保全するために，債務者に代わって債務者の権利を行使しうる権能を債権者代位権という。なお，債権者代位権によって保全される債権を被保全債権と呼び，代位権行使の対象となる債務者の権利を被代位権利と呼ぶ。

　ボアソナードの起草した旧民法は，フランス民法1166条（現在は1341-1条になっている）に倣って，債権者代位権を認める規定を置いたが（財産編339条），現行民法はそれに多少の修正を加えたものである。フランス民法の起草者は，慣習法に従って債権者代位権を規定したとされている。債権者代位権は，本来債務者の財産を保全するためのものであるが，現代においては，それに加えて強制執行としての性質をも併せて有すると考えられている。この問題は，わが国においても論じられている。わが国では，強制執行制度が比較的完備しているために債権者代位権を認める実益はそれほどないように思われるが，必ずしもそうではない。強制執行の場合には債務名義を必要とするが，債権者代位権の場合にはそれを必要としないところに債権者代位権の実益があるとされている。さらに，債権者代位権は裁判外においても行使できることも利点の一つと考えられている。

2　債権者代位権により保全される債権（被保全債権に関する代位権行使の要件）

★★
★★
(1)　保全の必要性　　債権者が債権者代位権を行使しうるのは，「自己の債権を保全するため必要があるとき」である（423 条 1 項本文）。すなわち，被保全債権に関する第一の要件は，その行使が債権者自身の債権を保全するのに必要であることである。ここで，保全の必要性というのは，債務者の責任財産が債権者に弁済するのに不十分であり，債権者代位権を行使しないと債権者が弁済をえられないおそれのあることである。たとえば，前述のような例において，もし債務者である B に十分な弁済資力があるならば，A が B に代わって C に対して，債権の弁済を請求し，取り立てることは許されない。何故ならば，A による債権者代位権行使を認めなくても，A の債権は十分に弁済されうるからである。そこで，判例は，金銭債権を保全するために債権者代位権を行使する場合には，債務者の無資力を要件とするとしてきた（大判明 39・11・21 民録 12 輯 1537 頁，最判昭 40・10・12 民集 19 巻 7 号 1777 頁，最判昭 49・11・29 民集 28 巻 8 号 1670 頁等）。

このように，保全の必要性というのは債務者の無資力と同義に用いられているが，それは，保全されるべき債権者の債権が金銭債権であると考えられているためであると思われる。すなわち，債権者代位権行使のもととなる債権者の債権は金銭債権であることが原則であると考えられてきたのである。あるいは，特定債権であっても，損害賠償債権として金銭債権に転化したものであることと考えられてきたのである。ところが，平成 29 年改正前において，判例では，債権者代位権によって保全されるのは，必ずしも金銭債権に限られないとされてきた。たとえば，土地の買主が移転登記請求権を保全するために，第三者に対して売主の有す

る登記請求権を代位行使すること（大判明 43・7・6 民録 16 輯 537 頁
等），土地の賃借人が賃借権を保全するために，土地の不法占有
者に対して賃貸人（所有者）の妨害排除請求権を代位行使するこ
と（大判昭 10・6・29 新聞 3869 号 10 頁，最判昭 39・10・15 民集 18 巻 8 号
1671 頁等）などが認められてきた。これらの事例は，特定債権の
保全を目的とするものであり（代位行使の対象となる債権も特定債権
であることが多い），債権者代位権が本来予定していた事案とは異
なるものであるのにもかかわらず，それに民法 423 条を適用して，
債権者代位権の行使を認めたものである。これは，債権者代位権
の転用と呼ばれる現象である（債権者代位権の転用については，6 で述
べる）。この場合には，債務者の無資力を債権者代位権行使の要
件とすることはあまり意味がないといわなければならない。債務
者に十分な資力があっても，当該の特定債権が履行されないこと
は十分に考えられるからである。平成 29 年改正においては，債
権者代位権の転用に関する明文の規定を置くことも検討されたが，
結局置かれないことになった。したがって，債権者代位権の転用
については，改正後も解釈に委ねられていることになる。ただし，
前述した登記請求権の代位行使および不動産賃借権に基づく妨害
排除請求権の事例については，明文の規定を置くことによって，
問題の解決が図られることになった（平成 29 年改正後の 423 条の 7
および 605 条の 4）。

　そこで，これまで特定債権の保全のために債権者代位権が利用
されるときには，債務者の無資力はその要件とならないと解され
てきた（前掲大判明 43・7・6，大判大 9・11・11 民録 26 輯 1701 頁，大判
昭 4・12・16 民集 8 巻 944 頁等）ことは，改正後にもあてはまるもの
と考えられる。すなわち，この場合には，債権者による代位権の
行使を認めないとその特定債権が満足されないときに，保全の必

要性があると判断されることになる。ただし，金銭債権を保全するためであるのに例外的に債務者の無資力を必要としないとしたとみられる判決も存在する（最判昭50・3・6民集29巻3号203頁）。これは，被相続人が生前に売却した土地について，数人の共同相続人が，買主に対する所有権移転登記義務を相続したが，そのうちの1人が登記義務の履行を拒絶しているために，買主も同時履行の抗弁を行使し，代金全額の支払を拒絶している場合に，他の共同相続人が，買主に対する代金債権を保全するために，買主に代位して，登記義務の履行を拒絶している共同相続人にその履行を請求した事案である。最高裁は，「相続人は，右同時履行の抗弁権を失わせて買主に対する自己の代金債権を保全するため，債務者たる買主の資力の有無を問わず，民法423条1項本文により，買主に代位して，登記に応じない相続人に対する買主の所有権移転登記手続請求権を行使することができる」と判示し，債務者の無資力要件を必要としない旨を述べている。この判決はかなり特殊な事案に関するものであり，金銭債権ではあるが，債権者代位権を転用する場合にあたると考えられる。そして，売買代金債権を保全するためには（厳密には，債権の行使そのものを可能にするためである），買主の所有権移転登記手続請求権を代位行使することが必要であり，またそれ以外に法的な手段はないと考えられる。したがって，債務者の資力の有無にかかわらず，債権者代位権行使を認めてよいと思われる（このような考え方からすると，むしろ，交通事故の被害者が損害賠償債権を保全するために加害者の保険金請求権を代位行使するには，債務者である加害者の無資力を要件とするとした前掲最判昭49・11・29に問題があることになろう）。

　結局，判例は，金銭債権を保全するためには，原則として債務者の無資力が必要であるが，特定債権の保全のために代位権が転

用されるときには，債務者の無資力は必要でないとしているといえよう。もっとも，具体的な裁判実務においては，無資力要件はそれほど重要視されていないようであり，無資力要件を問題にすることなく，債権者代位権行使を認めたとみられる判決もある（大判昭17・12・18民集21巻1199頁）。この判決は，金銭債権を有する債権者が，債務者の有する未登記不動産を差し押さえる前提として，債務者に代位して登記することができることを認めたものであるが，債務者の無資力を必要とするかどうかを問題としていない。

　個々の判決に対しての批判はあるが，学説の多くは判例の一般的な理論に賛成しているといってよい。ただし，一般的に債務者の無資力を要件とせずに，広く代位権行使を認めるべきとする見解もみられる。

　なお，債権者が債権者代位権を行使した場合であっても，債務者が自ら取立てその他の処分をすることを妨げられないこと（423条の5）については，後述するとおりである。

　(2)　債権が履行期にあること　　第二に，債権者代位権を行使するためには，代位権を行使する債権者の債権の期限が到来していることが必要であり，その債権の期限が到来しない間は，債権者は，被代位権利を行使することができない（423条2項本文）。本来，債権者代位権制度は，強制執行の準備手続としての意味を有するものであり，強制執行が可能な状態にあること，すなわち，債権の履行期が到来していることが必要と考えられているためである。ただし，強制執行に必要な債務名義は不要であるとされている。もっとも，被保全債権について，本来の期限が到来する前であっても，債務者が期限の利益を失っている場合も考えられる。

　この原則に対しては例外がある。すなわち，被代位権利が保存

行為の場合には，債権者の債権の期限が未到来であっても，代位権を行使することができる（423条2項ただし書）。保存行為というのは，債務者の財産の減少を防止する行為である。たとえば，債務者の所有する未登記の不動産の保存登記をすること，債務者の有する債権についてその消滅時効を中断すること，債務者の有する権利について第三者の取得時効を中断すること，などがその例である。なお，平成29年改正前においては，被保全債権の期限が未到来であっても，裁判上の代位によることが認められていたが（改正前423条2項本文），改正によって，そのような例外は認めないこととなった（これに伴って，裁判上の代位に関する非訟事件手続法の規定は削除されている）。裁判上の代位がほとんど利用されていないこと，民事保全の制度（民保20条2項参照）によって，代替可能であることがその理由である（『中間試案補足説明』150頁）。

　(3)　債権が強制執行により実現可能であること　　被保全債権が強制執行により実現することができない権利であるときは，債権者は，その債権に基づいて，債務者に帰属する被代位権利を行使することができない（423条3項）。債権者代位権は，債務者の財産を保全して強制執行の準備をするための制度であるから，訴求力があっても，強制執行することができない債権は，被保全債権としての適格性を欠くというのがその理由である（『中間試案補足説明』151頁）。たとえば，当事者間において，強制執行をしない旨の合意がなされているような債権がその例である（本書第3章Ⅲ参照）。

3　債権者代位権の客体（被代位権利に関する代位権行使の要件）

　(1)　序　　民法423条1項は，ただし書で債務者の一身専属権および差押えを禁じられた債権が債権者代位権の対象とならない

ことを規定しているにとどまる。したがって，それ以外の権利は，
債権者代位権の客体となると考えられる。そこで，債権者は，債
務者に属する権利を広く代位行使することができると解される。
しかし，判例は，代位権の対象となっている権利が債務者の一身
専属権かどうかだけで代位権行使の可否を判断しているわけでは
ないようである。

　(2)　**債権者代位権の客体となるかどうかの判断**　　具体的に，
判例で債権者代位権の行使が認められたものとして，移転登記請
求権（前掲大判明 43・7・6），抹消登記請求権（最判昭 39・4・17 民集
18 巻 4 号 529 頁），第三者異議の訴えを提起すること（大判昭 7・7・
22 民集 11 巻 1629 頁），妨害排除請求権（前掲最判昭 39・10・15，最大
判平 11・11・24 民集 53 巻 8 号 1899 頁），債務の消滅時効を援用する
こと（最判昭 43・9・26 民集 22 巻 9 号 2002 頁），等がある。

　他方，債権者が代位行使しうるためには，その権利が債務者の
行使しうる権利でなければならないことはいうまでもない。そこ
で，債務者が請求しえない権利は，債権者代位権の客体となりえ
ないのである。たとえば，債務者と第三者との間の通謀虚偽表示
により，債務者から第三者に交付された物について，不法原因給
付として債務者自身が第三者に対してその返還請求をできない場
合には（708 条），債権者も代位権を行使してその返還を請求する
ことはできない（大判大 5・11・21 民録 22 輯 2250 頁）。もっとも，こ
の場合には，債務者自身が返還請求権を有していない以上当然の
ことと考えられる。

　(3)　**債権者代位権の客体にならない権利**　　民法 423 条 1 項ただ　★
し書は，債務者の一身専属権および差押えを禁じられた権利が債
権者代位権の客体にならないことを明文で規定している。

　(ア)　一身専属権　　ここで，一身専属権というのは，行使上の

一身専属権であって，帰属上の一身専属権ではないと解されている。後者は，特定の権利者だけが享有できるものをいい，譲渡，相続の対象にならないものである（896条ただし書）。これに対して，前者は，特定の権利者だけが行使できるものをいい，債権者代位権の対象とならない一身専属権はこの意味におけるものである（ある権利が行使上の一身専属権であると同時に帰属上の一身専属権でもありうることはいうまでもない）。一身専属権として，債権者による代位行使が認められない例として，次のようなものがあげられている。第一に，身分法上の権利である。たとえば，認知請求権（787条），離婚請求権（770条），などが考えられるが，これらの権利は，債務者の財産に与える影響はそれほど大きくはなく，実際上代位権行使が問題となることはないであろう。身分法上の権利であっても，財産的内容の権利として，夫婦間の契約取消権（754条），離婚による財産分与請求権（768条），遺留分侵害額の支払請求権（1046条，最判平13・11・22民集55巻6号1033頁〔ただし，平成30年改正前の遺留分減殺請求権に関する判決である〕）などがあるが，これらの権利も代位行使の客体となりえないと解されている。第二に，身分法上の権利ではないが，権利を行使するかどうかが債務者の自由な意思によってのみ決定されるべきものと考えられるような権利である。たとえば，人格権侵害による慰謝料請求権などが考えられる（最判昭58・10・6民集37巻8号1041頁は，傍論ではあるが，名誉毀損による慰謝料請求権が行使上の一身専属権であるとしている）。

　なお，厳密には，一身専属権とはいえないような権利であっても，その権利行使を権利者自身の意思に委ねるのが妥当と考えられる場合について，債権者代位権の行使を認めるかどうかに関して見解が分かれている（たとえば，契約の申込みに対する承諾，第三者

のためにする契約の受益の意思表示などについて)。

(イ) 差押えを禁じられた債権 平成29年改正前においては,民法に規定はないが,給料債権(民執152条1項2号),国民年金の受給権(国年24条),恩給の受給権(恩給11条)などのように,差押えの禁止されている債権についても債権者代位権の客体になりえないと解されていた。その理由は,これらの債権は,差押えが禁止されているために,債権者の共同担保とならないからである。改正法では,一身専属権と並んで,差押えを禁じられた権利も債権者代位権の客体となりえないことが明文で規定されている(511条。なお本書276頁参照)。

(4) 債務者の権利不行使 また,債権者代位権行使のためには,債務者自身が債権者代位権の対象となる権利を行使していないことが必要である。民法423条はこのことを明文で認めてはいないが,当然のことと考えられている(最判昭28・12・14民集7巻12号1386頁)。本来,債務者だけが自由にできる権利行使に債権者が干渉するのであるから,その干渉はなるべく必要最小限に限られるべきであって,債務者がすでに権利行使をしている以上,もはや債権者は代位権を行使できないと解すべきであるからである。したがって,債務者がすでに自ら権利を行使している場合には,その結果の良否にかかわらず,債権者はそれについて代位権を行使できないと解されている。債務者の権利行使が不十分,不適切であるときには,債権者は債務者のしている訴訟に補助参加するなどの手段をとるべきであるとされる(すべての場合に認められるわけではないが)。また,場合によっては,債権者取消権を行使し,詐害行為として取り消しうることもあろう。

4　債権者代位権の行使

(1)　行使の方法　　民法は，特に債権者代位権の行使方法について規定していない。詐害行為取消権については，裁判所に請求するものと規定されているが（424条1項），債権者代位権については，そのような文言はないので，裁判上の代位行使である必要はなく，裁判外において，自由に代位権を行使できる（平成29年改正前には，期限未到来の債権に基づく代位権の行使は裁判上でなければならなかった）。

その場合に，債権者は，債務者の代理人としてではなく，自己固有の資格において，債務者に属する権利を行使するのである（大判昭9・5・22民集13巻799頁等）。したがって，債務者の名義でなく，債権者自身の名義で代位権行使すべきものとされている。

(2)　行使の範囲　　前述のように，債権者代位権は，債権の保全のために，例外的に認められるものであって，そのために債務者の財産的自由を制約する結果を生ずるのであるから，代位権行使の範囲も必要にして最小限の範囲に限られると考えられる。そこで，被代位権利の目的が可分である場合には（金銭債権がその典型である），自己の債権の額の限度においてのみ，被代位権利を行使できるとされている（423条の2）。平成29年改正前においては，これについて明文の規定はなかったが，代位権を行使できるのは，自己の債権額の範囲内に限定されると解されていた（最判昭44・6・24民集23巻7号1079頁等）。改正法は，判例に従って，その法理を明文化したのである。

(3)　相手方の地位　　債権者は，自己の名において債権者代位権を行使しうるのであるが，行使の相手方からすれば，債務者が行使する場合と同じ結果をもたらすものでなければならないのは当然であろう。換言すれば，代位債権者は，債務者の地位に立つ

ものである。そこで，相手方は，債務者に対して主張しうる抗弁をもって代位権を行使する債権者に対抗することができると規定されている（423条の4）。平成29年改正前においては，このような明文の規定はなかったが，判例では，次のような抗弁が認められていた。まず，債権者が債務者の金銭債権を代位行使する場合には，相手方は，債務者に対する反対債権と相殺することができる（前掲大判昭9・5・22，大判昭11・3・23民集15巻551頁）。また，債権者が債務者の有する買戻権を代位行使した場合には，買主である相手方は，売主（債務者）に対する（買戻権が消滅しているという）抗弁を対抗しうる（大判明43・7・6民録16輯546頁）。あるいは，受贈者の債権者がその債権を保全するために受贈者の贈与者に対する移転登記請求権を代位行使する場合において，贈与者は贈与契約が虚偽表示により無効であることを主張して，登記手続を拒むことができる（大判昭18・12・22民集22巻1263頁）。さらに，土地がAからBに，ついでBからCに順次譲渡され，CがBのAに対する移転登記請求権を代位行使する場合に，Aは，AとBとの間の売買契約が合意解約されたことをCに対抗しうる（最判昭33・6・14民集12巻9号1449頁）。このような判例に従って，平成29年改正によって，そのことが明文で定められたのである。

　反対に，相手方がもともと代位権を行使する債権者に対して有していた抗弁を対抗しうるかも問題となる。債務者が権利行使するときには，対抗できない抗弁であるから，代位行使する債権者にも対抗できないと考えることもできる。しかし，実質的な権利行使者が債権者であること，債権者の名義で代位行使されることを根拠に代位債権者にその抗弁を対抗しうるとする見解もある。

　(4)　**債権者への直接履行**　　債権者は，被代位権利を行使する　★場合において，被代位権利が金銭の支払または動産の引渡しを目

的とするものであるときは，相手方に対し，その支払または引渡しを自己に対してすることを求めることができる（423条の3前段）。平成29年改正前においては，明文の規定はなかったが，被代位権利の目的が金銭の支払または物の引渡しであるときには，代位権者は，相手方に対して，自己にそれらの給付をすべきことを請求しうると解されていた（大判昭10・3・12民集14巻482頁，最判昭31・1・26裁判集民21号7頁）。また，賃借人が賃貸人に代位して，不法占拠者に対して土地の明渡しを請求する場合にも，同じように，自己に対してその給付をなすべきことを請求し，自らその給付を受領することができるとされていた（大判昭7・6・21民集11巻1198頁，最判昭29・9・24民集8巻9号1658頁）。その根拠として，①これを認めないと，債務者が受領を拒絶しているときに代位権行使の目的を達成できないこと，②債権を行使できる権限には，給付を受領する権限も当然に含まれると解すべきこと，などがあげられていた。改正法は，このような判例法理を明文化したものである。そして，この場合において，相手方が債権者に対してその支払または引渡しをしたときは，被代位権利は，これによって消滅するとされている（同条後段）。

　(5)　債務者への訴訟告知　　既に述べたように，債権者代位権の行使は，訴えによらなくてもよいが，債権者は，被代位権利の行使に係る訴えを提起したときは，遅滞なく，債務者に対し，訴訟告知をしなければならない（423条の6）。そして，債権者が訴訟告知をしないときは，訴訟追行が許されず，訴えは却下されるべきであると解されている。

★★　　**5　債権者代位権行使の効果**

　(1)　債務者による処分の権限　　平成29年改正前においては，

裁判上の代位制度が非訟事件手続法に定められていて，債務者の処分権限については，期限の到来していない債権に基づき裁判上の代位を請求する場合には，その申請を許可する裁判がなされると，職権をもって債務者に告知され，告知を受けた債務者は，自らその権利の処分をできないと規定されていた（非訟88条〔平成29年に削除された〕）。そして，期限未到来の債権による代位行使に限らず，裁判上の代位行使一般について同じように考えられていた。すなわち，判例は，期限の到来している債権に基づき債権者が代位権を行使して，訴訟を提起した場合に，債務者にその事実を通知するか，債務者がこれを知ったときは，債務者は自ら権利を消滅させることはもちろん行使することもできないとしていた（大判昭14・5・16民集18巻557頁，最判昭48・4・24民集27巻3号596頁）。このような判例・通説に反対し，裁判外の代位権行使には非訟事件手続法88条3項のような効果を認めるべきでないとする見解もみられた。

他方で，被代位権利の義務者（相手方）の弁済権限については，代位訴訟の提起には，支払を差し止める効力はなく，債務者自身は権利行使できないが，相手方が任意にその債務を債務者に履行することは許され，この点が債権の差押えと異なると解されていた。

改正法では，債権者が被代位権利を行使した場合であっても（裁判上であると裁判外であるとを問わない），債務者は，被代位権利について，自ら取立てその他の処分をすることを妨げられないことを，明文で規定している（423条の5前段）。そして，この場合においては，相手方も，被代位権利について，債務者に対して履行をすることを妨げられないと規定されている（同条後段）。

(2) 効果の帰属　　通説は，債権者は自己の名において債権者

代位権を行使できると解しているにもかかわらず，債権者代位権によって行使されるのは，債務者の権利であるから，代位権行使の効果は債務者に帰属し，総債権者のためにその共同担保となるとしている。詐害行為取消権における民法 425 条のような規定はないが，債権者代位権が責任財産の保全制度であることから当然のことと考えられているようである。したがって，債権者が代位権行使の結果相手方から直接に受領した動産について，改めて強制執行の手続によらなければ（債務名義を必要とすることはいうまでもない），自己の債権の弁済に充当することはできず，他の債権者もその強制執行に配当加入することができることになる。これに対して，引渡しの目的物が金銭であるときには，代位債権者は，受領した金銭を債務者に引き渡す債務を負うことになるが，それと自己の債権とを相殺しうると解されている。その結果，債権者は事実上の優先弁済を得られることとなり，債権の差押え・転付命令を得たのと同じことになる。このような取扱いについて，学説の評価は分かれているようである。一方で，多くの学説は，責任財産の保全制度として，総債権者の共同担保となるような手続規定のないことに起因する欠陥であってやむをえない処理であるとしている。そして，この欠陥を修正するために，共同担保を実現する手続を整備すべきとする見解もみられる。他方で，代位権を行使した債権者が他の債権者よりも優先的に弁済を得られる結果を積極的に評価する学説もある。

(3)　費用償還請求権　債権者が債権者代位権行使のために支出した費用について，通説は，その償還を債務者に請求できると解している。その理由として，代位権を行使する債権者と債務者との間の関係が一種の法定委任関係であることがあげられている。そして，代位権行使は共同担保の保全を目的とするものであるか

ら，費用を支出した債権者は，その償還請求権につき，先取特権
を有するとされている（306条，307条）。

(4)　**代位訴訟判決の効力**　　債権者の提起した代位訴訟の判決　★
が債務者あるいは他の債権者にどのような影響を与えるかという
問題である。

　債務者が代位訴訟に当事者として参加した場合（民訴47条），
または，債務者に訴訟告知がなされた場合（民訴53条）には，債
務者にも代位訴訟の判決の効力が及ぶことについては異論がない。
問題となるのは，債務者の訴訟参加あるいは債務者に対する訴訟
告知のない場合に，代位訴訟の判決の効果が債務者に及ぶかどう
かである。この点について，平成29年改正前においては，債権
者代位訴訟を提起した債権者に対して，債務者に訴訟告知をする
ことを義務づける規定はなく，以下のような問題状況であった。
まず，判例は，当初判決の効力が債務者に及ばないとしていたが
（大判大11・8・30民集1巻507頁），学説の批判を受け，その後，代
位訴訟は法定訴訟担当に該当し（民訴115条1項2号），債務者にも
判決の効力が及ぶとするに至った（大判昭15・3・15民集19巻586
頁）。学説の多くもこの見解を支持していた。このような学説に
対して，債権者の不適切な訴訟の仕方などにより敗訴した場合に
その判決の効力が債務者に及ぶとするのは，債務者にとって過酷
すぎないか，という批判がある。しかし，判決の効力が債務者に
及ばないとする考え方に対しても，相手方が不安定な地位に置か
れることにならないか，という疑問が提示されている。さらに，
この問題については，従来とは異なった視点から，その後再び活
発に議論がなされていた。そして，代位債権者には，そもそも債
務者の権利を管理する権限しかなく，処分する権限はないのであ
るから，判決の効力が債務者に及ぶかどうかは，具体的な訴訟追

行が管理権限を超えているかどうかによるとする見解（それを超えている場合には，判決の効力は債務者に及ばないとしている），法定訴訟担当にもいろいろなものがあり，判決の効力が債務者に及ぶかどうかはどのような代位訴訟かによるとする見解（代位訴訟は債務者と代位債権者の利害が対立するから，判決は債務者の有利にのみ，すなわち，勝訴判決の効力だけが債務者に及び，敗訴判決の効力は及ばないとしている），あるいは，代位訴訟は代位債権者のための権利であって，その効果は実体法上債務者に帰属しないから，敗訴判決はもちろん勝訴判決も原則として債務者に及ばないとする見解，などが主張されていた。このような状況において，平成29年改正では，前述のように，債権者に対して，債務者に訴訟告知をしなければならない旨の規定が定められ（423条の6），債権者が訴訟告知をしないときは，訴訟追行が許されず，訴えは却下されるべきであると解されている。これによって，債務者には訴訟参加など代位訴訟に関与する機会が手続的に保障されるので，代位判決の効力が債務者に及ぶとしても，債務者に著しい不利益を与えるものではないと考えられる。

★★ 6　債権者代位権の転用

　前述のように，債権者代位権によって保全される債権は，金銭債権であるのが原則であるが，判例は，改正前423条の解釈論として，特定債権の保全のためにも債権者代位権を利用することを認めてきた。その場合に問題となるのは，債務者の無資力を要件とすべきかどうかであるが，判例は，一般に債務者の無資力を必要としないとしている。

　平成29年改正においては，債権者代位権の転用に関する一般的な規定は定められなかったが，これまで判例で認められてきた

図5　債権者代位権の転用

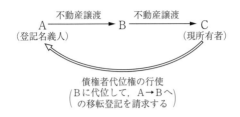

二つの場合について，新たな規定を設けて，立法的な解決を図っ
ている。これらによる場合以外の転用については，これまでと同
様に，解釈に委ねられている。

　(1)　立法により解決された転用の事例　　(ア)　登記請求権の買
主による代位行使　　不動産がAからB，BからCへと順次譲
渡されたが，いずれの売買についても移転登記がなされていない
場合に，判例は，Cが，CのBに対する移転登記請求権を保全
するために，Bに代位して，Aに対して，AからBへの移転登
記手続を請求することができるとしていた（大判明43・7・6民録16
輯546頁）。これによって，AからB，BからCへと移転登記をす
ることが可能となり，Cとしては，Bが移転登記手続に協力して
くれなくても，所有権取得を確実なものとすることができる。判
例では，CのAに対する直接の移転登記（中間省略登記）請求権
が認められていないので（最判昭40・9・21民集19巻6号1560頁），
債権者代位権の転用によりCがAに対して，AからBへの移転
登記を請求できるとすることは，Cにとって対抗要件を備えるた
めの，有効な手段を与えることとなると考えられる。

　改正では，これについて，明文の規定が置かれ，「登記又は登
録をしなければ権利の得喪及び変更を第三者に対抗することがで
きない財産を譲り受けた者は，その譲渡人が第三者に対して有す

る登記手続又は登録手続をすべきことを請求する権利を行使しないときは，その権利を行使することができる」とされている（423条の7前段）。そして，この場合には423条の4（相手方の抗弁），423条の5（債務者の取立てその他の処分権限等）および423条の6（被代位権利の行使に係る訴えを提起した場合の訴訟告知）が準用されている（423条の7後段）。前述の例に則して言えば，まず，Aは，Bに対して主張できる抗弁（たとえば，Bが代金債務を履行していない）をもって，Cに対抗することができる。また，Cによる代位権行使がなされても，BはAに移転登記請求をすることができ，AがBに移転登記をすることもできる。そして，CがAに対する代位権行使を訴えによってしたときには，Cは，遅滞なく，Bに訴訟告知をしなければならない。

　(イ)　妨害排除請求権の賃借人による代位行使　　DがEから賃借している土地をFが不法に占拠している場合に，判例は，Dは，賃借権を保全するために，Eに代位して，Fに対して妨害排除を請求できるとしていた（大判昭4・12・16民集8巻944頁）。賃借人がその土地をいったん占有した後であれば，占有権に基づき，妨害排除請求をなしうる（198条）。また，判例は，一定の場合に賃借権に基づく妨害排除請求権を認めていた（第3章Ⅰ4(2)）。これらの手段がとれない場合には（賃借人が目的土地の引渡しを受けていない場合など），代位権行使による妨害排除請求を認める意味があると考えられてきた。

　平成29年改正では，賃貸借のところに，次のような内容の規定が新設された（本シリーズⅣ・債権各論参照）。すなわち，不動産の賃借人が605条の2によって対抗要件を備えている場合には（605条，借地借家10条，31条等参照），当該不動産の占有を妨害している第三者に対して，妨害の停止を請求できる（605条の4第1号）。

(2)　その他の転用の事例　　その他の転用の事例として，ここでは，妨害排除請求権の抵当権者による代位行使の場合を取り上げるにとどめる。すなわち，抵当不動産について，抵当権者が抵当権設定者（土地所有者）の抵当不動産を占有する者に対する返還請求権を代位行使して，その明渡しを請求できるかどうかが問題となる。とくに，平成15年の民法改正によって廃止された短期賃貸借保護制度（旧395条）に関して争われていた。これについて，最高裁平成3年3月22日判決（民集45巻3号268頁）は，「抵当権者は，短期賃貸借が解除された後，賃借人等が抵当不動産の占有を継続していても，抵当権に基づく妨害排除請求として，その占有の排除を求め得るものでないことはもちろん，賃借人等の占有それ自体が抵当不動産の担保価値を減少させるものでない以上，抵当権者が，これによって担保価値が減少するものとしてその被担保債権を保全するため，債務者たる所有者の所有権に基づく返還請求権を代位行使して，その明渡しを求めることも，その前提を欠くのであって，これを是認することができない」と判示して，代位権行使を否定した。しかし，最高裁大法廷平成11年11月24日判決（民集53巻8号1899頁）は，この判例を変更し，「抵当不動産の所有者は，抵当権に対する侵害が生じないよう抵当不動産を適切に維持管理することが予定されているものということができる。したがって，右状態があるときは，抵当権の効力として，抵当権者は，抵当不動産の所有者に対し，その有する権利を適切に行使するなどして右状態を是正し抵当不動産を適切に維持又は保存するよう求める請求権を有するというべきである。そうすると，抵当権者は，右請求権を保全する必要があるときは，民法423条の法意に従い，所有者の不法占有者に対する妨害排除請求権を代位行使することができると解するのが相当である」と

判示して，代位権行使を認めた。短期賃貸借保護制度は廃止され
たが，平成11年の最高裁判決は，他の場合についてもあてはま
ると解してよいであろう。すなわち，抵当権者は，抵当権設定者
に代位して，抵当不動産を不法に占有する者に対して，その明渡
しを請求できると解すべきである（なお，最判平17・3・10民集59巻
2号356頁は，債権者代位権によることなく，抵当権に基づく妨害排除請求
を認めた）。

　(3)　無資力要件の要否　　ここにあげた判決では，いずれの場
合にも，債権者が代位権を行使するためには債務者の無資力を要
件としないと判示している。金銭債権を保全するために代位権が
行使される場合には，原則として，「保全の必要性」は結局「債
務者の無資力」に等しいといえるが，特定債権を保全するために
代位権が行使される場合には，そのような等式は成り立たない。
特定債権が実現するかどうかは債務者の資力と無関係であるから
である。たとえば，登記請求権の代位行使については，Bに十分
の資力があっても，AからBへの移転登記がなされない限り，B
からCへの移転登記は実現しないのであるから，Cによる代位
権行使を認める以上，Bの無資力を要件とすべきでないと考えら
れる。妨害排除請求権の代位行使の場合も同様である。これらの
事例については，前述のように，平成29年改正において，立法
的解決が図られたが，債務者の無資力を要件としていない（たと
えば，登記請求権の代位行使に関する423条の7では，「保全の必要性」と
いう文言はない）。

　結局，特定債権の保全のために債権者代位権が転用される場合
には，「保全の必要性」の要件は，債権者の特定債権の実現にと
って，代位行使の目的となっている権利が行使されることが必要
かどうかによって判断されるべきである。たとえば，借地上の建

物の賃借人が建物の賃貸人（土地の賃借人）の土地所有者に対する借地法 10 条（現行借地借家法 14 条）に基づく建物買取請求権を代位行使することができないのは，その代位行使によっては，建物の賃借権は保全されないからである（最判昭 38・4・23 民集 17 巻 3 号 536 頁）。

　不動産の売主の共同相続人の 1 人が買主に対する売買代金債権を保全するために，他の共同相続人に対する買主の移転登記手続請求権を代位行使する場合に，債務者（買主）の無資力を必要としないとした判決（前掲最判昭 50・3・6）もこのような考え方によって説明できよう。交通事故の被害者が加害者の保険金請求権を代位行使する場合に，金銭債権保全のためであるから，債務者の無資力を必要とするとした判決（前掲最判昭 49・11・29）については多少疑問が残る（なお，保険約款において被害者の保険会社に対する直接請求権を認める改訂がなされたことによって，債権者代位権の転用を必要としなくなった）。

Ⅲ　詐害行為取消権

1　詐害行為取消権（債権者取消権）の意義

　(1)　具体例　　詐害行為取消権が利用されるのは，たとえば次のような場合である。A は，B に対して 3000 万円の金銭債権を有しているが，B は，時価 5000 万円相当の土地以外に財産を有していない。ところが，B は，その土地を息子である C に贈与したために無資力になってしまった。このような場合に，A は，B の C に対する贈与を取り消し，土地を取り戻すことができる。

　(2)　意義　　　このように，債務者のなした法律行為によって，債権者の債権が害される場合に，債権者がその行為（詐害行為とい

図6　詐害行為取消権

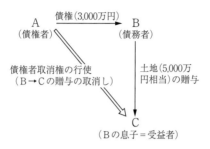

う）を裁判上取り消しうる権利を詐害行為取消権あるいは債権者取消権という（古くは，廃罷訴権という言葉も用いられていた）。なお，債務者のした法律行為の相手方を受益者という。

　債権者代位権と並んで，フランス民法に由来する制度である。ボアソナードの起草した旧民法では，詐害行為取消権についてかなり詳細に規定していたが（財産編340条以下。廃罷訴権ということばが用いられている），平成29年改正前の民法424条以下はそれに修正を加えたものである。

　詐害行為取消権は，債務者の責任財産から逸出した財産を責任財産の中に取り戻すことを目的とする制度である。破産法など倒産法制における否認権（破160条以下，民再127条以下，会更86条以下）と同じ目的を有するものである。もっとも，これらの否認権制度は，民法上の詐害行為取消権制度とその起源を共通にするとはいえ，その間には差異がある。ただ，平成8年以後の倒産法制の改正により，否認権の構成は大きく変わっている。他方，平成29年の民法改正においては，倒産法制における否認権との関係を視野に入れて，民法上の詐害行為取消権についても大幅な改正が行われた（改正前は，3か条であったが，改正によって，14か条になっ

た）。

　なお，詐害行為取消権を行使しようとする債権者が債務者に対して複数の債権を有する場合にも，詐害行為取消訴訟の訴訟物である詐害行為取消権は，一つであり，個々の被保全債権に対応して複数発生するものではないと解されている（最判平 22・10・19 金判 1355 号 16 頁）。

　(3) 日本法の特色　　詐害行為取消権の制度は，債務者が債権　★者の追及を逃れるために財産を隠匿する行為から債権者を保護する制度として，すでにローマ法でも認められていたものであるが，フランス民法では規定がかなり簡潔なものになっている（フ民 1167 条（現在は，1341-2 条となっている）。ところが，明治 29 年に制定された日本民法は，フランス法を継受しながら，特異な規定を置いている。すなわち，425 条において，詐害行為取消権の効果を総債権者の利益のために生ずるものと定めたのである。フランスでは，取消権の効果に関する規定はないが，詐害行為を一種の不法行為ととらえ，詐害行為取消権について，詐害行為により損害を受けた債権者が賠償を請求する性格を有するものと解していること，判決の効力は相対的であること，などを根拠に，取消権行使の効果は他の債権者には及ばないと解されている。これに対して，旧民法は，その効果が総債権者の利益となることを規定しているが（財産編 343 条），フランスにおける通説的な見解を採用せず，ボアソナード独自の考えによっているようである（もっとも，フランスにも他の債権者に取消しの効果が及ぶとする学説は当時存在していたようである）。現行民法 425 条はそれを踏襲したものである。平成 29 年改正によっても，この規定は基本的に維持されているが，認容判決の効力の及ぶ範囲を定めた規定であることを明確にしている。

表 2　詐害行為取消権に関する学説の比較

	詐害行為取消権の本質	被告適格	訴訟の性質
形成権説	詐害行為の取消し	受益者（転得者）および債務者	形成訴訟
請求権説	逸出財産の取戻し	受益者（転得者）	給付訴訟
折衷説（判例）	詐害行為の取消しと逸出財産の取戻し	受益者（転得者）	形成訴訟＋給付訴訟
責任説	責任的無効（受益者に帰属したまま債務者の責任財産となる）	受益者（転得者）	責任訴訟（受益者に強制執行の認容を請求するもの）

★★　　(4)　**詐害行為取消権の性質に関する理論の対立**　　詐害行為取消権がいかなる性質を有するかについて，これまで多くの議論がなされてきた。これは，一方で抽象的理論的な問題であると同時に，他方では，訴訟の相手方となるのは誰か，債権者はどのような請求ができるか，といったような具体的な問題でもある。平成 29 年改正前における理論の状況は，以下のようである。

　第一に，詐害行為を取り消すことを取消権の本質とする形成権説がある。これによると，債権者は，取消訴訟において，債務者および受益者の双方を被告とすべきこととなる。そして，取消しの効果は絶対的なものであると解している。第二に，債務者の責任財産から逸出した財産を取り戻すことを取消権の本質とする請求権説がある。これによると，債権者は，受益者（その者から財産を転得している者がいるときには，転得者）を被告として取消訴訟を提起すべきこととなる。そして，取消しの効力は，債権者と受益者（または転得者）の間でのみ相対的に生ずるとしている。これらの学説に対して，判例は，明治 44 年の連合部判決（大連判明 44・3・24 民録 17 輯 117 頁）以来，この二つを折衷した考え方をとってい

る。すなわち，債務者のした詐害行為を取り消すこととそれによって債務者の責任財産から逸出した財産を取り戻すこととが取消権の本質であるとしている。したがって，債権者は，詐害行為の取消しと逸出した財産の取戻しを同時に請求することだけでなく，詐害行為の取消しだけを請求することも可能であると考えている。またこの判決は，取消訴訟の被告となるのは，受益者または転得者だけであって，債務者を被告としてはならないとしている。そして，取消しの効果も相対的であるとしている。その後，多くの学説もこの判例に賛成し，折衷説が通説となった。ただし，折衷説の中でも，行為の取消しに重点を置く学説と，財産の取戻しに重点を置く学説とがある。

　以上のような学説・判例に対して，異なった視点から，新しい説が主張されていた。その代表的なものは，責任説である。この説は，詐害行為の結果，債権者が不利益を蒙るのは，特定の財産が債務者に属する財産でなくなったことではなく，その責任財産でなくなることであるから，取消権行使によって，受益者に帰属したままで，債務者の責任財産となれば十分であるとするものである（このような効果を責任的無効と呼んでいる）。責任説においても，受益者または転得者だけを被告とすればよいとされている。責任説は，従来の学説，判例の理論的欠陥を鋭く指摘するものであるが，手続法に明文の規定がない以上，受益者に強制執行の認容を請求する訴訟（責任訴訟と呼ばれている）を認めるのは解釈論としては無理ではないかとされている。

　その後，訴権説と呼ばれる新しい見解が主張されていた。この見解は，まず取消権の実体法上の性質（本質）とその訴訟面での反映である取消訴訟の性質を論ずる従来の諸学説の考え方を批判し，この制度がローマ法以来の古い沿革を有するものであること

を根拠に，424 条を取消権という名の訴権を定めたものであるとしている。具体的には，取消債権者は，取消判決を得れば，受益者の手許にある逸出財産に対して強制執行をできるとしている（責任説では，取消判決のほかに責任判決が必要であるとされる）。

さらに，従来のようなドイツ法，フランス法だけでなく，アメリカ法の示唆を受けた学説が展開されるなど，この問題は最近までかなり流動的であった。

このような状況を踏まえて，平成 29 年改正が行われたのである。改正後の 424 条 1 項では，改正前と同様に，債権者が詐害行為の取消しを裁判所に請求することができると規定するにとどまっているが，新たに，債権者が詐害行為の取消しとともに，その行為によって受益者に移転した財産の返還を求めることができる旨の規定を設けた（424 条の 6 第 1 項）。他方で，詐害行為の取消訴訟の相手方となるのは，受益者または転得者であることも明文で規定している（424 条の 7 第 1 項）。このように，改正法は，従来の通説的見解である折衷説を採ることを明らかにしたのである。

2　詐害行為取消権の要件

債権者が詐害行為取消権を行使するための要件は，以下の三つの要件に整理することができる。第一に，詐害行為による取消しの対象となる債務者の行為に関するものであるが，①取消しの対象となっている債務者の行為が財産権を目的とする行為であることおよび②その行為が債権者を害する行為であること（客観的要件と呼ばれる）の二つに分けられる。第二に，債務者および受益者・転得者が債権者を害する事実を知っていたことである（主観的要件と呼ばれる）。そして，第三に，詐害行為の取消しを請求する債権者の債権に関する要件であるが，①その債権が債務者によ

る詐害行為よりも前の原因に基づいて生じたものであることおよび②その債権が強制執行により実現できるものであることに分けられる。

(1) 債務者の行為に関する要件　　(ア) 財産権を目的とする行為　★★
であること　　まず，詐害行為取消権の対象となるのは，財産権を目的とする行為であって，財産権を目的としない行為はその対象とならない（424条2項）。財産権を目的としない行為の例として，婚姻，離婚，養子縁組などの家族法上の行為があげられる。これらの行為によって，債務者の財産状態が悪化し，債権者を害するとしても，これらの行為は，行為者本人の自由な意思に基づいてなされるべきもので，第三者の干渉を認めるべきでないと考えられるからである。具体的に，取消権の対象となるかどうかが判例で問題となったものとして，離婚による財産分与（768条，最判昭58・12・19民集37巻10号1532頁，最判平12・3・9民集54巻3号1013頁），相続放棄（938条，最判昭49・9・20民集28巻6号1202頁），遺産分割の協議（907条，最判平11・6・11民集53巻5号898頁）がある。離婚に伴う財産分与の問題について昭和58年判決は，「分与者が既に債務超過の状態にあって当該財産分与によって一般債権者に対する共同担保を減少させる結果になるとしても，それが民法768条3項の規定の趣旨に反して不相当に過大であり，財産分与に仮託してされた財産処分であると認めるに足りるような特段の事情のない限り，詐害行為として，債権者による取消の対象となりえない」と判示している（詐害行為となりうる余地を認めているが，具体的な事案の解決としては，詐害行為とならないとしている）。これに対して，平成12年の判決は，離婚に伴う慰籍料支払の合意について，不当に過大であるとして，相当な範囲を超える部分を詐害行為として取り消しうることを認めている。相続放棄の問題に

ついて，昭和49年の判決は，相続放棄が消極的に財産を増加させないだけであること，身分行為であって，他人の意思によって強制すべきでないこと，を理由に，相続放棄が取消権行使の対象とならないと判示している。共同相続人間の遺産分割の協議について，平成11年の判決は，財産権を目的とする法律行為であるから，協議が詐害行為取消権の対象になるとしている。

　(イ)　債権者を害する行為（詐害行為）であること　　次に，債権者を害する行為であることである（424条1項本文）。債権者を害するというのは，一般に，その行為によって，債務者の財産が減少し，その結果，債権者の債権が完全な満足を得られなくなることであると解されている。たとえば所有権移転登記や債権譲渡の通知は，対抗要件を具備させる効果を持つにすぎず，債務者の財産を減少させる行為ではない（最判昭55・1・24民集34巻1号110頁，最判平10・6・12民集52巻4号1121頁）。そして，債務者の財産が減少する行為であっても（たとえば，財産を無償で譲渡する行為），債権者に弁済する資力が十分にあれば，詐害行為にならない。原則として，問題となる行為の前後における債務者の財産のプラスとマイナスを計算し，それらを比較して判断されるものである。たとえば，債務者であるAは，Bに2000万円，Cに3000万円の債務を負っているが，2000万円の銀行預金と4000万円相当の株式を有していた場合に，そのうち500万円相当の株式をDに贈与したとする。贈与前においては，Aの財産状態は，6000万円の積極財産に対して，消極財産が5000万円であるから，その差額は1000万円である。そして，贈与後においては，Aの財産状態は，5500万円の積極財産に対して，消極財産が5000万円であるから，その差額は，500万円である。Aの財産は，贈与の結果減少しているが，依然として，B・Cの両方に弁済するに足る資力

図7　A→Dの贈与の詐害性

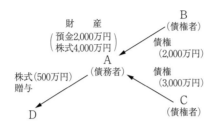

《A→Dの贈与前》

　　　＋2,000万円（預金）
　　　＋4,000万円（株式）
　　　－2,000万円（Bに対する債務）
　　　－3,000万円（Cに対する債務）
　　　─────────────
　　　＋1,000万円

《A→Dの贈与後》

　　　＋2,000万円（預金）
　　　＋3,500万円（株式）
　　　－2,000万円（Bに対する債務）
　　　－3,000万円（Cに対する債務）
　　　─────────────
　　　＋　500万円

が残っているから，この場合には，AのDに対する贈与は債権
者を害するとはいえないということになる。もっとも，従来の判
例では，詐害性について，一方で，単純に数字の上でだけ判断さ
れているわけではなく，数字の上では債務者の財産が減少してい
なくても，詐害行為になるとしている場合がみられる。また，他
方で，責任財産の客観的な変化と債務者・受益者の主観的要件を
総合的に判断しているよう思われる。平成29年改正においては，
このような判例を踏まえて，詐害行為にあたるかどうかに関する
特則を定めている（(a)～(c)）。

　(a)　相当な対価による財産の処分　　財産の無償譲渡あるいは不当に低い対価による処分が詐害行為となることについてはあまり問題がない。問題となるのは，相当な対価による財産の処分が詐害行為となるかどうかである。平成29年改正前においては，判例は多岐に分かれていて，統一性はないように思われた。まず，不動産を売却し，消費し易い金銭に替えるのは，詐害行為になるとした判決が多かった（大判明44・10・3民録17輯538頁，大判大7・9・26民録24輯1730頁）。そして，売却された不動産が債務者の唯一の資産であることを強調する判決もある（大判昭3・11・8民集7巻980頁）。これらの判決が詐害行為となると判断した理由は，次のようである。すなわち，金銭は不動産に比べて消費され易く，隠され易いから，債権者が弁済を得られなくなる可能性が高くなることである。反対に，売買代金を債務の弁済に当てるための不動産の売却は詐害行為とならないとされている（大判大8・4・16民録25輯689頁，大判大13・4・25民集3巻157頁，最判昭41・5・27民集20巻5号1004頁）。もっとも，債務者が債権者に財産を売却し，その代金債権と既存債務とを相殺する場合には，適正な価格でなされた売買であっても，詐害行為になるとした判決もみられた（最判昭39・1・23民集18巻1号76頁，最判昭39・11・17民集18巻9号1851頁）。

　そこで，改正によって新設された424条の2は，相当な対価による財産の処分が原則として詐害行為にならないことを前提に，以下のように規定している。すなわち，次の三つの要件をすべて満たしている場合には，債務者が財産の処分によって受益者から相当の対価を取得している（したがって，債務者の財産は減少していない）ときであっても，債権者は，その行為について，詐害行為取消請求をすることができる。第一に，不動産を金銭に換価する場

合のように，処分によって財産の種類が変更し，債務者において，隠匿，無償の供与その他の債権者を害することとなる処分（隠匿等の処分という）をするおそれを現に生じさせるものであることである（同条1号）。第二に，債務者が，その行為の当時，対価として取得した金銭その他の財産について，隠匿等の処分をする意思を有していたことである（同条2号）。第三に，受益者が，その行為の当時，債務者が隠匿等の処分をする意思を有していたことを知っていたことである（同条3号）。

　(b)　特定の債権者に対する担保の供与・債務の消滅に関する行為　　債務者が一部の債権者に弁済をすると，一方で積極財産が減少するが，他方で消極財産も同じだけ減少するので，債務者の財産の絶対額は変動しない。しかし，債務者の積極財産がすべての債権者の債権を弁済するに足りない場合には，一部の債権者に債権の全額が弁済されることによって，他の債権者は，すべての債権者に平等の弁済がなされる場合に比して少ない額の弁済しか期待できなくなる。そこで，債権者の平等を破るような一部の債権者に対する弁済が詐害行為となるかどうかが問題となる。平成29年改正前において，判例は，債務者が特定の債権者と通謀して，他の債権者を害する意図を持ってしたような場合を除いて，債務の弁済は原則として詐害行為とならないとしていた（最判昭33・9・26民集12巻13号3022頁）。

　また，一部の債権者に担保を供与しても，一部債権者に対する弁済の場合と同様に，債務者の財産総額に変化はない。しかし，提供した担保について，その債権者に優先弁済権を与えることになるので，一部の債権者に対する弁済と同じ問題を生ずる（他の債権者は，平等弁済であれば期待できた弁済額が得られなくなるという不利益を受ける）。平成29年改正前において，判例は，一般に，一部

の債権者への担保供与は，詐害行為になるとしていた（大判大 8・
5・5 民録 25 輯 839 頁，最判昭 32・11・1 民集 11 巻 12 号 1832 頁，最判昭
37・3・6 民集 16 巻 3 号 436 頁）。しかし，例外的に，債務者に詐害
の意思がない限り詐害行為とならないとした判決（大判昭 6・4・18
評論 20 巻民法 788 頁），あるいは，営業を継続するために既存債務
に担保権を設定することが必要な場合には，詐害行為にならない
とした判決（最判昭 44・12・19 民集 23 巻 12 号 2518 頁）などもみられ
る。

　そこで，改正によって新設された 424 条の 3 は，以下のように
規定している。すなわち，次の二つの要件をすべて満たしている
場合には，債務者が既存の債務について担保の供与または債務の
消滅に関する行為（弁済など）をした場合には，債権者は，その
行為について，詐害行為取消請求をすることができる（同条 1 項）。
第一に，その行為が，債務者が支払不能の状態に陥っている時に
行われたものであることである（同項 1 号）。ここで，支払不能と
いうのは，債務者が，支払能力を欠くために，その債務のうち弁
済期にあるものにつき，一般的かつ継続的に弁済することができ
ない状態をいう。第二に，その行為が，債務者と受益者とが通謀
して他の債権者を害する意図をもって行われたものであることで
ある（同項 2 号）。なお，債務者によるこれらの行為が債務者の義
務に属せず，またはその時期が債務者の義務に属しないものであ
る場合において，次の二つの要件をすべて満たしているときは，
債権者は，その行為について，詐害行為取消請求をすることがで
きる（同条 2 項）。第一に，その行為が，債務者が支払不能の状態
になる前 30 日以内に行われたものであることである（同項 1 号）。
第二に，その行為が，債務者と受益者とが通謀して他の債権者を
害する意図をもって行われたものであることである（同項 2 号）。

　なお，債権を消滅させる行為であって，受益者の得た給付の額が消滅した債務の額より過大である場合には，424条の4が適用されるので，同条の要件を満たすときは，過大な部分について，詐害行為の取消請求をすることができる。

　(c)　債務の額より過大な給付によって債権を消滅させる行為

　代物弁済については，それによって，債務者の財産の絶対額に変動を生じない点では，債務の本旨弁済と異ならない。ただ，代物弁済として不動産が譲渡される場合には，不動産の売却と共通するところがある。また，債権額以上の財産が代物弁済に供され易いことも考慮にいれなければならない。そのために，平成29年改正前において，判例では，本旨弁済とはかなり異なった取扱いがなされていたようである。すなわち，債権者に強要されたために代物弁済した場合（最判昭45・11・19判時616号65頁）など例外的な場合を除いて，多くの判決は，代物弁済が詐害行為となることを認めていた（大判昭16・2・10民集20巻79頁，最大判昭36・7・19民集15巻7号1875頁）。特に，相当な代価による代物弁済についても，詐害行為になるとしている判決が少なくなかった（大判大8・7・11民録25輯1305頁，最判昭29・4・2民集8巻4号745頁，前掲最判昭37・3・6，最判昭48・11・30民集27巻10号1491頁）。

　そこで，改正によって新設された424条の4は，以下のように規定している。債務を消滅させる行為については，424条が適用されることを前提として，本条は，とくに，受益者の受けた給付の価額がその行為によって消滅した債務の額より過大であるときに，過大である部分のみを詐害行為として取り消すことを認めているのである（一部取消しである）。すなわち，債務者が，たとえば代物弁済などのように，債務の消滅に関する行為をした場合において，受益者の受けた給付の価額がその行為によって消滅した

債務の額より過大であるときには，債権者は，その消滅した債務の額に相当する部分以外の部分について，詐害行為取消請求をすることができる。ただし，424条に規定する要件を満たしていることが必要である。たとえば，受益者が詐害の事実を知らなかったときには，債権者は，過大な部分の取消しを請求できないことになる。

　(d) 担保の供与による新たな借入れ　担保供与による新たな借入れによって，債務者の消極財産が増加するが，借り入れた金員が積極財産となるので，財産の絶対額は変わらないことになる。しかし，その債権者に担保が提供される結果，債務者の一般財産が減少し，他の債権者にとっては，平等弁済であれば得られたであろう額より少ない額しか弁済されないおそれがあることになる。しかし，生計費，子女の教育費にあてるために，家財衣料等を譲渡担保に供し，金員を借り入れた場合には，その行為は詐害行為にならないとした判決（最判昭42・11・9民集21巻9号2323頁），不動産を譲渡担保に供し，弁済資金を借り入れた場合に，その行為は詐害行為とならないとした判決（大判昭5・10・4新聞3196号9頁）などがある。平成29年に改正においては，このような類型についての立法は行われていない。

　(2) 債務者の詐害意思と受益者・転得者の悪意　　(ア) 債務者の詐害意思　債務者がその行為の当時，それによって債権者を害することを知っていたことを必要とする。通説は，その行為によって，共同担保が減少することについての認識があれば足り，特定の債権者を害する意図があることまで必要でないとしている。判例も，一般論としては同旨であるが（最判昭35・4・26民集14巻6号1046頁），詐害行為の類型によって，具体的な判断は多少異なっているようである。たとえば，一部の債権者に対する弁済が詐

害行為になるかどうかについて，「債務者が一債権者と通謀し，他の債権者を害する意思を持って弁済したような場合にのみ詐害行為となるにすぎない」と判示し，債務者の詐害の意図が必要であるとした判決がある（前掲最判昭33・9・26）。

　債務者の詐害意思については，取消権を行使する債権者にその立証責任があると解されている。

　(イ)　受益者の悪意　　受益者がその行為の当時「債権者を害することを知らなかった」場合には，債権者は，その行為を取り消すことができない（424条1項ただし書）。債務者の場合と異なり，受益者の場合には，債権者を害する意図は必要なくその事実を認識していれば十分であると解されていて，異論をみない。

　また，その立証責任は受益者が負うと解されている。すなわち，受益者が債権者を害することを知らなかったことを立証しなければならない。

　(ウ)　転得者の悪意　　平成29年改正においては，受益者に対する詐害行為取消請求（424条）と転得者（受益者に移転した財産を転得した者）に対する詐害行為取消請求（424条の5）とを分けて規定している。そして，受益者からの転得者については，まず，受益者に対して詐害行為取消請求をすることができる場合であること（受益者が悪意である場合でなければならない）を前提として，その転得者が転得の当時「債権者を害することを知っていた」ときに限って，債権者は転得者に対して詐害行為取消請求をすることができる（同条1号）。また，他の転得者からの転得者については（詐害行為の目的財産が転々譲渡されたような場合），それ以前の転得者を含めてすべての転得者がそれぞれの転得の当時「債権者を害することを知っていた」ときに限って，債権者はその転得者に対して詐害行為取消請求をすることができる（同条2号）。善意の転得

者からの転得者が悪意であっても，債権者はその転得者に対して詐害行為取消請求をすることができない。いずれの場合にも，転得者の悪意が要件とされているのであるが，受益者に対する詐害行為取消請求の場合と異なり，転得者の悪意については，詐害行為取消請求をする債権者が主張・立証しなければならない。

★★　**(3)　債権者の債権に関する要件**　　(ア)　被保全債権が詐害行為よりも前の原因に基づいて成立していること　　債権者を害するというためには，その行為が，債権者の債権成立後になされたものであることを必要とする。このことについては，異論のないところである。ただし，詐害行為と債権の成立との間の先後関係については，二つの問題がある。一つは，詐害行為よりも前に生じた原因に基づいて債権が成立した場合である。たとえば，詐害行為よりも前に発生した債権に基づいて，詐害行為よりも後に生じた利息債権が被保全債権に含まれるかという問題である。これについて，判例は，含まれると解していた（最判昭35・4・26民集14巻6号1046頁〔判旨に明示されていないが，含まれるとした原審判決を維持していることから，先例と解されている〕，最判平8・2・8判時1563号112頁）。また，詐害行為（債務者が他人に対する債権を第三者に譲渡した行為）よりも前に成立した債権を目的として，詐害行為よりも後に準消費貸借がなされた場合には，その債権者は，準消費貸借により成立した債権を被保全債権として，債務者のした債権譲渡を詐害行為として取り消しうるとした判決もみられた（最判昭50・7・17民集29巻6号1119頁）。平成29年改正によって，424条3項は，そのことを明文で規定している。すなわち，債権者の債権（被保全債権）が詐害行為よりも前の原因に基づいて生じたものである場合に限って，債権者は詐害行為取消請求をすることができるとされている。もう一つは，詐害行為が債権成立の前になされてい

るが，成立後の行為によって完成しているような場合である。た
とえば，不動産の譲渡行為が債権の成立以前になされたが，移転
登記が債権成立後になされたような場合である。これについて，
判例は，債権者が不動産の譲渡を詐害行為として，取り消すこと
はできないとしている（最判昭55・1・24民集34巻1号110頁）。こ
れについては，改正後も明文の規定はなく，解釈に委ねられてい
る。

　(イ)　債権が強制執行により実現可能であること　　被保全債権
が強制執行により実現することができない権利であるときは，債
権者は，その債権に基づいて，債務者のした詐害行為の取消請求
をすることができない（424条4項）。債権者代位権の場合（423条
3項）と同様の趣旨によるものである。すなわち，詐害行為取消
権も債務者の財産を保全して強制執行の準備をするための制度で
あるから，訴求力があっても，強制執行することができない債権
は，被保全債権としての適格性を欠くというのがその理由である
（『中間試案補足説明』164頁）。

3　詐害行為取消権の行使

　(1)　行使の方法　　民法424条1項は，詐害行為の取消しを裁
判所に請求できると規定し，詐害行為取消権は裁判上行使される
べきことを明らかにしている。他人のした行為を取り消すのは重
大なことである，というのがその根拠であると説明されている。
判例は，取消権の行使は必ず訴えの方法によらなければならず，
抗弁として行使することはできないとしている。

　平成29年改正において，それまでの判例，通説（折衷説）に従
って，詐害行為の取消しと併せて，逸出した財産の取戻しを請求
することができると規定された（424条の6）。その場合には，形

成の訴え（取消し）と給付の訴え（取戻し）を合わせた訴訟形態を
とることになる。もちろん，取消しだけを請求することも認めら
れているから，その場合には，形成の訴えとなる。

　また，受益者・転得者が財産を返還することが困難であるとき
は，債権者は，その価額の償還を請求することができることも規
定された（424条の6第1項・2項）。これまで，判例によって認め
られていた法理（大判昭7・9・15民集11巻1841頁）を明文化したも
のである。

　そして，取消権を行使する債権者は，自己の資格においてする
のであって，取り消した結果，動産，金銭の引渡しが問題となる
ときには，直接自己に引き渡すべきことを相手方に請求できると
されていた。後述するように，これについては，平成29年改正
において，明文の規定が置かれている。

★　　(2)　**行使の相手方**　　詐害行為取消権は，債務者と受益者との
間の行為を取り消し，受益者または転得者から財産を取り戻すこ
とを目的とする制度である。そこで，債権者が取消訴訟を提起す
る場合に，誰を被告とすればよいかが問題となる。平成29年改
正前においては，詐害行為取消請求権の性質と関連する重要な問
題ととらえられていた。そして，判例は，かつては，債務者およ
び受益者（転得者）を相手としなければならないとしていたが（大
判明38・2・10民録11輯150頁），その後，債務者を相手方とする必
要がないとし（大連判明44・3・24民録17輯117頁），さらに，受益
者・転得者のみを被告とすべきであって，債務者に対して取消権
を行使できないとするに至った（大判明44・10・19民録17輯593頁）。
また，悪意の転得者が生じている場合には，転得者に対して，行
為の取消しと財産の返還を請求できるが，受益者に対して，財産
の取戻しに代わる賠償を請求することも認められていた（前掲大

連判明 44・3・24)。

　平成 29 年改正は，このような考え方に従ったものである。ま
ず，詐害行為取消請求訴訟の被告とすべき者について明文で規定
している（424 条の 7 第 1 項）。受益者に対する詐害行為取消請求の
場合には，受益者を被告としなければならない（同項 1 号）。そし
て，転得者に対する詐害行為取消請求の場合には，転得者を被告
としなければならない（同項 2 号）。このように，債務者が詐害行
為取消訴訟の被告にならないことを前提として，訴訟告知，認容
判決の効力が及ぶ者の範囲などの規定を新設している（これらに
ついては後述する）。

　(3)　行使の範囲　　詐害行為取消権は，債権者代位権と同様に，
債権の保全のために，例外的に認められるものであって，そのた
めに債務者の財産的自由を制約する結果を生ずるのであるから，
詐害行為取消権行使の範囲も必要にして最小限の範囲に限られる
と考えられる。そこで，債務者のした詐害行為の目的が可分であ
る場合には（金銭債権がその典型である），自己の債権の額の限度に
おいてのみ，その取消しを請求することができるとされている
（424 条の 8 第 1 項）。平成 29 年改正前においては，これについて明
文の規定はなかったが，取消権を行使できるのは，自己の債権額
の範囲内に限定されると解されていた（大判明 36・12・7 民録 9 輯
1339 頁，大判大 6・6・7 民録 23 輯 932 頁等）。改正法は，判例に従っ
て，その法理を明文化したのである。たとえば，300 万円の債権
を有する債権者が，1000 万円の金銭による贈与を詐害行為とし
て取り消す場合には，贈与のうち 300 万円についてだけ取り消す
ことができる。しかし，詐害行為の目的物が不可分のものである
ときには，たとえ，その価額が債権額を超える場合であっても，
債権者は，その行為の全部を取り消すことができる。たとえば，

不動産の贈与を詐害行為として取り消す場合には，債権者の債権額がその不動産の価額に満たない場合であっても贈与の全部を取り消すことができる（最判昭30・10・11民集9巻11号1626頁）。

　ただし，抵当権の設定されている家屋の代物弁済が詐害行為となるときには，その取消しは，家屋の価格から抵当債権額を控除した残額の部分に限って許され，価格賠償を請求するほかはないとされる（最大判昭36・7・19民集15巻7号1875頁）。共同抵当権の設定された不動産の売買契約が詐害行為になる場合において，債務の弁済により抵当権が消滅したときも同様に価格賠償によるとされる（最判平4・2・27民集46巻2号112頁）。もっとも，抵当権の設定されている土地の譲渡担保が詐害行為となるときに譲渡担保の全部を取り消し，土地の原状回復が認められるとした判決もある（最判昭54・1・25民集33巻1号12頁）。最高裁は昭和36年の判決と昭和54年の判決は事案を異にするものとしているが，これらの判決の関係については，いろいろ議論があり，見解は一致していない。なお，抵当権の設定されている不動産を代物弁済する場合であっても，抵当債権額が不動産の価格を超えるときには，詐害行為の取消しは認められないとする判決もみられる（最判昭39・7・10民集18巻6号1078頁）。これらの判決については，特定の債権者に対する債権を消滅させる行為，過大な代物弁済などに関する特則を定めている改正法の下で，その法理が維持されるかどうかは必ずしも明確ではない。

　また，受益者・転得者に対して，財産に代えて価額の償還を請求する場合にも，自己の債権の額の限度においてのみ，その取消しを請求できるにとどまる（424条の8第2項）。

　(4)　債権者への直接履行　　債権者は，詐害行為取消請求訴訟において，受益者または転得者に対して，行為の取消しだけでな

く，財産の返還を請求する場合において，その返還の請求が金銭の支払または動産の引渡しを目的とするものであるときは，受益者に対し，その支払または引渡しを，転得者に対してその引渡しを自己に対してすることを求めることができる（424条の9第1項前段）。そして，この場合に，受益者または転得者は，債権者に対して，その支払または引渡しをしたときは，債務者に対して，その支払または引渡しをすることを要しない（同項後段）。また，債権者が受益者または転得者に対して，財産の返還に代わる価額の償還を請求する場合にも，同様である（同条2項）。平成29年改正前においては，明文の規定はなかったが，返還を受けるものが金銭の支払または物の引渡しであるときには，債権者は，相手方に対して，自己にそれらの給付をすべきことを請求しうると解されていた（大判大10・6・18民録27輯1168頁，最判昭39・1・23民集18巻1号76頁）。改正法は，このような判例法理を明文化したものである。

　(5)　**債務者への訴訟告知**　　詐害行為取消請求は，訴訟によらなければならないのであるが，債権者は，詐害行為取消請求の訴訟を提起したときは，遅滞なく，債務者に訴訟告知をしなければならない（424条の7第2項）。

　(6)　**詐害行為取消権行使の期間制限**　　債務者が債権者を害する　★
ことを知って行為をしたことを債権者が知った時から2年を経過したときは，債権者は詐害行為取消請求の訴訟を提起することができない（時効ではないので，時効の更新・停止に関する規定は適用されない）。行為の時から10年を経過したときも，同様である（426条）。詐害行為取消権は第三者に与える影響が大きいので，なるべく早く法律関係を安定させるのが望ましいこと，長期間経過後に訴訟になると，当事者の善意悪意の立証が困難になることなど

が，短期間の経過によって取消権を行使することができなくなるとした根拠であると考えられる。平成 29 年改正前においては，詐害行為取消権は，債権者が取消しの原因を知った時から 2 年間行使しないときは時効消滅し，行為の時から 20 年間で消滅する（除斥期間と解されていた）とされていた（改正前 426 条）。改正法は，同条を出訴期間の規定とするとともに，時効制度の改正に合わせて，20 年を 10 年に短縮している。

★★　**4　詐害行為取消権行使の効果**

　平成 29 年改正前において，詐害行為取消しの効果について，425 条は，「すべての債権者の利益のためにその効力を生ずる」と規定していた。債権者取消権の母法であるフランス民法には，取消しの効果に関する規定がなく，ボアソナードの旧民法に由来すると考えられている（『日本近代立法資料叢書 3（法典調査会民法議事速記録 3）』129 頁には，旧民法財産編 343 条以外に参照条文はあげられていない）。そのような経緯もあって，この規定の意義については，見解が分かれていた。また，この問題は，詐害行為取消権の本質をどう考えるか，詐害行為取消訴訟の被告は誰か，などの問題とも密接に関連している。

　判例は，取消しの効果は相対的なものであって，取消権を行使した債権者とその相手方の間でのみ取消しの効果を生ずるとしていた（前掲大判明 44・10・19，大判大 6・10・3 民録 23 輯 1383 頁等）。取消しの効力を相対的とする判例理論は，次のような判例法理に結びついているように思われる。まず，第一に，取消権を行使した債権者は，その結果取り戻す動産あるいは金銭を債務者ではなく，自己に引き渡すべきことを請求できる（大判大 10・6・18 民録 27 輯 1168 頁）。その結果として，取消債権者は事実上の優先弁済を得

ることとなる（取り戻した金銭を債務者に返還する債務と自己の債権とを相殺することによって）。ただし，取戻しの目的物が不動産の場合には，債務者名義の登記の回復（移転登記でもよいとされる）を請求しうるにとどまり，たとえ，取消債権者がその不動産について引渡請求権を有する場合であっても，直接自己に対する移転登記手続を請求することはできない（最判昭53・10・5民集32巻7号1332頁）。したがって，取戻しの目的物が不動産（動産であっても登記，登録の制度があるもの）である場合には，取消債権者以外の債権者も取消債権者の強制執行に配当加入することができる。第二に，他の債権者は，取り戻された物が一般財産に回復されたものとして，平等の割合による分配を請求できるものではない（最判昭37・10・9民集16巻10号2070頁）。第三に，取消しの相手方が，自己の債権をもって，按分比例による配当要求を抗弁として主張することはできないとされる（最判昭46・11・19民集25巻8号1321頁）。

　しかし，これらの判決の理論と取消しの効果が総債権者の利益のために効力を生ずるとする425条との関係をどのように矛盾なく説明できるかは難問であった。

　このような判例・学説の状況において，詐害行為が取り消された場合における当事者間の関係について，規定を整備した。

（1）　取消認容判決の効力　　詐害行為取消請求を認容する判決が確定したときは，その判決は，債務者およびそのすべての債権者に対してもその効力を有する（425条）。詐害行為取消訴訟の当事者である債権者および受益者（または転得者）に確定判決の効力が及ぶのは当然であるが，その範囲を債務者およびすべての債権者（確定判決後の債権者も含まれると解される）にまで拡張している点に，この規定の意義がある。相対効と解していた改正前の見解を修正するものである。なお，債務者の財産が転々譲渡され，複数

の転得者を生じているような場合には，取消訴訟の被告である転得者以外の転得者・受益者には，確定判決の効力は及ばないと考えられる。

(2)　受益者との関係　　第一に，債務者がした財産の処分行為（債権の消滅に関する行為は除く）が詐害行為として取り消されたときは，受益者は，債務者に対し，その財産を取得するためにした反対給付の返還を請求することができる（425条の2前段）。たとえば，A（債務者）がその所有する不動産をB（受益者）に売却した場合において，C（債権者）がBに対して，その売買について詐害行為取消訴訟を提起し，その売買が取り消されたときは，Bは，Aに対して，支払った売買代金の返還を請求できることになる。

なお，債務者が反対給付を返還することが困難である場合には，受益者は，その価額の償還を請求できる（同条後段）。

第二に，債務者がした債務の消滅に関する行為が詐害行為として取り消された場合において，受益者が債務者から受けた給付を返還し，またはその価額を償還したときは，受益者の債務者に対する債権は，これによって原状に復する（425条の3）。たとえば，D（債務者）がE（受益者）に対して負担している債務を弁済した場合において，F（債権者）がEに対して，その弁済について詐害行為取消訴訟を提起し，その弁済が取り消され，Eが弁済として受け取った金銭を返還したときは，EのDに対する債権が復活することになる。

(3)　転得者との関係　　債務者がした行為が転得者に対する詐害行為取消請求によって取り消されたときは，その転得者は，次のような権利行使をすることができる。ただし，その転得者がその前者から財産を取得するためにした反対給付またはその前者から財産を取得することによって消滅した債権の価額を限度とする

（425条の4）。第一に，債務者がした財産の処分に関する行為（債務の消滅に関する行為を除く）が取り消された場合には，その行為が受益者に対する詐害行為取消請求によって取り消されたとすれば，425条の2の規定により生ずべき受益者の債務者に対する反対給付の返還請求権またはその価額の償還請求権を行使することができる（425条の4第1号）。詐害行為として取り消されるのは債務者と受益者との間の行為であるのに，取消しによって，転得者が財産を返還するのであるから，受益者の反対給付について，転得者が失った債権の価額を限度として，転得者が行使することを認めるものである。第二に，債務者がした債務の消滅に関する行為が取り消された場合には，その行為が受益者に対する詐害行為取消請求によって取り消されたとすれば，425条の3の規定により回復すべき受益者の債務者に対する債権を行使することができる（425条の4第2号）。転得者に対する詐害行為取消請求について，第一の場合と同様に，本来受益者に帰属すべき権利の行使を認める趣旨によるものである。

第5章　多数当事者の債権関係

I　序　説

1　多数当事者の債権関係とは

たとえば，A・B・Cの3人が共同で事業を始めようと思い，一緒に銀行から融資をうけた場合とか，D・Eの2人が共有しているマンションを誰かに賃貸した場合とかのように，同一の給付につき，2人以上の債権者または債務者のある場合を一括して，多数当事者の債権・債務関係という（一般には，「多数当事者の債権関係」と表現する）。このような関係においては，①数人の債務者に対してどのように履行請求をなしうるか，また数人の債権者に対してどのように弁済しうるか（「対外的効力」），②数人の債権者または債務者のうちの1人について，請求，時効の更新・完成，免除等の事由が生じたとき，それが他の債権者または債務者にどのように影響するか（「影響関係」），③数人の債権者のうちの1人が弁済を受けたとき，これを他の債権者に分与すべきか否か，また数人の債務者のうち1人が弁済をしたとき，他の債務者に求償しうるか否か（「内部関係」）等が問題になる。民法は，この多数当事者の債権（債務）の種類として，分割債権・分割債務（427条），不可分債権・不可分債務（428条以下），連帯債権（432条以下），連帯債務（436条以下）および保証債務（446条以下）の5種を規定する。（このほか，解釈上，不真正連帯債務が認められているが，今回の改正

で有用性が少なくなった）。

　多数当事者の債権関係では，いずれも一個の同一内容の給付を目的とするが，後に詳しく述べるように，各債権者・債務者ごとに独立の債・債務関係が存在しており，単一の債権・債務関係ではないと解されている（分割債権・債務では，分割された後は個々別々の関係になるが，分割に至る前の段階ではやはり同一内容の給付が目的とされている）。

2　機能の二元性

　民法が「多数当事者の債権」として定める制度の中には，二つの異なった機能がある。すなわち，①字義通りの，２人以上の者が同一給付につき債権者または債務者となった場合の法律関係の整序に関するものと，②債権担保制度としての「人的担保」の役割をはたすものである。分割債権・債務は①のみに関するものであるが，不可分債権・債務と連帯債権・債務は①と②の両方に関し，保証債務は②のみに関する。今日では，②の人的担保機能の重要性が増してきている。

3　債権・債務の共同的帰属形態

　たとえば，A・B・Cの３人が共同して銀行から900万円を借りているという関係と，A・B・Cの３人が共同して一隻のヨットを所有しているという関係を比べてみると，一個の同一の給付を目的とする債権または債務が多数の者に帰属するという関係は，一個の物が多数の者の共同所有に属する場合に類似する。そこで，多くの学説は，物の共同所有の３態様（共有・合有・総有）に対応して，債権・債務の共有的帰属・合有的帰属・総有的帰属という態様を認める。このうち，債権・債務の共有的帰属というのは，

図8　債権・債務の共同的帰属

① 多数当事者の債権関係（債権・債務の共有
的帰属）の図式

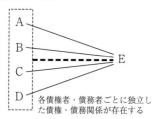

各債権者・債務者ごとに独立し
た債権・債務関係が存在する

② 当事者が複数でも単一の債権関係となる
図式

（a）債権・債務の合有的帰属

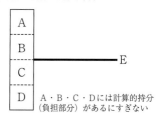

A・B・C・Dには計算的持分
（負担部分）があるにすぎない

（b）債権・債務の総有的帰属

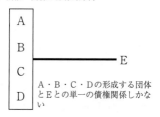

A・B・C・Dの形成する団体
とEとの単一の債権関係しかな
い

まさにここでいう多数当事者の債権関係にあたると説かれている。民法は物権の共有のところで債権の共有的帰属（所有権以外の財産権を有する場合）についても規定したが（264条），そこで，別段の定めがあればそれによるとしたので，まず多数当事者の規定が適用される結果，共有の規定で適用されるものは存在しないと解されている。債務の共有的帰属については，特に規定はないが，債権の場合と同様に解される。これに対して，多数の者が結合して（一体となって）債権を有し債務を負担するとみられる場合がある。これが合有的帰属，総有的帰属の場合である。これらの場合は，多数当事者の債権関係と異なり，各債権者・債務者ごとに独立した債権・債務関係が存在するわけではない。

　(1)　債権・債務の合有的帰属　　組合財産（668条）や共同相続財産（898条）における「共有」を合有と解する有力説の立場では，その財産に含まれている債権・債務も合有関係になる。ただし，判例は，組合財産に含まれる債権・債務については合有的帰属を認めるが，相続財産については分割債権関係になるとする（本章Ⅱ2参照）。合有的帰属の効果としては，通常次のように説かれる。①債権・債務は多数者全員に帰属する。各債権者または債務者は計算的な割合としての持分（独立の権利・義務としての性質を持たない）を有するにすぎない。②合有的債権の取立てや処分は全員が共同で（もしくは委任を受けて）のみ可能であり，取り立てたものは全債権者の合有となる。③合有的債務においては，債務者全員が共同して，債務全額につき履行すべきであり，まず合有財産から弁済され，ついで，各人が（計算的負担部分の範囲で）個人の固有財産を引当てとする責任を負う。

　(2)　債権・債務の総有的帰属　　村落共同体の入会財産や権利能力なき社団の財産の所有形態を，総有と呼ぶ学説が多い。この

説によれば，これらに含まれる債権・債務は，総有的帰属となる。その効果としては，①総有的債権・債務は，団体自体に帰属し，構成員はそれに対して持分的権利を有しない。②総有的債権の取立て・処分は団体自体が行い，取り立てたものは総有財産となる。③総有的債務の弁済は総有財産をもってなされ，原則として個人責任は負わない。

II　分割債権・分割債務

1　分割債権・分割債務

　一個の可分給付につき，2人以上の債権者または債務者がある場合，別段の意思表示がないときは，各債権者または債務者は，一定の分割された割合で債権を有し，または債務を負う（427条）。その割合は，法律の規定（899条等）または当事者間の特約があればそれにより，それらのない場合は平等である（427条）。すなわち，A・B・Cの3人がDに対して900万円の債権を有するときは各自300万円ずつの債権を持つことになり，A・B・C3人がDに対して900万円の債務を負うときは各自300万円ずつの債務を負担することになる。この分割債権・債務関係は，多数当事者の債権・債務関係の原則的な形態とされている。これを原則とすることは，近代法における個人主義思想の表れと説明されてきたが，しかし実際にはこれを貫くと不適当な結果を生じることもある（とくに，債務が分割される場合は，その債権の効力を弱める）。

2　分割債権・分割債務の要件

　上に述べたところに従えば，一個の可分給付につき複数の債権者または債務者があり，別段の意思表示も法律の定め等もなけれ

ば，すべて分割債権・債務と考えうる。しかし，近時の支配的見解は，この原則に対し批判的なものが多く（とくに分割債務につき），なるべく制限的に解釈しようとしている。

(1) 分割債権　一個の可分給付につき数人の債権者が生じる場合は，実際にはそれほど多くない。金銭債権が共同相続された場合，共有物に対して第三者が不法行為をした場合の損害賠償請求権，数人が共同で金銭を貸し付けた場合等がその主要な例であり，判例はそれらのほとんどの場合に分割債権となるとしている。

(2) 分割債務　一個の可分給付につき数人の債務者が生じる場合は比較的多い。判例は，これらについても分割債務の成立を認めるものが多いが，学説上は異論がかなりある。①金銭債務の共同相続のケースでは，分割債務になるとする立場を貫く判例に対し，有力説は合有関係とみるべきだと批判する。民法上の組合が金銭債務を負担するケースも，（判例の態度は必ずしもはっきりしていないが）支配的学説は，合有債務とみる。②数人が共同で買った物の代金債務は，判例（大判大4・9・21民録21輯1486頁ほか）は分割債務とするが学説は連帯債務とみるべきと批判する（判例は，いわゆる連帯の推定を認めない。しかし，近時の最高裁判決には，黙示の連帯特約を認めたものもある。本章Ⅳ2参照）。③共同使用者の賃金支払義務とか，共同賃借人の賃料支払義務については，判例・通説ともに，原則として不可分債務とみる（本章Ⅲ1参照）。

3　分割債権・分割債務の効力

(1) 対外的効力 —— 独立性　分割債権・債務関係が成立する場合には，分割されたそれぞれの債権または債務は，相互にまったく独立したものとして取り扱われる。したがって，分割債権における各債権者は自己の債権のみを単独で行使でき，また分割債

務における各債務者は自己の債務だけを弁済すべきことになる。ただし，双務契約上の債権・債務についていえば，たとえばA・B・Cが共同してDから30万円で物を買って10万円ずつの債務を負う場合（判例によれば分割債務）のように，分割された債務が全体として双務契約上の一方の債務になっているときには，A・B・Cが全部の履行をしない以上は，Dは同時履行の抗弁（533条）を持つ。また，上の分割債務関係が一個の双務契約から生じたものである以上，その契約の解除は，A・B・C全員に対してのみ，またはその全員からのみなしうる（544条）と解される。

(2)　影響関係——相対性　　さらに，1人の債権者または1人の債務者について生じた事由は，すべて相対的効力しか持たず，他の債権者または債務者には何の影響も及ぼさない。たとえば，前例のAがDから債務を免除されても，B・Cの債務には変わりがない。

(3)　内部関係——不発生　　対外的効力が独立性を持ち，影響関係が相対性しかないことから，内部関係は論理必然的に不発生となり，弁済した者から他の者への求償の問題などは起こらない。

Ⅲ　不可分債権・不可分債務

1　不可分債権・不可分債務の意義と要件

たとえばA・B・Cの3人が共同して一軒の家屋をDから買い，Dに対して家屋の引渡しを請求する権利を有する場合とか，A・B・Cがその共有する自動車をEに売り，Eへの引渡債務を負う場合などのように，複数人が一個の不可分な給付を目的とする債権または債務を有する場合を，不可分債権・不可分債務という。

したがって，不可分債権・不可分債務の要件としては，給付の目的が性質上不可分であること（428条）が必要である。

(1)　性質上の不可分　　事実上分割が不可能なもの，法律上不可分なもの（共有地のための地役権の設定（282条）），および，持分に分割することも不可能ではないが，取引の実際からみて不可分と考えるのが妥当なものがこれにあたる。例としては，A・B・Cが共同して1台の自動車を買う場合の引渡請求権（不可分債権）や，A・B・Cが共有の自動車を売った場合の引渡債務（不可分債務）などがあげられる。判例では，共同賃借人の賃料支払債務（大判大11・11・24民集1巻670頁），同じく共同賃借人の賃貸借終了後における目的物返還義務（大判大7・3・19民録24輯445頁），共同相続人の所有権移転登記協力義務（最判昭36・12・15民集15巻11号2865頁）などを不可分債務としている。

なお，改正前の428条には，意思表示による不可分の規定があった。たとえばA・B・Cが共同で石炭10トンを売るにあたって，債権者Dとの間で，輸送上の都合から分割給付をしない特約を結んだ場合のように，本来可分な給付ではあるが，これを当事者の意思で不可分とした場合などが考えられる。ただし実際にはいかなる場合に意思表示による不可分を認めるべきかは必ずしも明瞭ではなく，裁判例もあまりなかったため，改正法では削除されている。

(2)　分割債権・債務への変更　　不可分債権・債務の目的たる給付が不可分なものから可分なものに変わると，その債権・債務は分割債権・債務となる（431条）。この場合，各債権者は自己に帰属する部分についてのみ請求をすることができ，各債務者は内部的な割合（負担部分）についてのみ履行の責めを負う。たとえば，A・B・Cが共同で買った自動車1台の引渡債権が，債務者

の過失による履行不能によって損害賠償債権に変わったような場合である。これも，分割債権・債務を原則とする民法の考え方の表れであるが，不可分債務については，この結果債権の効力が弱められるので，問題があるともいわれる。

2　不可分債権の効力

(1)　対外的効力　　不可分債権の対外的効力（すなわち請求の仕方や履行の仕方）については，平成29年改正法では連帯債権の場合と同様に処理することが規定された（428条）。したがって，各債権者は総債権者のために履行を請求し，また，債務者は総債権者のために各債権者に対して履行をすることができる（428条が準用する432条）。つまり，（不可分なのだから当然なのだが）各債権者は，単独で債権全部を請求でき，その場合，一債権者の請求は債権者全員のために効力を生じる。また，債務者は，債権者のうちの1人に対して全部の弁済ができ，その場合，一債権者への履行は債権者全員に対して履行したものとして取り扱われる。判例では，X_1 が X_2 らと共同で一棟の家屋を Y に使わせていた場合，使用貸借の終了を原因とする家屋明渡請求権は，性質上不可分の給付を求める権利とみるべきであるから，X_1 は単独で X_2 ら貸主全員のために家屋全部の明渡しを請求しうるとしたものがある（最判昭42・8・25民集21巻7号1740頁）。

(2)　影響関係　　不可分債権者の1人 A につき生じた事由は，他の債権者 B・C にどのような影響を与えるか。まず，債権者は単独で全債権者のために全部請求できるのであるから，請求，およびそれに伴う時効更新，履行遅滞は全債権者に対して効力を生じる（絶対的効力がある，という）。また，債務者は債権者の1人に対して全債務を弁済しうるのであるから，弁済，弁済の提供，

供託（494条以下），およびその受領遅滞も，全債権者に対して絶対的効力を生じると解される。代物弁済も同様と考えてよい。

　なお，相殺は，428条が準用する434条により，絶対的効力事由となるのだが，そもそも不可分債権は性質上の不可分に限定されたので，金銭債権は不可分債権の対象となりえず，そうすると実際には相殺の要件としての「同種の債権」の対立というものが不可分債権ではまず観念しにくいと思われる。

　しかしこれら以外の事由は，相対的効力を生じるにとどまる（428条が準用する435条の2と429条）。すなわち，Aが債務者Dの債務を免除したり，Dと更改契約（たとえば，自動車1台の代わりに現金300万円を給付することにする。513条）を結んだ場合でも，他の債権者B・Cは，なおDに対して本来の債権の全部の履行（自動車の引渡し）を請求しうる（429条前段）。ただしこの場合，B・Cは自動車の引渡しを受けたならば，Aが本来ならば持っていた分与されるべき利益（内部的持分が平等ならば3分の1の共有持分，実際にはそれに代わる価額ということで自動車の価額の3分の1でよいと解される）を，債務者Dに償還しなければならない（同条後段。B・CがAに利益を分与し，それをDがAに対し不当利得返還請求するという償還の循環を避けるための規定である）。また混同については，428条により，435条の2が準用され，かつ435条が準用されない結果，相対効となる。この他A・D間での時効完成についても，同様に相対効を生じるにとどまり（428条が準用する435条の2），かつ償還の関係についても上記と同様に取り扱うべきと解されている。

　(3)　内部関係　　不可分債権者の1人であるAが債務者から全部の弁済を受けたとする。不可分債権者相互の内部関係については，民法に明文の規定はないが，Aはそれを他の債権者B・Cに対して内部的持分の割合に応じて分与するべきことは当然であ

ろう（分与といってもたとえば車1台のような場合は共有して共同で利用するということになる）。その割合は各場合の事情によって異なろうが，特別の事情がなければ全員平等と推定すべきである。

3　不可分債務の効力

(1)　対外的効力　　数人が不可分債務を負担する場合の債権者と各不可分債務者との関係については，連帯債務の規定が準用されるので（430条による436条以下の準用），債権者は各債務者に対して同時または順次に全部の履行を請求しうることになる。

(2)　影響関係　　不可分債務者の1人について生じた事由の影響関係についても（430条の規定によって，混同についての440条を除いて連帯債務の規定が準用される結果），連帯債務と同様に考えることになる。すなわち，不可分債務者A・B・Cのうちの1人Aが弁済すれば他のB・Cの債務も消滅するのであるから，弁済や，供託，弁済の提供，受領遅滞などは絶対的効力を生じる。代物弁済も同様である。また，更改と相殺については，連帯債務の規定（430条が準用する438条と439条1項）によって絶対的効力事由となる。しかしその他の事由については，すべて相対的効力を生じるだけである。

なお混同（債権者と債務者が同一人に帰する）は，連帯債務では絶対的効力事由なのだが（改正前438条，改正法440条），不可分債務では相対的効力事由となる（改正法430条は440条を準用しない）。その理由は，たとえばA・B・Cの3人がD所有地上の共有建物を撤去する不可分債務をDに対して負っていて，Dが死亡してAが唯一の相続人としてDの財産を相続し混同が発生した場合を考えてみると，これを絶対的効力事由とすると，B・Cの撤去義務もなくなってしまう。したがって，相対的効力事由にする意味

がある（Bが撤去義務を債権者となったAに対して履行すればAに求償できる。同一人に対して履行して求償するというのが無意味ではないのである）。

　(3)　内部関係　　不可分債務者の1人Aが債権者に対して全額の履行をしたとする。Aは，他のB・Cに対し内部的な負担割合に応じて求償しうる。これについては明文（430条）によって連帯債務の求償の規定（442条〜444条）が準用されることになる。負担部分の割合については，特別の事情がなければ全員平等と推定すべきである。

Ⅳ　連帯債務

1　連帯債務の意義

　(1)　意義　　まず，債務の目的が性質上可分であることが前提である（改正法436条参照）。たとえばB・C・Dの3人が共同して事業を始めようと思い，Aから3000万円の融資を受け，その弁済については3人が連帯債務者となることをAと約した場合，B・C・Dは各自が独立して3000万円全額を弁済すべき義務を負い，そのうちの1人Bが3000万円を弁済すれば，C・DはAに対する債務を免れることができる。このように，連帯債務とは，数人の債務者が，同一内容の給付について各自独立に全部の給付をすべき債務を負い，しかもそのうちの1人が給付をすれば，他の債務者も債務を免れる多数当事者の債務関係をいう。したがってそこでは，B・C・Dの間に，協力して債務を弁済する（各人の負担する債務額は内部的には決まっていても，場合によっては他の者の負担すべき債務の分まで弁済してもよい）という，何らかの主観的な結合関係のあることも予定されている。このような結合関係の本質は，共同の目的のための主観的共同関係とか，相互保証関係などと表

現される。連帯債務の機能は，債権の担保ないし債権の効力強化にあるとされるが，規定は必ずしもその方向で徹底しているわけではない。なお，これまでは連帯債務には絶対的効力事由が多く規定されていたが，改正法によってそれが減少することに注意したい（この改正も，債権の効力強化につながるものとそうでないものの両方がある）。

(2)　性質　　連帯債務は，債務者の数に応じた複数の独立した債務である。したがって，①各債務者の債務の態様が異なってもよい（たとえば，Bの債務が民事債務でCの債務が商事債務であってもよいし，B・Cの債務が無利息でDだけが利息付きでもよい）。②債務者の1人についてのみ物的担保が設定されたり保証人が立てられたりしてもよい。③債務者の1人について法律行為の無効または取消しの原因があっても他の債務者には影響を及ぼさない（437条）。しかしながら，連帯債務者相互には前述の「結合関係」の存在が予定されるところから，①連帯債務者の1人について生じた事由が一定の範囲で他の債務者に影響を及ぼし（438条，439条1項，440条），②弁済をした債務者は他の債務者に求償ができる（442条～445条）。

2　連帯債務の要件

　連帯債務は，法律の規定または契約によって成立する。

(1)　法律の規定による成立　　民法ではその例は少ない。法人の社員・理事の賠償責任（旧44条2項。一般社団・財団法人法では法人の賠償責任と理事のそれとの関係については明文の規定はなくなり，共同不法行為の規定の範囲内と考えることになる。また複数の理事等が賠償責任を負うときの連帯債務は同法118条に明文規定がある）と共同不法行為（719条）があるが，二つとも，後述の不真正連帯債務と解するの

が近時の通説である（ただし平成29年改正で不真正連帯債務概念の有用性は大幅に減少する。後掲4参照）。さらに，日常家事債務に関する夫婦の連帯責任（761条）も，通常の連帯債務とは若干異なるものである。なお，商法では，法定の連帯債務となるものが比較的多く規定されている。

(2)　**契約による成立**　　契約によって連帯債務を生じるには，その契約は必ずしも一個でなくてもよい。たとえば，B・C・Dの3人が債権者Aと別々に三個の契約をして連帯債務者となることも可能である。なお，一個の契約によった場合でも，B・C・Dの1人に無効や取消しの原因があっても他の債務者については完全に有効な債務が成立することは1に述べた通りである（437条）。ある契約によって成立した債務が連帯債務になるかどうかは，当事者の意思解釈の問題である（この場合，主に検討すべきは，債務者相互間の意思ではなく，債権者と各債務者の間の合意の内容である）。

(3)　**連帯の推定**　　判例は，契約により連帯債務が成立するた　★めには，その旨の明示または黙示の意思表示がなければならないとして，容易に連帯債務契約の存在を推定しない。分割債務を原則としている427条の反面解釈からして，連帯の推定をなすべきではない（大判大4・9・21民録21輯1486頁）とするのである（ただし黙示であっても連帯の意思表示と認めるべきものがあればよい。最判昭39・9・22判時385号50頁は，P社の社員YとZがXからP社の運転資金の融資を受けようとし，P社名義では融資を受けられなかったので，Xに対し「YとZが責任を持って支払う」旨確約した場合に，黙示の特約を認めて，連帯債務を認定している）。学説には，黙示の連帯特約の認定を緩やかにすべしとか，債務者全員の資力が総合的に考慮されたとみるべき事情のある場合には連帯の特約を推定すべきだ，等の批判が

強いが，制度の安定的な適用という意味では，判例の態度にも理由がある。

3　連帯債務の効力

(1)　対外的効力　　たとえば債権者 A が，連帯債務者 B・C・D に対して 900 万円を貸した場合，A は，B・C・D の 1 人または 2 人または全員に対して，同時でも順次でもよく，900 万円の全部または一部を請求することができる（436 条）。つまり，A は，B・C・D の各人に対し 900 万円を請求することも，B に対してのみ 900 万円を請求することも，B に 600 万円，C に 200 万円，D に 100 万円を請求することも任意になしうるのである。これを訴訟において請求する場合には，B・C・D に対し順次に別個の訴訟を提起しても二重起訴の禁止（民訴 142 条）にふれることはないし，またこの場合連帯債務者の 1 人に対する訴えについて勝訴判決を得ていても，それが任意弁済または強制執行によって実現されるまでは，他の者に対する訴えは前訴の既判力によって妨げられることもない（民訴 115 条 1 項）。ただし，合計して 900 万円を超える額の弁済を受けるわけにいかないのはもちろんであるから，たとえば B に訴求する前に既に C から一部の弁済がなされたときは，残額についてだけ訴求することができ，また，B に対する訴求後・判決前に D から一部弁済があったときも，残額についてだけ勝訴判決を受けることができる。

★　(2)　影響関係(1)――**絶対的効力**　　たとえば，連帯債務者 B・C・D のうち B だけが債権者 A に弁済したり A から債務を免除された場合，C・D はなお当初の債務全額を弁済しなければならないか。連帯債務が別個独立の複数の債務であることからは，債務者の 1 人について生じた事由は，他の債務者に効力を及ぼさな

いようにも思える。しかし，明治民法の起草者は前述した債務者
間の主観的な結合関係を重視したために，1人の連帯債務者に生
じた事由が他の債務者に及ぶ事由（絶対的効力事由）を，弁済をは
じめとしてかなり広く認めた。しかし今回の改正によってそれが
かなり減少することになった。

　(ア)　弁済ないし代物弁済・供託　　これらが絶対的効力を有す
ることは，明文の規定はないが，当然である。前例で，Bが900
万円を弁済しあるいは900万円相当の宝石をもって代物弁済
（482条）をすればC・Dは債務を免れるし，Bが900万円を給付
したのにAが受領を拒んだ場合は，Bがそれを供託（494条）す
れば，C・Dも債務を免れる。なお，弁済に関連して，債権者の
受領遅滞にも絶対的効力を認める（たとえば，Bの提供によるAの受
領遅滞の効果はC・Dに対する関係でも生じる）のが通説である（受領遅
滞については第3章Ⅴ参照）。

　(イ)　相殺（439条）　　たとえば，900万円の債権者Aに対し，
連帯債務者B・C・D（各自の負担部分は平等）の1人BがAに500
万円の反対債権を有している場合に，Bが対当額で相殺すると，
C・Dもその分だけ債務を免れ，以後，B・C・Dは400万円の
連帯債務を負担することになる（439条1項）。また，上のケース
でBが自ら相殺をしない場合でも，C・Dは，BのAに対する
反対債権（500万円）があれば，それのBの負担部分（すなわち内部
的に定めた負担割合）の限度（平等ならば300万円）で債務の履行を拒
絶できる（439条2項）。この点，改正前の436条2項では「相殺
を援用することができる」と規定されていて，かつての判例（大
判昭12・12・11民集16巻1945頁）・通説は，C・DはBの負担部分
につき相殺することができ，その結果Aの債権は600万円とな
り，Bの反対債権は200万円に減じる，と解していた。それに対

し，改正法では C・D は B の負担部分 300 万円について弁済を拒絶できる抗弁権を取得するにすぎない（援用しても実際の相殺の効果は生じない）。

(ウ)　更改（438 条）　　連帯債務者の 1 人と債権者との間で，従来の債務を消滅させて新債務を生ぜしめる更改契約（513 条）がなされると，他の債務者は債務を免れる。ただしこの規定は，当事者の意思の推測に基礎を置くものであるから，たとえば B・A 間で更改契約をしたとしても，総債務の免責ではなく負担部分だけに関するもので他の者に影響を及ぼさない旨の特約（300 万円を自動車 1 台に変える）を結ぶことは可能と解される。

(エ)　混同（440 条）　　たとえば，前例で B が A の債権を譲り受けたり，A を相続したりして，連帯債務者の 1 人との間に混同（520 条）が生じた場合は，B は弁済したものとみなされる。したがって，債務は総債務者のために消滅し，混同を生じた債務者は他の債務者に対して求償するという関係だけが残る。

★★　(3)　影響関係(2)──**相対的効力**　　上に述べた以外の事由は，相対的効力しか有せず，他の債務者に対して影響を及ぼさない（441 条）。改正法では，これまで絶対的効力事由とされていたものがいくつかこの相対的効力事由に変更された（絶対的効力とする規定がなければ，原則としての相対的効力になる）。①まず，履行の請求である（絶対的効力事由としていた改正前 434 条が削除された）。理由は，連帯債務にはさまざまな種類のものがあるので，およそ連帯債務一般について請求の絶対的効力を認めたのでは，履行の請求を受けていない連帯債務者は知らないうちに履行遅滞に陥ったり消滅時効期間の更新がされたりする不利益があるからということのようである。債務者保護にはなるがその分債権者側の利益は小さくなる。②次に，免除もそうである（絶対的効力事由としていた改

図9　連帯債務の負担部分と求償

(a)　B・C・Dが900万円の連帯債務者で負担
　　部分平等の場合

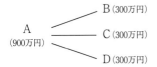

　①BがAに900万円弁済
　　→BはC・Dに300万円ずつ求償可
　②BがAに600万円弁済（C・Dはまだ弁
　　済していない）
　　→BはC・Dに200万円ずつ求償可
　　＊負担部分とは負担割合である

(b)　上例で負担部分がBゼロ，C・D半分ずつ
　　の場合

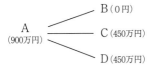

　①BがAに900万円弁済
　　→BはC・Dに450万円ずつ求償可
　②BがAに600万円弁済（C・Dはまだ
　　弁済していない）
　　→BはC・Dに300万円ずつ求償可
　　＊負担部分ゼロの連帯債務者は，弁済
　　してもその全額を他の連帯債務者から
　　回収できる

正前437条が削除された）。これは，連帯債務者の1人を免除する債権者の通常の意思は，他の連帯債務者には影響を及ぼさないというものであろうと考えられたことによる。なお，この改正法では，債権者と連帯債務者の1人との間に債務の免除があった場合，弁済をした他の連帯債務者は，免除があった連帯債務者に求償ができることが，改正法445条に明記された。影響関係が相対効であることを理論的に貫けば，債権者が免除をしてもその効果は連帯債務者同士の内部関係には及ばないというわけであるが，免除の意義はかなり限定的になる。③もうひとつ，連帯債務者の1人についての時効の完成も同様である（絶対的効力事由としていた改正前439条が削除された）。これによって，連帯債務の担保的機能の強化を図ったとされる。なお，連帯債務者の1人に時効が完成した場合に，債権者に弁済をした他の連帯債務者は，その時効が完成した連帯債務者に求償ができることは，上記の免除の場合と同様に，改正法445条に明記されている。その他，時効の更新事由，完成猶予事由，連帯債務者の1人の過失，遅滞，1人に対してなされた判決の効力，1人に対してなされた通知の効力等は，すべて相対的効力にとどまる。

　なお，改正法441条ただし書には，「ただし，債権者及び他の連帯債務者の一人が別段の意思を表示したときは，当該他の連帯債務者に対する効力は，その意思に従う」とある。これは，相対的効力事由として規定してあるものについて，任意規定であるから絶対的効力事由にもできる，とするものではあるが，この条文の読み方としては，単純に「任意規定であるから絶対的効力にもできる」と読むのは不正確である。債権者A，連帯債務者B，他の連帯者C，Dとした場合に，AがBに請求するとして，他の連帯債務者の1人Cが，「債権者Aと，そのBへの請求につい

てCにも請求したことにする」と意思表示すれば，当該他の連帯債務者Cについては絶対的効力になるというだけであって，AとBが意思表示してこの請求はCに対してもしたことになる，としてもCについて絶対的効力を生じるわけではない。

(4) 内部関係　　(ア) 求償権の成立要件と範囲　　連帯債務者の1人Bが，債務を弁済したりその他自分の財産の出捐（代物弁済・供託・更改・相殺・混同等）によって総債務者のために共同の免責を得たときは，他の債務者C・Dに対して，その負担部分に応じた償還を求めうる権利，すなわち求償権を有する（442条1項。なお平成16年の民法改正では，条文の表現を改めて，「出捐」の文字を使わないようにした）。この求償権の存在は，連帯債務者間に内部的に出捐を分担しようとする主観的な協力関係が想定されていることから肯定される。従来から負担部分というのは，固定的な数額ではなく，一定の割合と解されていたが（大判大6・5・3民録23輯863頁），この点が改正法では明文化された。その割合は，債務者間の特約あるいは各債務者の受ける利益の割合によって定めうるが，特段の事情のないときは，平等と解すべきである。なお，連帯債務者の1人が負担部分額に達しない弁済をした場合にも，各債務者の負担部分の割合に応じて求償することができる（これも従来の判例・多数説が明文化された）。前例（図9(a)）で，B（負担部分300万円）が180万円だけ弁済したときも，BはC・Dに60万円ずつ求償できることになる。

　求償できる範囲は，共同の免責を得さしめた額以外に，免責を得た日以後の法定利息と，避けることのできなかった費用（弁済費用・訴訟費用・執行費用など），その他損害賠償に及ぶ（442条2項）。

(イ) 求償権の制限　　上に述べたように，連帯債務者の1人が弁済その他共同の免責を受けうる出捐をすることは，これを知ら

ない他の債務者に大きな影響を及ぼすので，その事前および事後に他の債務者に通知すべきことを規定し，これを怠った場合は，弁済した債務者は，一定の範囲で求償権が制限されるものとした（443条）。

　（a）　事前の通知を怠った場合　　たとえば，B・C・Dの3人がAに対し負担部分平等で900万円の連帯債務を負っていて，他の連帯債務者C・Dの存在を知っているBが「共同の免責を得る」ことを他の債務者に通知をしないで全額弁済した場合，CはAに対して持っていた抗弁事由を負担部分の範囲でBに主張できる（改正法によって，事前通知が要求されるのは，連帯債務者が他の連帯債務者の存在について悪意のときに限られることになった）。すなわち，CがAに対して100万円の債権を持っていたとすれば，Cは自己の負担部分のうち100万円はAに対し相殺を主張できたはずなので，Bは，本来C・Dに300万円ずつ求償できるところが，Cには200万円しか求償できない（443条1項前段。ただしこの場合の「免責を得た連帯債務者」たるBは，債権者Aに対し，A・C間の相殺によって消滅するはずであった債務の履行を請求することができる。そうしないと，Aがその分だけ不当利得をすることになるからである。443条1項後段）。

　（b）　事後の通知を怠った場合　　前例において，他の連帯債務者の存在を知っているBが弁済後もC・Dに通知しなかったため，たとえばCがBの弁済を知らずに，しかも自分が弁済する旨を他の債務者に通知して二重に弁済した場合には，Cは自己の弁済を有効とみなしうる（443条2項）。「有効であったものとみなすことができる」というのは，Cの弁済が当然に有効となるのではなく，Cの主張を待ってはじめて有効となるという意味である。しかしCのした第二の弁済が，債権者債務者のすべてに対

して有効なのか，Bとの関係においてのみ有効なのかは問題になるが，判例（大判昭7・9・30民集11巻2008頁）・通説は後者を採る。善意の第二弁済者を保護するにはこれで十分だからである。

　(c)　事前・事後通知の懈怠と事前通知の懈怠が重なった場合

　前例で，Bが事前・事後の通知を怠り，Cも事前の通知を怠って弁済した場合は，443条の適用はなく，原則に戻ってBの第一の弁済が有効になるとされる。すなわち，Cはこの場合443条2項の主張ができない。けだし，同項の規定は，同条1項の規定を前提とするものであって，同条1項の事前通知につき過失のある連帯債務者（C）までを保護する趣旨ではないからである（最判昭57・12・17民集36巻12号2399頁）。Bの事後通知があればCの二重弁済は避けられたという批判もあろうが，Cが事前通知をすればBからの弁済ずみの通知があるであろうから，この結論でよいと思われる。

　(ウ)　無資力者がある場合の求償　　連帯債務者のうち償還する資力のない者があるときには，その償還できない部分は，求償者（弁済者）および他の資力ある連帯債務者が，各自の負担部分に応じてこれを負担する（444条1項）。弁済者だけに償還無資力者の負担部分を負わせるのは不公平だからである。たとえば，900万円の連帯債務者B・C・D（負担部分平等）のうち，Dが無資力となった場合，全額弁済したBは，本来C・Dに300万円ずつ求償できるところ，D負担部分の300万円をCと半分ずつ分担するので，Cに450万円求償できるにとどまることになる。ただしBに過失があった場合（たとえば，Bが適宜に求償権を行使しなかったためにDが無資力になった場合）は，Dの負担部分300万円はBが全額負担しなければならない（444条3項）。

　上の例で，連帯債務者の中に負担部分ゼロの者がいるときはど

うなるか。Bが全額弁済したが，Cの負担部分がゼロのためD
に求償したいがDは無資力であるという場合については（BとD
の負担部分を各450万円とすれば），判例は，Dの負担部分450万円
をB・Cで平等に分担すべきとしたものもあるが，学説には，B
のみが全額負担すると解すべきとするものが多い。444条の規定
からしても，負担部分ゼロの者には原則として求償できないとみ
るべきではないか。ただし，前例で，Dのみが全額負担すべき
立場でB・Cの負担部分がゼロという場合にDが無資力になり
Bが全額弁済したというケースでは，Dの支払うべき900万円は
B・Cで平等に分担すべきであるから，BからCへの450万円の
求償は認められてよい（改正法444条2項。大判大3・10・13民録20
輯751頁等の判例・通説を明文化したものである）。

　(エ)　連帯の免除と求償権の変更　　連帯の免除とは，債権者が
連帯債務者の1人または数人（ないし全員）に対して債務額を負担
部分にかぎって請求し，それ以上請求しないことをいう。連帯債
務者全員に対して連帯を免除する絶対的連帯免除と，1人または
数人についてだけする相対的連帯免除とがある。前者の場合は，
それによって債務は分割債務（427条）となる（負担部分のない債務
者は債務を免れる）。後者の場合は，免除を受けた債務者だけが分
割債務を負担し，その他の債務者は依然として連帯債務の全部給
付義務を負う。

　ここで，無資力者のあった場合の相対的連帯免除が問題になる。
これについて改正前445条は，連帯債務者の1人に対する相対的
連帯免除の場合に，資力のない者の負担部分の分担を債権者が負
担する旨定めていたが，この規定は改正法によって削除された。
つまり，債権者が，連帯債務者の1人の連帯を免除する場合の通
常の意思は，その債務者の債務を負担部分に縮減するということ

だけで，その者が他の連帯債務者との関係で負担すべき分担額までを債権者が引き受けるというものではないという考えに基づくものである。したがって，相対的連帯免除のケースで求償を受ける連帯債務者の中に弁済能力のない者がいた場合も，上述の444条のルールで処理されることになる。

　(オ)　連帯債務者の1人との間の免除等と求償権　　平成29年改正で新設された445条は，改正法で相対的効力事由と変わることになった免除と消滅時効の完成について，連帯債務者の1人に対して債務の免除がされ，または連帯債務者の1人のために時効が完成した場合においても，他の連帯債務者は，その1人の連帯債務者に対して，求償をすることができると明記した。この点に関する解釈上の議論に解答を与えたものである。

　(カ)　求償権者の代位権　　連帯債務者の1人が他の連帯債務者に対して求償権を持つときは，その範囲において債権者に当然に代位する（499条）。代位の効果は，一般の場合と異ならない（詳しくは，弁済者の法定代位に関する第7章Ⅱ1(4)参照）。

4　不真正連帯債務

　(1)　意義　　たとえば，Bの運転する乗用車とCの運転するオートバイが双方の過失から衝突し，そのために通行人Aが負傷した場合，B・CはAに対して共同不法行為（719条）を行ったことになり，AはB・Cに対して損害賠償を請求しうる。この場合，B・Cは「各自が連帯してその損害を賠償する責任を負う」とされるが，このB・Cには，どちらもAから請求されたら損害の全額を賠償すべき義務があるものの，最初から2人で融資を受けて弁済にあたる場合のような主観的な結合関係があるわけではないことはもちろんである。このようなB・Cの債務を，これ

までの判例・学説は不真正連帯債務と呼んできた。すなわち，不真正連帯債務とは，多数の債務者が同一内容の給付について全部履行すべき義務を負い，しかも，一債務者の履行によって他の債務者も債務を免れるという点では連帯債務と同じであるが，もともと各債務者間に緊密な関係がないため，一債務者について生じた事由が他の債務者に影響を及ぼさず，負担部分もなく，求償も当然には生じない点で連帯債務と区別される，多数当事者の債務関係をいう。具体的な例としては，①法人の不法行為責任における法人の賠償債務と理事その他代表者の賠償債務（旧44条1項。大判昭7・5・27民集11巻1069頁。平成18年の一般社団・財団法人法制定後は，同法78条に同様の規定が置かれた），②使用者責任における使用者の賠償債務と被用者の賠償債務（715条。大判昭12・6・30民集16巻1285頁，最判昭45・4・21判時595号54頁），③数人の共同不法行為者が負担する賠償債務（719条。最判昭57・3・4判時1042号87頁），④自動車損害賠償保障法3条所定の運行供用者の損害賠償債務を，自動車の所有者と，自動車を借り受けて事故を起こした者とが負う場合（最判昭48・1・30判時695号64頁）などが挙げられてきた。

（2）効力　債権者を満足させる事由（弁済など）は絶対的効力を生じるが，その他の事由はすべて相対的効力しか生じない。これは，債務者間に主観的な共同関係がないからという理由に加えて，とくに損害賠償に関する不真正連帯債務の場合には，被害者の救済を十全なものにするために債権の効力の強化がはかられているためである。また，債務者間に主観的な関連のないことから，負担部分の観念もなく，求償権も不真正連帯債務自体の効力としては発生しないというのが，論理的な帰結とされた。しかし，求償権は他の法律的根拠から発生することはもちろんある。たと

えば，使用者が被害者に損害賠償したときに，使用者は被用者に求償できるが（715条3項），この場合の求償権は，使用者被用者間の雇用契約関係から生じるものと考えられる（なお，この715条3項の求償権については，信義則上相当と認められる範囲に制限する考え方〔判例として，最判昭51・7・8民集30巻7号689頁〕があるが，詳細は本シリーズⅣ・第4章Ⅴ3(3)）。さらに，学説は，不真正連帯債務でも，それぞれのケースの実質関係によっては求償を認めるべき場合があることを説き，判例も，共同不法行為者相互間での求償を公平の見地から認めるに至った（最判昭41・11・18民集20巻9号1886頁は，Xタクシー会社のxが運転するタクシーがYの乗用車と衝突し，乗客Zが負傷した事故につき，Zに損害を賠償したXがYに求償した事件で，X・x・Yは各自全額賠償義務を負うこと，XはYに対して求償しうること，を認め，その場合の負担部分はx・Yの過失の割合によって定まる，とした）。

　しかし，このような不真正連帯債務概念を構築してきた学説・判例の努力は，そもそも連帯債務における免除が絶対的効力事由であったため，たとえば先の例で被害者が共同不法行為者の一方を免除すると，残りの連帯債務者から全額の賠償が受けられなくなるという不合理を避けて，被害者救済の実効性を高めようとするところに狙いがあった。したがって，今回の改正で免除が相対的効力事由に変更されたので，不真正連帯債務概念の有用性は大幅に減じることになろう。

5　連帯債権

　後述の連帯債務と対になる概念として，債権者が複数の場合の連帯債権が考えられる。連帯債権の概念はローマ法以来認められてはいたが，これまで日本民法には規定がなかった。今回，連帯債権について規定が新設された（432条〜435条の2）。

　ただ，現時点では具体例と考えられるものは少ない。規定を置いた理由は，あまり明らかではないが，不可分債権との対比という理論的な整合性が考えられたようである。すなわち，債権者複数のケースで債権の目的が不可分ならば不可分債権，可分ならば連帯債権という整理である（近年，一部の学説は，指名債権の二重譲渡で対抗要件たる確定日付のある通知が，複数，債務者に同時に到達したケースで，優劣が決定できないこれらの譲受人が持つ権利を，連帯債権（あるいは主観的結合関係がないので不真正連帯債権）になると説明したものがあるが，それらの議論に対応する趣旨で規定されたというような立法理由の記述は見当たらない）。

　連帯債権の定義自体は，前述の連帯債務の定義と同様である。また，対外的効力（請求の仕方や履行の仕方）についても，連帯債務のそれと同様の規律となっている。しかし，他の連帯債権者に対する影響関係は，改正法における連帯債務の，他の連帯債務者に対する影響関係とは異なる（一致していない）ことに注意したい。

　具体的には，連帯債権の場合，請求（改正法432条），更改・免除（改正法433条），相殺（改正法434条），混同（改正法435条）が絶対的効力事由であり，その他が相対的効力事由となる（改正法435条の2）。なお，これら列挙される絶対的効力事由は，改正前の連帯債務の絶対的効力事由と一致している。

V　保証債務

1　保証債務とは

(1)　**意義**　　たとえば，AがBに融資をする場合，Aは貸金の回収を確保するために，Bの財産に抵当権や質権を設定させるか（物的担保），B以外の第三者CやDにも債務を負わせてBが

弁済できないときはCやDの一般財産から回収できるようにする（人的担保）。物的担保は確実性があるが，債務者が適当な担保物を有していなければ設定できない。これに対して人的担保は，第三者の資力を引当てにする点で担保力の変動の危険も大きいが，比較的容易に設定できる利点がある。保証は，その人的担保の代表的なものである。

　ただ，保証は，債権者にとっては設定が容易で効果が強力な担保であるが（もちろん保証人の資力に左右される不安定さはある），その反面，保証人にとっては安易に過大な負担を負う危険もある。近年の保証債務規定に関する数々の改正は，この保証人の保護強化の歴史であったといえる。

　保証債務とは，たとえば，AがB（主債務者）に500万円を貸す際，その債権を担保するためにCをBの保証人とさせて，AはCと保証契約を結び，それによって，もし主債務者Bが債務を弁済しない場合には，保証人CはAに対してその支払をなす責務を負うというものであって（446条1項），主債務を担保する債務である。

　もっとも，後述するいわゆる身元保証の場合には，主たる債務者の負担すべき債務を担保するにとどまらない性格のものもあるが，これは保証というよりむしろ損害担保契約の一種とされる。

　(2)　法的性質　　(ア)　独立債務性　　保証債務は，主たる債務とは別個の債務と考えられている。主たる債務は，債権者Aと主債務者Bとの間の契約によって生じるものであるのに対し，保証債務は，債権者Aと保証人Cとの間の契約によって生じるものであり，主債務とは別個の消滅原因等をもちうるからである。

　(イ)　付従性　　保証債務は，主たる債務が履行されない場合に，これを代わって履行することによって債権者に主たる債務が履行

されたのと同一の利益を与えるものであるから，主たる債務の存在を前提とし，主たる債務に従たる性質をもっている。これを保証債務の付従性という。これは，保証債務の基本的な特徴である。具体的には，①主たる債務が成立しなければ保証債務も成立しない。主たる債務が消滅すれば保証債務もまた消滅する（成立・消滅の付従性）。しかし，主たる債務は現実に発生している必要はない（後述の根保証・信用保証を参照）。②保証債務は，その内容や態様において主たる債務より軽いことは差し支えないが，主たる債務より重くてはいけない。重い場合には主たる債務の限度に減縮される（448条1項。内容の付従性。なお，改正法によって，主たる債務が保証契約後に加重されたとしても，保証人の負担は加重されないという規定が追加された。同条2項）。しかし，保証人がとくにその保証債務について違約金や損害賠償の額を予定することは妨げない。この場合には，保証債務の目的や態様が主たる債務より重くなっているのではなく，保証債務の履行を確実にすることが意図されているにすぎないからである。

　(ウ)　随伴性　　保証債務は，一種の債権担保として，随伴性を有する。たとえば，保証債務によって担保されている債権（債権者Aの，主たる債務者Bに対する債権）がDに譲渡されると，保証人Cに対する債権もこれに伴ってDに移転する（これに対して，主たる債務が債務引受によって第三者に承継されたときは，保証人が特に同意しないかぎり，保証債務は消滅する。債務引受については第6章IV参照）。

　(エ)　補充性　　保証人は，主たる債務者がその債務を履行しないときに初めて自己の債務を履行する責任を負う（446条1項）。これを保証債務の補充性という。補充性は，具体的には以下の二つの抗弁権をその内容とする。すなわち，①債権者が保証人に債務の履行を請求してきたとき，保証人は，まず主たる債務者に請

図 10　保証契約

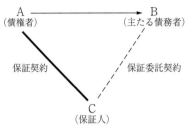

A（債権者）── B（主たる債務者）

保証契約

保証委託契約

C（保証人）

B・C間の保証委託契約はあってもなくてもよい

求するように抗弁することができる（催告の抗弁。452条。ただし，主たる債務者が破産手続開始決定を受けたり行方不明になった場合はこのかぎりでない。同条ただし書）。②債権者が保証人の財産に執行してきた場合には，保証人は，主たる債務者に資力があってかつ執行が容易であることを証明して，まず主たる債務者の財産に執行するよう抗弁することができる（検索の抗弁。453条）。ただし，後述する連帯保証では，この補充性がなくなることに注意しなければならない。

2　保証債務の成立

(1)　**保証契約**　　保証債務は，保証人と債権者との間の保証契　★約によって成立する。もっとも，通常は，債権者Aと主たる債務者Bとの間の契約にあたって，主たる債務者Bが第三者Cに保証人になってくれるよう依頼し，その結果保証契約が結ばれることになろうが，保証契約の当事者はあくまでも債権者Aと保証人Cであり，主たる債務者と保証人との間の事情は，保証契約の内容とはならない（主たる債務者から他にも連帯保証人がいるからと頼まれて保証人になったところ実際には他に保証人がいなかった場合でも，

保証契約は保証人の要素の錯誤（改正前95条）による無効とはならないとした判決として，最判昭32・12・19民集11巻13号2299頁がある（なお改正法では錯誤の効果は取消しとなる）。ただしこの判決は，動機の錯誤にはなるとしているので，動機が表示されている等の事実があれば，錯誤主張ができる可能性はある。改正法95条1項2号・2項参照。なおこの点に関して平成29年改正法は，事業に係る債務の個人保証については，主たる債務者に他の担保提供等についての情報提供義務を課し，それに反した場合で債権者がそれを知りまたは知りえたときは，保証人が保証契約の取り消しができるという明文規定を置いたので（465条の10），その範囲ではより明瞭な解決が図られることになろう。後述8参照）。

　なお，従来は民法上，保証契約の成立について特段の規定がなかった。しかし，保証人は無償で一方的に債務の負担を負うことになる。そこで，軽々に契約を成立させないよう，平成16年の民法改正で，保証契約は書面でしなければその効力を生じないという規定を新設した（446条2項。この「書面」はコンピュータ上の電磁的記録によってされたものでもよい。同条3項）。

　(2)　保証人の資格　　一般には，保証人となるためには別段資格を要しないが，主たる債務者が法律の規定（29条1項，576条等の「相当の担保」を供すべき場合に人的担保たる保証人を立てる場合）あるいは債権者との契約によって保証人を立てる義務を負っている場合は，保証人は次の要件を満たす者でなければならない。①行為能力を有する者であること，②弁済の資力を有する者であること（450条1項）。保証契約が取り消されるのを防ぎ，保証契約の履行を確保するためである。したがって，保証人が上記の要件を欠くにいたったときは，債権者は，主たる債務者に対して，上記要件を満たす者を保証人として立てるよう，請求することができる（同条2項）。ただし，債権者が自ら保証人を指名した場合は，

上記の資格もその喪失も問題にならない（同条3項）。主たる債務者が，上記の要件を備えた保証人を立てることができないときは，期限の利益を失い（137条3号），債権者は契約の解除ができることになる（541条）。そこで民法は，その場合には，債務者は他の担保（抵当など）を提供して，保証人に代えることができるものとした（451条）。

(3)　主たる債務の存在　　(a)　前述した付従性により，主たる債務が成立しなかったり，すでに消滅しているときは，保証債務も成立しない。

(b)　主たる債務者が制限行為能力者であっても保証契約自体は有効に成立するが，主たる債務が行為能力の制限を理由に取り消されたときには，保証債務も同様に消滅する。しかし，例外として，主たる債務に行為能力の制限を理由とする取消原因があることを保証人が知っていた場合には，保証人は，主たる債務の取消しがあっても，「同一の目的を有する独立の債務」を負担したものと推定される（449条）。保証人があらかじめその取消原因を知っていて保証契約を結んだ場合には，主契約が取り消されても債権者に損害を及ぼさない意思であったと推定して保証人の責任を認める趣旨の規定である（しかし保証人が一般的に上記のような意思を有するかは疑問であることから，保証人の意思の推定ではなく，保証人の悪意を前提とした取引安全保護の規定とみるべきとする説もある）。なお449条の反対解釈として，行為能力の制限以外の取消原因（詐欺・強迫，さらに95条の錯誤も，平成29年改正によって取消原因となった）については，これを知っていても本条の推定は働かないと考えられている（ちなみに449条の文言では，取消しの場合だけでなく主たる債務者の「不履行」の場合にも保証人が同様の推定を受けるように読めるが，主たる債務者の責めに帰すべき不履行ならば通常の保証人の責任を負う

のは当然であるし，主たる債務者の責めに帰すべき事由によらない不履行の場合には，ここにだけ保証人の独自の責任を認める合理的な理由はないので，同条の「不履行の場合又は」の部分は解釈上無視すべきものとするのが通説である）。

3　保証債務の効力

★　　(1)　債権者・保証人間の効力　　(ア)　**保証債務の内容**　　保証債務の内容は，特約のないかぎり，保証債務の付従性と保証契約の契約内容とによって決定されるが（たとえば，500 万円の主たる債務につき保証した場合は保証債務も 500 万円になるが，特約により 250 万円だけ保証するという契約も有効である），その効力は主たる債務のほか主たる債務に関する利息，違約金，損害賠償その他すべて主たる債務に従たるものに及ぶ（447 条 1 項）。問題となるのは，保証債務が主たる債務の契約解除による原状回復義務にまで及ぶかどうかである。判例は当初，原状回復義務の性質は不当利得返還義務であり，本来の債務とは別個独立の債務であるとして，保証債務には及ばないと解していたが（大判明 36・4・23 民録 9 輯 484 頁），多くの学説の批判を受け，後に最高裁はこれを改め，保証人の責任を認めるにいたった（最大判昭 40・6・30 民集 19 巻 4 号 1143 頁——特定物の売主の保証人の責任に関する事例，最判昭 47・3・23 民集 26 巻 2 号 274 頁——請負契約の不履行に起因する合意解除による請負人の前払金返還義務についての保証人の責任に関する事例）。

　なお，解除に基づく損害賠償義務（545 条 4 項）については，本来の債務と別個のものとは解されていないし，もともと損害賠償は保証債務の範囲内（447 条 1 項）であるから，保証人がこの責任を負うことについては異論がない。

　　(イ)　保証人の抗弁　　保証人に対し保証債務の履行の請求があ

ったとき，保証人は次の抗弁をもってこれに対抗できる。まず，補充性から生じる抗弁として，以下の(a)(b)の二つがあり，(c)は付従性から導かれるものである。

(a)　催告の抗弁　　債権者が主たる債務者に履行の請求をすることなく，いきなり保証人に保証債務の履行を求めてきたときには，保証人は，まず主たる債務者に対して催告してくれと請求できる（452条）。これを催告の抗弁という。これを行使すると，債権者の保証人に対する最初の請求は効力を失う。債権者が，催告の抗弁権の行使を受けたにもかかわらず，主たる債務者に対する請求を怠っていたために（その間に主たる債務者の資力が減少して），主たる債務者から全部の弁済を受けることができなくなったときには，保証人は，債権者が直ちに請求していれば弁済を受けたであろう限度において，その責任を免れる（455条）。なおこの抗弁は，主たる債務者が破産手続開始決定を受けたり，行方不明であるときには，行使できない（452条ただし書）。

(b)　検索の抗弁　　債権者が主たる債務者に催告したあとでも，先に保証人に対して執行してきた場合に，保証人は，主たる債務者に弁済の資力があり，かつ執行の容易であることを証明すれば，まず主たる債務者の財産に対して執行すべきことを主張できる（453条）。これを検索の抗弁という。「弁済の資力」については，債権全額の弁済に足りる資力ではなく，執行容易な若干の資力でよいとの傍論を述べた判決がある（大判昭8・6・13民集12巻1472頁）。ただ，若干といっても少なくとも債権額の相当の部分を弁済しうる資力とみるべきであろう。「執行の容易」さについては，判断の微妙な点があるが，格別な時間と費用を要せずに当該債権を実現できることと解されている。一般論としては，金銭，有価証券などは執行が容易であり，不動産は容易ではないとされ

る。

　保証人が検索の抗弁を行使したときは，債権者は，まず主たる
債務者の財産について強制執行をしないと，保証人に対して再び
請求することができない。保証人から検索の抗弁の行使があった
にもかかわらず，債権者が主たる債務者への執行を怠っていたた
めに主たる債務者から全部の債権の回収がはかれなくなった場合
に，保証人が免責されうることは，催告の抗弁の場合と同様であ
る（455条）。

　　(c)　主たる債務者の有する抗弁の援用　　保証債務の付従性
から，保証人は，主たる債務者が主張できる抗弁をもって債権者
に対抗できる。従来明文規定はなかったが異論のないところで，
改正法457条2項で明文化された。たとえば，主たる債務者が債
権者に対し同時履行の抗弁（533条）をもっている場合は保証人
はそれを行使できるし，また，主たる債務が時効で消滅したとき
は，保証人はその消滅時効を援用することができる。主たる債務
者が時効利益を放棄しても無関係である（大判昭6・6・4民集10巻
401頁）。もっとも，消滅時効完成後に主たる債務者が債務の承認
をし，それを知った保証人も，保証債務を承認した場合には，保
証人は主たる債務の時効の援用によって責任を免れることは，信
義則上許されない（最大判昭41・4・20民集20巻4号702頁等）。

　また逆に，主たる債務者の時効が履行の請求その他の事由によ
って完成猶予または更新となった場合は，保証人にもその効力が
及ぶ（改正法457条1項）。

　加えて改正法は，これまで相殺の抗弁のみについては明文規定
があったのだが（改正前457条2項），それを主たる債務者が債権
者に対して有している抗弁一般に拡張し，さらに直接の抗弁行使
構成から履行拒絶権構成に変えて，「主たる債務者が債権者に対

して相殺権，取消権又は解除権を有するときは，これらの権利の行使によって主たる債務者がその債務を免れるべき限度において，保証人は，債権者に対して債務の履行を拒むことができる」と規定した（改正法457条3項）。

　なおこの履行拒絶権構成への変更は，連帯債務の相殺の抗弁についての改正法439条2項と連動しているだけでなく，これまで存在した，主たる債務者のもっている**取消権を保証人が行使しうるか**という，判例学説上の争点を解決している。かつての判例は，　★★
保証人は民法120条に規定する取消権者にあたらないとして，その行使を認めなかったが，学説はこれには批判的で，保証人の取消権行使権能に関していくつかの説が提示されていた。そのうち有力だったのが，主たる債務者が取消権をもっている間は保証人は履行を拒絶できると解する説であり，改正法はそれを明文化する形となった。

　(2)　主たる債務者・保証人間の効力　　(ア)　主たる債務者に生じた事由　　主たる債務者について生じた事由は，原則として，保証債務の内容を加重するのでないかぎり，すべて保証人にも効力を及ぼす。先に述べた，内容における付従性の表れである。

　たとえば，主たる債務者に対する履行の請求その他の事由による時効の完成猶予および更新は，保証人に対しても効力を生じる（457条1項）。主たる債務者に対する債権が譲渡された場合に，主たる債務者に対して対抗要件（467条）を得れば，保証人に対しても対抗要件を具備したことになる。

　主たる債務者が死亡しても，その債務は相続人によって承継されるから，保証債務も存続する。問題となるのは，相続人が限定承認（915条，922条）をした場合であるが，限定承認をしても主たる債務は消滅せず，ただ相続人の債権者に対する責任が相続財

産の範囲に制限されるだけであるから，保証債務自体には影響がない。

　（イ）　保証人に生じた事由　　保証人について生じた事由は（弁済その他債務を消滅させるものを除き），原則として主たる債務者に効力を及ぼさない。たとえば，保証人が債務を承認しても主たる債務の時効を中断（改正法では更新）しない（大判昭5・9・17新聞3184号9頁）。保証人に対して債権譲渡の通知（債権譲渡の対抗要件）をしても，主たる債務者に通知したことにならない（大判昭9・3・29民集13巻328頁）。なお，連帯保証の場合には，これと異なり，連帯債務の規定が適用されるのだが（458条），改正法では連帯債務について履行の請求・免除が絶対的効力事由から相対的効力事由に変更されているので，連帯保証人に履行の請求や免除をしても主たる債務者に対してはしたことにならない，と変わる点が重要である（458条，441条。5(3)(イ)参照）。

　（3）　債権者の情報提供義務　　委託を受けた保証人の場合，債権者は，保証人から請求があったときは，主たる債務の元本，利息，違約金，損害賠償等についての不履行の有無等について情報を提供しなければならない（改正法458条の2）。また，個人保証の場合，債権者は，主たる債務者が期限の利益を失ったときは，その利益の喪失を知った時から2か月以内に，保証人にその旨を通知しなければならない（改正法458条の3第1項）。期間内に通知をしなかった場合は，期限の利益を喪失した時からその旨の通知をした時までの遅延損害金が請求できなくなる（同条2項）。

4　保証人の求償権

　（1）　序説　　保証人が主たる債務者に代わって債権者に弁済した場合は，保証人は主たる債務者に求償できる（これに対し，主た

る債務者が弁済した場合には求償の問題は生じない)。保証人Cの弁済は，債権者Aとの関係では，A・C間の保証契約に基づく自己の債務の履行であるが，主たる債務者Bとの関係では，いわば他人の債務の弁済である。保証人は，主たる債務者から依頼されてなるのが通常であるが，その内部事情は多様であり，ときには主たる債務者に頼まれずに保証人となる場合もありうる。したがって，理論的には，保証人の求償権は，主たる債務者から依頼を受けて保証人になっていた場合には，委任事務処理のための費用の償還請求（649条，650条）にあたり，依頼を受けずになっていた場合は事務管理費用の償還請求（702条）の問題になる。しかし民法は，これらの規定に相当する特別規定（459条以下）を設けたので，もっぱらこれらの特別規定が適用される。

　(2)　委託を受けた保証人の求償権　　(ア)　事後求償権　　保証人の出捐行為によって主たる債務者が免責を受けた場合，保証人は求償権を行使できる（459条1項）。求償権の範囲は（連帯債務の場合と同じで），弁済額のほか，免責のあった日以後の法定利息および避けることのできなかった費用，その他損害賠償に及ぶ（459条2項，442条2項）。

　ただし委託を受けた保証人は弁済をなす前に主たる債務者にその旨の通知をしなければならず，この事前の通知を怠ると，求償権の制限を受けることがある（463条1項）。すなわち，主たる債務者は債権者に対してもっていた抗弁権を行使して保証人に対抗できるし，主たる債務者が二重弁済をした場合には主たる債務者が自己の弁済を有効とみなしうる。二重払いを避け，主たる債務者の抗弁権行使の機会を確保するための規定である。なお，逆に主たる債務者のほうが弁済しながら保証人（委託を受けた）に対する通知を怠り，保証人が善意で二重に弁済した場合には，保証人

は自己の弁済を有効とみなすことができる（463条2項）。

　さらに，保証人の債務消滅行為があった後に主たる債務者が債務消滅行為をした（つまり二重払いをした）ケースについては，主たる債務者の意思に反する無委託保証人の場合は（事後の通知を怠ったかどうかにかかわりなく）保証人の求償時までに主たる債務者が債務消滅行為をしていたときは主たる債務者に求償できず，そのほか委託を受けた保証人や債務者の意思に反しない無委託保証人が主たる債務者に対する事後通知を怠ったために主たる債務者が善意で二重弁済等をした場合には，主たる債務者が自己の債務消滅行為を有効であったものとみなすことができる（463条3項）。

　(イ)　事前求償権　　委託を受けた保証人は，例外的に次の三つの場合には，出捐行為等をする前に，求償権を行使することができる（改正法460条）。①保証人が過失なくして債権者に弁済すべき裁判の言渡しを受けたとき（改正前459条1項から460条3号へ移動）。②主たる債務者が破産手続開始決定を受け，かつ債権者がその財団の配当に加入しないとき（460条1号）。この場合，保証人は求償権をもって破産財団の配当に加入することができる。③債務が弁済期にあるとき。ただし，保証契約後に債権者が主たる債務者の弁済期を延長しても，債務者はこれをもって保証人に対抗できず，保証人は当初の弁済期がくれば求償権を行使できる（同条2号）。これらは，主たる債務者の無資力によって，委託を受けた保証人が損失を被ることのないようにはかった規定である。

　もっとも，主たる債務者は，保証人が事前の求償権を行使してきても，無条件でそれに応じる必要はない。なぜなら，求償に応じても，保証人のほうで債権者に弁済してくれない可能性が残されているからである。そこで，保証人の弁済を確実にするため，主たる債務者は，保証人に担保の提供を求めたり，自己の免責を

請求したりすることができ（461条1項），あるいは，保証人に対して償還すべき金額を供託したり，担保を提供したり，または保証人を免責させて，事前の求償を拒絶することもできる（同条2項）。

　(ウ)　弁済期前に弁済した場合の求償権　　保証人が，主債務の弁済期が来る前に保証債務を履行することは許される。しかしその場合，保証人は主たる債務者の期限の利益（弁済期が来るまでは弁済しなくてよい）を害することは許されない。したがって，求償が可能になるのは，主たる債務の弁済期が到来してからである（改正法459条の2第3項）。

　(3)　委託を受けない保証人の求償権　　委託を受けない保証人も（事前求償権はもたないが），実際に自己の出捐により債務を消滅させたときは，主たる債務者に求償することができる。これは事務管理の場合にあたるが，次の二つの場合に分けて規定がなされている。なお，保証人が出捐行為に際し主たる債務者への事後の通知を怠ったときに求償権の制限を受けることは，委託を受けた保証人の場合と同様である。なお，委託を受けない保証人の場合はそもそも事前通知義務は規定されていない（改正法463条1項参照）。

　(ア)　委託を受けないが，保証人となったことが主たる債務者の意思に反しない場合は，保証人の出捐行為の当時に主たる債務者が利益を受けた限度で求償することができる（462条1項が準用する459条の2第1項）。すなわち，求償権の範囲として，利息，費用，損害賠償を含まない。

　(イ)　保証人となったことが主たる債務者の意思に反する場合には，さらに範囲が狭く，求償の当時に主たる債務者が利益を受ける限度で求償しうるにとどまる（462条2項）。たとえば，AのB

に対する100万円の債権につき，Bの意思に反して保証したC
が100万円をAに弁済し，Bが免責を得た後，BがAに対して
40万円の反対債権を取得した場合，その後にCがBに100万円
を求償しても，BはAに対する40万円の反対債権をもってCの
求償権と相殺することができ，結局BはCに60万円だけ給付す
ればよいことになる。なおその結果，BのAに対する40万円の
債権はCに移転し，CはAに40万円を請求できる（462条2項後
段）。

　(ウ)　委託を受けない保証人が主たる債務の弁済期が来る前に弁
済をしても，求償権を行使できるのは主たる債務について弁済期
が到来して以後である（462条3項による459条の2第3項の準用）。

　(4)　主たる債務者が数人いる場合の保証人の求償権　　(ア)　主
たる債務者全員のために保証人となった場合　　たとえば主たる
債務者が3人いて，その全員のために保証人となって弁済した場
合は，主たる債務が分割債務であれば求償権も各債務者について
分割債務となる。同様に，主たる債務が不可分債務であれば求償
権も各債務者について不可分債務，連帯債務であれば求償権も各
債務者について連帯債務となる。

　(イ)　主たる債務者の中の1人のために保証人となった場合
①たとえば，債務総額900万円につきB・C・Dが各自300万円
の分割債務を負っていて，EがBの保証人になったのであれば，
EはBの債務300万円の保証債務を負うのみであるし，求償も
Bに対し300万円の限度でなしうるのみである。②主たる債務が
不可分債務または連帯債務の場合は，前例でいえば保証人Eは
Bに対して弁済した全額の求償をし，Bから他の債務者C・Dに
その負担部分を求償することになるわけであるが，民法はこの二
度手間を省略するために，Eは，保証しなかったC・Dに対して

もその負担部分につき直接求償ができるものとした（464条）。たとえば，B・C・D が 900 万円の連帯債務を負っていて，E が B だけの保証人であった場合（E はその場合にも，B が全額の支払義務を負う以上，900 万円全額の弁済責任を負う），E が 900 万円を弁済すれば，当然に C・D の債務も消滅するから，E は，B に 900 万円全額を求償してもよいことはもちろんだが，B・C・D が各 300 万円の負担部分を有している場合ならば，C・D に対しても直接各 300 万円の求償ができることになる。

(5)　保証人の代位権　　債権者が，主たる債務者に対して，その債務の履行を確保するために他に抵当権や質権などの担保も有していた場合には，弁済をした保証人は，債権者に代位して，その担保権等を行使することができる（499条，501条。詳しくは第7章 II 1 (4)参照）。

5　連帯保証

(1)　意義と性質　　連帯保証とは，保証人が，主たる債務者と連帯して債務を負担する特約のある保証である。連帯保証もまた保証債務の一種であり，主たる債務に付従するので，付従性から生じる効果については，通常の保証債務と同様であるが，連帯保証には，通常の保証と異なり，補充性がないことが，最大の特徴である。したがって，連帯保証人は，「催告の抗弁権」「検索の抗弁権」をもたない。そのため，債権者は，主たる債務者の資力の有無にかかわらず，直ちに連帯保証人に債権全額の請求ができる。このように，債権の担保的効力が大きいので，連帯保証は，今日の取引社会では，事実上保証の原則形態となっているといわれるほど，広く利用されている。

(2)　成立　　連帯保証が成立するためには，保証契約において

とくに「連帯」である旨の特約があることを必要とする。なお，主たる債務が商行為によって発生したものであるとき，または保証契約が商行為にあたるときは，その保証は連帯保証となる（商511条2項）。もっとも，連帯保証も普通保証同様に付従性を有しているため，主たる債務者と債権者との間の法律行為の無効または取消しによって主たる債務が効力を生じないときは，連帯保証も成立しないこととなる。

(3)　効力　　(ア)　債権者・連帯保証人間の効力　　債権者が連帯保証人に対して有する権利は，連帯債務者に対して有する権利とほとんど異ならない。前述したように，連帯保証には補充性がなく，連帯保証人は，催告および検索の抗弁権を持たないので，債務者の不履行があった場合，債権者は連帯保証人への直接の請求が可能である。ただし，付従性はあるから，主たる債務が取り消されたりして存在しなくなれば，債権者が連帯保証人にも請求できなくなることは当然である。また，同一債務につき連帯保証人が数人あっても，各連帯保証人は（各人が全額の保証責任を負うのであって），共同保証としての分別の利益はもたない（共同保証については次に述べる）。

(イ)　主たる債務者・連帯保証人間の効力（影響関係）　　主たる債務者または連帯保証人について生じた事由の両者間の効力については，民法は，連帯債務の規定を一部準用する（458条による438条，439条1項，440条の準用）。つまり，更改，相殺，混同の三つについては，主たる債務者と連帯保証人のどちらに生じても絶対的効力を生ずることになる。しかし，それ以外は保証債務の基本的性質から考えればよい。

(a)　主たる債務者について生じた事由の効力は，普通の保証と同様に，すべて連帯保証人に及ぶと考えられている。この場合

は，連帯債務の規定によるより，保証債務の付従性の原理に従わ
せるのが適当と考えられるからである（判例・通説）。たとえば，
主たる債務者に時効の完成猶予および更新の事由が生じた場合は，
保証債務の規定により，すべての完成猶予および更新事由は連帯
保証人にも効力を及ぼす（457条1項）とみるのである。保証であ
る以上，主たる債務が残っているのに連帯保証債務だけが時効で
消滅するのは適当でないから，この結論は妥当である。

　　(b)　逆に連帯保証人に生じた事由は，改正法458条によって，
連帯債務の規定の一部が準用される。改正法438条（更改），439
条1項（相殺），440条（混同），441条（相対的効力の原則）がそれで
ある。つまり，更改と相殺と混同については，それらの事由が連
帯保証人に生じれば主たる債務者にも影響する（絶対的効力を持
つ）。ここでは，改正前の規定で，連帯保証人に対する請求と免
除が絶対的効力事由であった（改正前434条と437条）点が変更さ
れ，連帯保証人に請求や免除をしても主たる債務者には影響しな
いことになった点が重要である。

　(ウ)　連帯保証人と主たる債務者との求償関係　　連帯保証人の
主たる債務者に対する求償関係は，普通の保証と同様である。

　(4)　**連帯債務との異同**　　連帯保証は，連帯債務との類似点も　★
多いが，連帯保証には，連帯債務にない付従性があり，連帯債務
で通常観念される負担部分がない点が異なっている。全員を債務
者とする連帯債務のほうが一見債権者にとって債権確保のために
強力な形態にみえるが，債権の効力は実際にはほとんど変わらず，
かえって連帯保証のほうが債権の維持が楽な点もあり（連帯保証
ならば基本的に保証の付従性を利用して主たる債務者だけを対象に時効の更
新等の債権管理をすればよい。また債権者が当該債権を第三者に譲渡する場
合も，連帯債務では債務者全員に通知するかまたは全員の承諾を取らないと

残りの債務者に対抗できないが，連帯保証では主たる債務者にさえ通知（承諾）すれば保証人にも対抗できる），実務では以前から連帯保証のほうが多用されてきた。加えて平成29年改正では，連帯債務における請求を絶対的効力事由から相対的効力事由に変更したため，債権管理上，連帯保証が一層有利になったといえる（連帯債務では請求は全員にしなければ時効完成等を防げないが，連帯保証ならば，保証の付従性から主たる債務者に請求するだけで足りる）。

6　共同保証

（1）**意義と種類**　　同一の主たる債務について数人の保証人がある場合を，共同保証という。数人の保証人が，①普通保証人である場合と，②連帯保証人である場合，さらに，③保証人相互間に全額弁済すべき旨の特約（後述の分別の利益を放棄する特約）のある場合に分かれる。最後の③の場合は，とくに**保証連帯**と呼ばれる。保証連帯は，主たる債務者と保証人との関係では普通の保証であっても（したがって連帯保証と異なり，補充性がある），複数の普通保証人の間に連帯関係がある場合である。

（2）**分別の利益**　　普通の共同保証人は，**分別の利益**を有する。分別の利益とは，複数の保証人が，債権者に対しては平等の割合で分割された額についてのみ，保証債務を負担すればよいというものである。すなわち，たとえばC・Dの2人がBのAに対する500万円の債務につき普通の保証をした場合は，2人とも250万円ずつ負担すればよいのである。この分別の利益は，共同保証人C・DがBの債務につき2人一緒に債権者Aと保証契約を結んだ場合でも，個別に契約した場合でも同様に存在する（456条）。しかし，連帯保証のとき，保証連帯のとき，および主たる債務の目的が不可分なときは，分別の利益はなく，共同保証人各人は，

図11　共同保証の類型

①普通保証人による共同保証

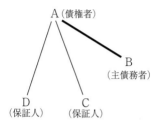

②連帯保証人による共同保証

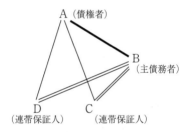

③普通保証人の相互間に保証連帯のある共同保証

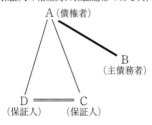

（注）

主たる債務	保証債務	連帯関係

債務額の全額に保証責任を負う。

　(3)　共同保証人相互間の求償　　分別の利益があるときは，各共同保証人は，主たる債務者に対して各自の弁済した負担部分につき求償権を取得することはもちろんであるが，もし共同保証人の1人が自己の負担部分以上の弁済をした場合は，他の共同保証人に対する関係では，あたかも前述の債務者から委託を受けない保証人が弁済した場合と類似するので，その規定（462条）が準用され，負担部分以上の弁済をした共同保証人は，他の共同保証人に対しても求償権を取得する（465条2項）。

　分別の利益がないときは，各共同保証人は，債権者に対して全額弁済の義務がある。そこで，1人の共同保証人が全額または自己の負担部分を超える額を弁済して他の共同保証人を免責させれば，他の共同保証人に対して，連帯債務者相互間と同様な求償権（442条〜444条）を有することとした（465条1項。ただしここでは連帯債務との違いに注意すべきである。連帯債務のほうでは，弁済額が負担部分を超えなくても，負担割合で求償できると考えられている。本章Ⅳ3(4)(ア)参照）。もっとも，分別の利益のない場合の共同保証人の間に，すべて連帯債務関係を認められるかは問題である（前頁の図11でいえば，③の保証連帯の場合にC・Dの間に連帯債務関係を認めるのはよいが，②のC・D相互間にはどうか）。判例は，債権者Xが連帯保証人Y・ZのうちZのみを免除した事例で，Y・Zの間に保証連帯の特約があるか商法511条に該当する場合でなければ，Y・Z間には連帯債務ないしこれに準じる法律関係は生じないとして，Zに対する免除はYに対しては影響を及ぼさない（改正前437条は準用されない）としている（最判昭43・11・15民集22巻12号2649頁）。しかし学説には反対するものも多い。

7 継続的保証 ★

　継続的売買取引ないし継続的信用取引から生じる債務の保証（根保証，信用保証）や，被用者の債務の保証（身元保証），賃借人の債務の保証などを一括して，継続的保証（あるいは広義の根保証）と呼ぶ。これらには，通常の保証にみられない特有の問題がある。以下には，それぞれの特徴を中心に考察する。

　(1) **根保証・信用保証**　　(ア) **意義**　　狭義の**根保証**ないし信用保証と呼ばれるものは，卸商と小売商との売掛取引とか，銀行と商人との間の当座貸越契約とかの，一定の継続的取引関係から生じる将来の債務を保証するものである。主たる債務の額が未確定で，増減があるところに特徴がある。通常は，保証期間や保証限度額を定めて（たとえば「5年間で極度額3000万円まで」というように）契約する。

　しかし根保証は，一度の契約で何回もの取引をまとめて保証するので，債権者には大変便利であるが，保証人にはそれだけ長期に大きな負担が課されることになる。そこで，平成16年改正では，個人のする貸金債務等の根保証については，以下に述べるように責任を制限する規定を新設した（ただしこれはいわばとりあえずの個人保証人の保護策であり，8以下に後述する平成29年改正法によって，より広範な保護規定が置かれることになる）。

　(イ) **保証債務の範囲**　　たとえば，「A・B間の売掛取引から生じる債務」と約定されればその範囲に限定されるが，「BがAとの間に発生せしめる一切の債務を保証する」という契約（これを包括根保証という）も有効とされている。

　(ウ) **保証限度**　　極度額すなわち保証限度額が契約に定められていない場合には，保証人に過重な負担が課せられることになるので，合理的な制限が加えられるべきである。これまでの判例も，

このような場合の保証人の責任は，取引の通念上相当な部分にとどまると判示していたが（大判大15・12・2民集5巻769頁），平成16年改正により，個人のした貸金債務等の根保証契約は極度額の定めのない場合には無効とされることになった（465条の2第2項。したがって，それら以外の，たとえば法人のする根保証は極度額の定めがなくても有効である。ただし，法人のする貸金等についての根保証で，その保証人（法人）の主債務者への求償権についてさらに個人が保証をしているというケースであれば，その求償権保証契約の部分は無効である。465条の5）。

(エ)　保証期間と元本確定期日の概念　　一般論としては，保証契約に定めがあれば，もちろんそれに従う。かつての判例は，期間の定めがなくても，公序良俗に違反して無効とはいえない（最判昭33・6・19民集12巻10号1562頁）とし，保証期間の定めがない場合には，保証人は，相当の期間の経過後は保証契約を将来に向かって解除することができると解し（大判大14・10・28民集4巻656頁等），同様に，保証期間の定めがない契約で保証人の主債務者に対する信頼関係が害されるに至った等，保証人として解約申入れをするにつき相当の理由がある場合も，特段の事情がない限り，保証人から一方的に解約申入れができる（最判昭39・12・18民集18巻10号2179頁）としてきた。この点についても平成16年の改正は，個人のする貸金債務等の根保証については，**元本確定期日**の規定を置くことによって一定期間内に責任が限定されるようにした。確定期日を契約で定めている場合であれば最長5年以内，定めていなければ3年で元本が確定し（465条の3第1項・2項），その時点の元本金額に保証責任が限定されるとしたのである。

(オ)　保証債務の相続性　　通常の保証の場合，相続開始前に発生した具体的な保証債務を相続人が相続するのはいうまでもない。

問題は，根保証などで，具体的な保証債務が未発生でも，基本保証債務を相続するかである。判例は，保証期間および限度額の定めのない包括根保証債務の相続性を否定している（最判昭37・11・9民集16巻11号2270頁）。さらに，そのような包括根保証でないものについては相続は発生するものの，平成16年改正は，個人のする貸金債務等の根保証については，465条の4第3号で，主債務者または保証人の死亡を元本確定事由の一つとした。これによって，保証人の相続人は，保証人の死亡時に存在し確定した主債務についてのみ，保証債務を相続すればよいことになった。

(2)　賃借人の債務の保証　　(ア)　意義　　賃貸借契約から生じる，賃料債務，賃借物保管義務，目的物返還義務等を保証するものである。継続的保証の中でも特有の問題点は以下のようなものである。

(イ)　保証期間　　原則として賃貸借契約の存続期間である。賃貸借契約が更新されても，保証契約は更新されるわけではない（大判大5・7・15民録22輯1549頁）。ただし借地借家法，旧借地法，旧借家法，農地法などの規定によって，期間の更新が原則的に認められている場合は，保証債務も継続すると解されている。

(ウ)　賃借権の譲渡・転貸　　賃借人が賃貸人の承諾を得て賃借権を譲渡した場合（612条）は，保証債務は当然に消滅する。また，賃借人が賃貸人の承諾を得て賃借権の目的物を転貸した場合（同条）は，転貸人は転借人の債務について責任を負うのでその限りで保証債務も存続するが，転貸人の保証人は転借人の債務について保証責任を負うわけではない。

(エ)　相続性　　判例は，相続性を認めている（大判昭9・1・30民集13巻103頁）。根保証のように負担が急に過重になる可能性もないので，まず肯定してよいであろう。

(3)　身元保証　　(ｱ)　意義　　身元保証とは，雇用契約に際し，被用者が雇用期間中に使用者に与えるかもしれない損害を保証人が担保する契約である。広義の身元保証の中には，①狭義の身元保証，すなわち被用者の職務怠慢による債務不履行や横領による不法行為等によって被用者が使用者に対して負担する損害賠償債務を主たる債務とする，一種の根保証契約と，②その損害賠償債務の担保に加え，被用者の病気によって使用者が被った治療費その他の損害など，使用者が被用者を雇用することによって被るであろう一切の損害を担保する契約がある。②は，必ずしも主たる債務の存在を必要としないので，保証契約というよりも，一種の損害担保契約であるとされる。さらに，③身元引受と呼ばれる形態があり，これは②と同義に考えられる場合と，被用者の身上に関する全責任を引き受けるという意味で，被用者の病気の場合に身柄を引き取る等の責任までを含むとして②と区別する場合がある。

(ｲ)　特別法による規制　　身元保証は，その責任が広範で無限定であるため，保証人に過酷な結果を生じる例が多かったことから，昭和8年に「身元保証ニ関スル法律」が制定された。同法では，身元保証，身元引受，その他名称のいかんを問わず，被用者の行為により使用者の受けた損害の賠償を約する契約は，すべてこの法律で規制されることとした。その要点は，以下の通りである。

(a)　保証期間　　契約に定めがないときは，契約成立の時から通常は3年，商工業見習者の場合は5年とする（身元保証1条）。保証期間の定めがある場合にも，5年を超えることはできない（同2条）。

(b)　通知義務と契約解除権　　使用者は，被用者に不適任・

不誠実な行いがあったり，身元保証人の責任を加重するような任務の変更等があったりしたときは，その旨を身元保証人に通知しなければならない（同3条）。身元保証人は，その通知を受けたとき，および通知がなくてもその事実を知ったときは，契約を将来に向かって解除することができる（同4条）。

(c)　強行法規性　　この法律に反する特約で，身元保証人に不利なものは，すべて無効である（同6条）。

(d)　非相続性　　規定はないが，身元保証債務は，身元保証人と被用者との強い人的信頼関係を基礎にしているから，相続されないと考えられている（大判昭18・9・10民集22巻948頁等，通説）。

(4)　機関保証　　最近，中小企業が金融機関から融資を受ける際に，信用保証協会等の保証専門機関から保証を受けるケースが増えている。信用保証協会（国の資金を入れた，信用保証協会法に基づく特殊法人である）は，十分な担保物をもたない者でも融資が受けられるように，中小企業から保証委託料を取って保証をするものであるが，債権者にとっては（保証機関から必ず弁済が受けられるので）大変安全である反面，焦げつきのリスクを負う保証機関のほうは，債務者への求償を確保・強化するための様々な手段を保証契約中の約款で講じている点に特徴がある（保証機関と債務者との間の求償権の利率に関する特約や，保証機関と他の物上保証人との間の代位割合に関する特約の，第三者に対する効力を認めた判例として，最判昭59・5・29民集38巻7号885頁がある。代位については，なお第7章Ⅱ1(4)参照）。

8　個人保証人の保護の強化　　★

(1)　個人根保証契約　　平成29年の改正法は，個人保証人の保護にいっそう力を入れることになった。まず，個人がする貸金等の根保証契約の保証人に関する保護規定（改正前465条の2）を，

175

個人がする根保証契約の保証人の保護全般に拡張したのである（改正法465条の2）。したがって，改正前465条の2の内容が，個人のする根保証契約ならば貸金等の債務が含まれるか否かを問わずに（前述の賃貸借契約の保証などでも）適用される。すなわち，個人の根保証契約は，極度額を定めなければすべて無効となる（改正法465条の2第2項）。

　また，元本確定事由（その事由が起こればそれ以上保証すべき主たる債務の元本が増えない）としては，改正前の465条の4に規定されているものが，個人貸金等根保証契約から個人根保証契約全般に拡張される。すなわち，「債権者が，保証人の財産について，金銭の支払を目的とする債権についての強制執行又は担保権の実行を申し立てたとき」（ただし，強制執行または担保権の実行の手続の開始があったときに限る），「保証人が破産手続開始の決定を受けたとき」「主たる債務者又は保証人が死亡したとき」の三つの場合である（同条第1項）。これに対して，債権者による主たる債務者の財産に対する強制執行または担保権の実行，および，主たる債務者の破産手続開始については，貸金等根保証契約に限って元本確定事由となる（同条第2項）。

　なお，前述の元本確定期日の概念（465条の3）は，改正法でも改正前と同じく個人のする貸金等の根保証契約に限定される。

★★　(2)　**事業債務についての個人保証契約**　今回の改正法は，事業に係る債務を個人が保証する契約について，形式要件や主債務者の義務を強化して保証人の保護を図る規定を新設した。それが，465条の6から465条の10までの規定である。

　(ア)　**公正証書の作成と保証の効力**　改正法は，個人が事業債務の保証をする場合には，その保証意思の確認をいっそう厳格にし，公正証書で保証意思を表示しなければ無効とすることにした。

すなわち,「事業のために負担した貸金等債務を主たる債務とする保証契約」または「主たる債務の範囲に事業のために負担する貸金等債務が含まれる根保証契約」で保証人が個人であるものについては,契約締結の日前1か月以内に作成された公正証書で保証人になろうとする者が保証債務を履行する意思を表示していなければ,その効力を生じないとしたのである(改正法465条の6第1項,個人に限定されることは同条3項)。つまり,金額やリスクが大きいと考えられる事業債務について,公証人の前で意思確認を行わせることにしたのである。

そしてその公正証書の作成方式については,公正証書遺言の作成方式(969条)と同様に,保証人になろうとする者が公証人に保証意思を口授(口頭で伝えること)し,公証人がそれを筆記して読み聞かせまたは閲覧させる方式が採用された(改正法465条の6第2項。保証人になろうとする者が口がきけない場合については改正法465条の7が定める。969条の2参照)。また以上の規定は,主たる債務者に対する保証人の求償権を保証する契約についても同様に適用される(改正法465条の8)。なお,ここで要求される公正証書はあくまでも保証意思を表示する証書であり,保証契約自体を公正証書にすることが要求されているわけではない。

ただこれらの規定には重要な例外がある。いわゆる経営者保証と呼ばれる,主たる債務者が法人である場合のその法人の理事,取締役,執行役またはそれらに準ずる者(改正法465条の9第1号)とか,その法人の総株主の議決権の過半数を有する株式会社株主(同条2号)などが個人保証人となる場合については,公正証書による意思確認は要求されない。ことに前者のいわゆる経営者保証(経営者が自分の会社の債務を保証する)は,ある意味で経営者が自己の経営する会社のリスクを負うのは当然ともいえ,また,金融法

的には，このような保証を取らないと経営者が有限責任をいいことに放漫経営をしてしまうおそれもある（モラル・ハザードという）からである（しかし金融庁は，2023 年から，この経営者保証について実質的に制限する政策をとることを表明している。事業承継を円滑にしたり，起業をしやすくするためという。このように，これからの民法債権総論〔ことにこの保証や次の債権譲渡など〕の学習は，取引社会の実態や官公庁の政策などを考察しながらする必要がある）。

　そして，もう一つ例外が規定されている。それが，法人ではない主たる債務者と共同して事業を行う者，またはその主たる債務者が行う事業に「現に従事している主たる債務者の配偶者」が保証人となる場合である（同条 3 号）。このうち，前者の共同事業者はよいとして，後者の主たる債務者の配偶者はいささか問題である。「現に従事している」という要件はあるが，配偶者が名前だけの役員となっているような場合がどう判断されるのか。配偶者は保証人になることを断りにくく，また家庭崩壊につながる危険もあることから，施行後も議論が残る点と考えられる。

　（イ）　情報提供義務　　改正法は新たに，事業に係る債務の場合，主たる債務者が個人保証人に対して契約締結時に情報提供をすることを義務づけた（改正法 465 条の 10）。提供すべき情報は，財産および収支の状況，主たる債務以外に負担している債務の有無，ならびにその額や履行状況，主たる債務について他に担保として提供し，または提供しようとするものがある場合はその旨および内容，などである（同条 1 項）。それらの情報を提供しなかったり，誤った情報を提供したために保証人となる者が誤認をして保証人となることを承諾したような場合には，債権者がその状況を知りまたは知ることができたときは，保証人は保証契約を取り消すことができる（同条 2 項）。

第6章　債権譲渡と債務引受

I　序　説

1　債権譲渡，債務引受とは

債権や債務は，契約によって第三者に移転することができる。債権者Ａが債務者Ｂに対する債権をその同一性を変じることなく第三者Ｃに譲渡し，譲受人Ｃが新債権者となる契約を「債権譲渡」と呼び，逆に債務者ＢがＡに対する債務を（Ａの承認を得て）第三者Ｄに引き受けさせて，以後Ｄのみが新債務者となるか，またはＢとＤの両者が新債務者となるかのいずれかの契約を「債務引受」と呼ぶ。さらに，契約当事者たる地位の承継，すなわち契約当事者の一方が第三者に対し，自己の債権を譲渡し債務を引き受けさせ，加えて当事者の地位に付随する取消権や解除権をも含めて移転する契約を，「契約譲渡（契約上の地位の譲渡）」「契約引受」などと呼ぶ。わが民法は，これまで債権譲渡についてしか規定がなく，債務引受以下については平成29年の改正法で初めて規定が置かれた。

ローマ法の初期には，債権は人と人とを結ぶ「法鎖」として，譲渡が認められていなかったが，近代法典では，いずれも債権の譲渡性を承認している。譲渡性の確立した債権は，今日では，財産権として所有権等の物権にも勝るほどの重要性を持つにいたっている。債務の移転が承認されたのは，さらに新しいことで，ド

イツ民法やスイス債務法では規定が置かれたが，フランス民法には制度としてはまだ規定されていなかった。わが国でも，これにならって規定は置かれなかったが，今日では債務の移転についても社会的需要があることは明らかであり，債務引受・契約譲渡ともに判例・学説の形成も進んできているので，今回の規定の制定に至ったものである。

2 債権の譲渡性

わが民法では，明文で債権の譲渡性を一般に認めた（466条1項本文）。しかし，債権においては，物権の場合と異なり，例外的に譲渡性が制限される場合がある。

(ｱ) 債権の性質による制限　たとえば，画家に肖像を描かせる債権のように，債権者（肖像を描かせる者）が変わってしまえば給付内容が全く変わってしまう債権は，本質的に譲渡性がない（466条1項ただし書）。また賃借権のように，債権者（賃借人）の人的特定性が重要な債権も，原則的には債務者（賃貸人）の承諾なしには譲渡できない（612条1項）。

★★ (ｲ) 当事者意思による制限（**譲渡制限特約**）　改正前の規定では，「当事者が反対の意思を表示した場合」すなわち債権者・債務者間で譲渡禁止の特約がなされた場合は，譲渡性は失われるとされていた（改正前466条2項本文。なお，同項ただし書では，その意思表示は善意の第三者には対抗できないとの規定があったのだが，この規定についても判例が「善意無重過失」を要求するに至って，機能する範囲がかなり狭められていた）。このような規定は，今日の立法としては世界的にみると非常に少数例に属する。起草当時は，取立業者がはびこることを防ぐ意図があったようであるが，この譲渡禁止特約は，次第に銀行取引などで広範に行われるようになり，それももっぱ

ら金融機関が，事務の煩雑化を避けたり自らの相殺の可能性を確保するために用いるという，立法当時に想定された機能とは異なった用法で用いられるようになってきた。さらに現代では，これが一般の売掛金債権や請負報酬債権等にもかなり多く付される状況になり，後述する債権譲渡による資金調達の阻害要因となっていることが問題視されるようになってきていたのである。ここにおいて，平成 29 年改正法は，この譲渡制限特約について，以下のような複雑な大改正を施すに至った。

(a) 改正の基本思想　債権譲渡がこの四半世紀に資金調達手段として大発展をとげたことからすれば，債権譲渡による資金調達のさらなる円滑化を目指すのが一つの改正の方針になるべきであったとも思われるのであるが，改正法は，逆に債務者保護（債務者の支払先固定の利益等の保護）にも配慮をした。つまり，譲渡制限特約のついた債権の譲渡を有効としながら，譲渡制限特約も実質有効とするという，折衷的な規定を置いたのである。その結果，平成 29 民法改正が目指した「国民にわかりやすい立法」とは裏腹の，複雑でわかりにくい立法になり，かつ，実務では実効性が疑われているところがある。

(b) 制限特約付き債権の譲渡の有効性　改正法 466 条 2 項は，「当事者が債権の譲渡を禁止し，又は制限する旨の意思表示（以下「譲渡制限の意思表示」という。）をしたときであっても，債権の譲渡は，その効力を妨げられない。」と規定した。これは改正前の考え方の根本を覆すものである（改正前の規定については，判例・通説は，譲渡禁止特約付きの債権を譲渡した場合は物権的に無効であるとしていた）。したがって，この 2 項の規定からは，譲渡制限特約付きの債権も譲渡担保や流動化取引の対象となしうることになった（なお，改正法の条文が「譲渡制限の意思表示」としたことは，契約

以外の単独行為でする場合もあるからという理由とのことだが，さしたる実質的変化はない。もともと改正前の規定でも条文上は「反対の意思を表示した場合」となっていたのであって，「譲渡禁止特約」という文言が規定されていたわけではない）。

　端的にいえば，この2項を置くだけなら債権譲渡による資金調達の活発化を図ることに大いに貢献すると思われる（諸外国でも，アメリカ統一商事法典や国連国際債権譲渡条約など，譲渡禁止特約の対外効を全部または一部の債権について禁止している規定の例があり，もちろんこれらが資金調達の上ではもっとも望ましいやり方である）。しかし今回の改正法については，次の3項で制限（禁止）特約も実質有効としたため，資金調達実務においては，実効性に大きな疑問が投げかけられるに至っている。

　(c)　譲渡制限特約の有効性　　改正法466条3項は，「前項に規定する場合には，譲渡制限の意思表示がされたことを知り，又は重大な過失によって知らなかった譲受人その他の第三者に対しては，債務者は，その債務の履行を拒むことができ，かつ，譲渡人に対する弁済その他の債務を消滅させる事由をもってその第三者に対抗することができる。」と規定した。

　3項を置いた主たる理由は，債務者の支払先固定の利益の保護ということのようである。しかしこの3項で譲渡制限特約も実質有効としたため，金融実務界では，顧客のしている有効な特約に反する譲受けに対しては否定的な反応が強い。つまり，有効な制限ないし禁止の特約があるとわかっていて譲り受けるのはコンプライアンス（法令遵守）違反であろうし，特約が有効ならそれに違反して譲渡するのは譲渡人としては債務者との間の契約の債務不履行になるのではないか，という論点が惹起されたわけである（これらは至極もっともな反応であり，改正法466条は，新規定に対する市

民や取引社会の反応の予測・検討が不十分な立法であることは否めない）。

これに対応すべき学説はいくつか考えようとすれば考えられる。たとえば，3項の規定は債務者の支払先固定の利益だけを確保するだけのものだから，ここでいう「譲渡制限の意思表示」は，いわゆる「特約」にまで至っていないものであって，「弁済先を固定するための特別な抗弁」にすぎないと考え，それに反しても解除など債務不履行の効果は生じないとする，あるいは譲渡することは債務不履行にあたるとしても，通常はそれによって賠償すべき損害の発生が認められない，などの構成である（ただこういう新解釈を提示しなければならない立法というのは，法律上の論点をいたずらに増やすもので適切ではない）。

さらに，改正法466条3項は，悪意重過失の第三者には制限（禁止）特約を対抗しうるということで，結局，悪意重過失の要件は改正前と変わらない（むしろ明文化されて改正前よりも明瞭になった）。ということはつまり，①制限（禁止）特約も有効とし，②悪意重過失要件も明示的に残したことで，従来から問題点とされているところがすべて残ることになったのである。譲り受ける側は，重過失と言われないように調査せざるをえないこと（それが一部下級審判決では義務化されている）などの問題は変わらないのである。

この点は，銀行預金に譲渡禁止特約が付いていることは周知の事実として重過失は悪意と同視できるとした昭和48年判決（最判昭和48・7・19民集27巻7号823頁）がすべての始まりで，その後実務では，譲り受ける側は預金債権以外についても自衛のためにこの禁止特約の有無を調査するようになり，それが下級審裁判例ではこの特約の「調査義務」化に傾斜してきたのである（調べなければ重過失ありという論理である。たとえば大阪地判平15・5・15金法1700号103頁）。しかしこの裁判例の展開は明らかに行き過ぎであ

り，この「調査をしなければ重過失で悪意とされる」という傾向が止められなければ，譲渡制限特約は債権譲渡による資金調達の阻害要因であり続けることになろう。

　　(d)　折衷的構成の調整規定　　さらに466条は4項で，「前項の規定は，債務者が債務を履行しない場合において，同項に規定する第三者が相当の期間を定めて譲渡人への履行の催告をし，その期間内に履行がないときは，その債務者については，適用しない。」と規定した。

　この4項は，一読したところでは意味（置いた趣旨）がわからない規定であろう。これは，2項で譲渡を有効としたにもかかわらず，3項で悪意重過失の譲受人に対しては制限特約も有効という構成をとったがために置かなければならなくなった規定なのである。つまり，悪意の譲受人は債務者から支払を拒絶される。譲渡人も，譲渡は有効なのだからもう権利者ではなく支払請求はできない。では債務者が任意に払わない場合にどうするか——こういうケースの対応に迫られて置いたものなのである（このような一見して意味の取りがたい規定を置かざるをえなくなるというのは，ルール作りとしては非常に不適切な形であり，市民にわかりやすい民法改正に逆行している。またここで「譲受人が債務者に対して譲渡人に払えと請求する権利」を法的に説明するのは，理論的には難しいところがある。立法上の齟齬をなくす必要に迫られて置いたものであるゆえ，新種の法定の請求権とでも言っておくにとどめたい）。

　　(e)　債務者の供託　　次に新設された466条の2は，譲渡制限の意思表示がされた債権に係る債務者の供託権について，その1項で，「債務者は，譲渡制限の意思表示がされた金銭の給付を目的とする債権が譲渡されたときは，その債権の全額に相当する金銭を債務の履行地（債務の履行地が債権者の現在の住所により

定まる場合にあっては，譲渡人の現在の住所を含む。次条におい
て同じ。）の供託所に供託することができる。」との規定を置いた。

　この規定を置いた理由は，今回の改正法で，従来の民法の供託
の規定（494条）では不足する状況が生じたからである。もちろ
ん，債務者が二重譲渡や譲渡と差押えの競合などの場合に供託に
よって紛争から離脱できることは，一連の二重譲渡の優劣基準の
判例法理の形成の中で認められてきたことである（同順位譲受人が
供託金還付を争った場合，債権額での按分になるとした後掲Ⅱ3(6)の最判平
成5・3・30民集47巻4号3334頁等参照）。しかし，民法の供託原因
は債権者の受領拒絶か債権者不確知だけ（改正法494条でも同様であ
る）なのに対し，今回の改正法では，制限（禁止）特約付きの債
権でも債権譲渡が有効となることから，譲受人は間違いなく債権
者になるので，「不確知」には当てはまらなくなる。したがって，
明示的に供託ができることを規定したわけである。これも，制限
特約付き債権の譲渡を有効としたために必須となった規定という
ことになる。

　なお同条2項は，供託をした債務者の，譲渡人および譲受人に
対する供託の通知をする義務を定め，同条3項は，供託金は譲受
人に限り還付請求ができることを定めている。

　(f)　債権者の供託請求権　　上記の関連で，新設された466
条の3は，債権者側からの供託請求権について，「前条第1項に
規定する場合において，譲渡人について破産手続開始の決定があ
ったときは，譲受人（同項の債権の全額を譲り受けた者であって，
その債権の譲渡を債務者その他の第三者に対抗することができる
ものに限る。）は，譲渡制限の意思表示がされたことを知り，又
は重大な過失によって知らなかったときであっても，債務者にそ
の債権の全額に相当する金銭を債務の履行地の供託所に供託させ

ることができる。この場合においては，同条第2項及び第3項の規定を準用する。」と定めた。

466条の3は，譲渡人について破産手続開始決定があったときに譲受人の保護を図るもので，回収金引渡請求権の財団債権化（つまり破産手続開始決定後に債務者が破産管財人に弁済した場合，譲受人の債権は破産財団に対する債権となり，一部額しか回収できないおそれがある）を回避し，債務者に供託させることによって譲受人が倒産手続外で全額回収することを可能にしたものである（いわゆる「倒産隔離」が図れる）。したがって，譲受人から供託請求を受けた債務者は，破産管財人に弁済してはいけない。そして譲受人は，本条が準用する466条の2の2項および3項によって還付請求ができることになる。

ただし，この種の規定を民法で明示的に定める必要があるのかについては，異論もありえよう（平成29年の改正では，本条以外にも，破産法との接近を図った箇所がある）。

　(g)　譲渡制限の意思表示がされた債権の差押え　　さらに，新設された466条の4は，その1項で，譲渡制限の意思表示がされた債権と差押えの関係について，「第466条第3項の規定は，譲渡制限の意思表示がされた債権に対する強制執行をした差押債権者に対しては，適用しない。」と規定した。

これは，譲渡制限特約付き債権が差押えられた場合には，差押債権者が当該債権の譲渡制限特約の存在につき悪意重過失であることを理由として，債務者が466条3項により差押債権者への弁済金の引渡しを拒むことはできないことを規定するものであり，従来の解釈を明文化するものである。なおこの点については，いわゆる判例リステイト（最判昭和45・4・10民集24巻4号240頁の条文化）と説明するものが多いが，そもそも明治民法制定時に梅謙

次郎起草委員が法典調査会で，譲渡禁止特約規定の明定に対する批判に対して，差押えはできるのだからと説明しているところであって，つまり改正前民法の立法趣旨そのものである。

　また同条2項は，「前項の規定にかかわらず，譲受人その他の第三者が譲渡制限の意思表示がされたことを知り，又は重大な過失によって知らなかった場合において，その債権者が同項の債権に対する強制執行をしたときは，債務者は，その債務の履行を拒むことができ，かつ，譲渡人に対する弁済その他の債務を消滅させる事由をもって差押債権者に対抗することができる。」と規定するが，これは，そもそも対抗できない立場にある，譲渡制限特約の存在につき悪意重過失である譲受人の債権者は，当該債権を差押えても対抗できないとしたものである。当然の規定で特段の問題はない。

　(h)　預貯金債権に係る適用除外　　さらに，新設された466条の5は，その1項で，「預金口座又は貯金口座に係る預金又は貯金に係る債権（以下「預貯金債権」という。）について当事者がした譲渡制限の意思表示は，第466条第2項の規定にかかわらず，その譲渡制限の意思表示がされたことを知り，又は重大な過失によって知らなかった譲受人その他の第三者に対抗することができる。」と規定した。これは，預金債権（一般の銀行や信用組合等については「預金」という）や貯金債権（いわゆる従来からの郵便局の関係では，かつての郵便貯金法により「貯金」という。JA等も貯金という）の譲渡においては，改正法466条2項の原則を適用せず，改正前の判例法理（物権的効力説，悪意重過失要件）や実務の取扱いのままとする規定である。したがって，譲渡制限特約は悪意重過失の第三者に全面的に対抗できることになり，譲受人は債権者とならず，債権はあくまで譲渡人に帰属したままである。

　なお，同条2項は，預貯金債権を差し押えた者に対しては1項の特則が及ばず，銀行等は466条の4の規定通り譲渡制限特約によって対抗することができないことを規定するものである。

　この466条の5は，立法段階の最後になって追加されたのであるが，これがまたルールの作り方としては適切さを欠く形になっている。つまり，預貯金債権については，預金担保貸付（とその後の相殺）などの取引を考えると，譲渡禁止にしておく一定の合理性があるのは確かなのだが，しかし，これを置くのなら，なぜ最初から預貯金債権を適用除外にした上で，譲渡禁止特約があっても債権譲渡は有効という構成にしなかったのかという疑問が生じるのである。その構成のほうがルールとしてよほど簡明だし，またそのようにすれば，資金調達のための債権譲渡が実質的に推進されたと考えられる（先に預金債権などを除外した上で譲渡禁止特約の対外効を全面的に否定するというのは，国連国際債権譲渡条約に前例があり，私見では当初からこういう国連条約型の債権の種別による除外を推奨していた）。今回の立法では，譲渡も有効，特約も有効という複雑な前提をそのままにして，最後になってこの預貯金債権除外を加えたので，上述した問題は何も解消していない。

　(i)　将来債権の譲渡性　　将来発生する債権を譲渡できることは，従来から判例・通説において異論のないところになっていたが，今回の改正法は，次に述べる債権譲渡の対抗要件の規定（467条）中にも明示するとともに，新設の466条の6に規定を置いた。同条1項は，「債権の譲渡は，その意思表示の時に債権が現に発生していることを要しない。」とし，同条2項は，「債権が譲渡された場合において，その意思表示の時に債権が現に発生していないときは，譲受人は，発生した債権を当然に取得する。」と規定したのである。

　この1項と2項は特段の問題はない。1項は，将来債権譲渡について従来の判例法理（最判平成11・1・29民集53巻1号151頁）を具体化し，それが可能であることを明示するものである。2項は，将来債権譲渡がなされたときに譲受人が当該債権を取得する時期について従来の判例法理（最判平成13・11・22民集55巻6号1056頁，最判平成19・2・15民集61巻1号243頁）を具体化して，当該債権が発生したときにそれを当然に取得することを明示するものである。

　ただ，これらの書き方は，将来債権譲渡を明示的に肯定し，これまでの判例法理をリステイトしただけで，いわゆる「将来債権の権利移転時期」の議論について新たに言及するものではない（この点，前掲最判平19・2・15は債権移転時期を明示するものではないが，契約時移転説に親和的といえる。発生時に契約時にさかのぼって移転するという説（フランス等で有力）でも結論に変わりはないが，譲受人の将来債権譲渡の再譲渡の場合の権限などを考えると，契約時移転説のほうが明瞭かと思われる。詳細は後述II6参照）。

　これに対して，466条の6第3項は，新たな規範を定立するものである。3項は，「前項に規定する場合において，譲渡人が次条の規定による通知をし，又は債務者が同条の規定による承諾をした時（以下「対抗要件具備時」という。）までに譲渡制限の意思表示がされたときは，譲受人その他の第三者がそのことを知っていたものとみなして，第466条第3項（譲渡制限の意思表示がされた債権が預貯金債権の場合にあっては，前条第1項）の規定を適用する。」と定めた。これは，同条2項に関連して，将来債権譲渡がなされた後に当該債権に譲渡制限特約が付された場合における当該特約の効力，という，近年問題とされていた争点について明示の規定を定めたものである。

　将来債権譲渡がなされたが未だ譲受人が後述の467条における

対抗要件（正確には債務者に弁済等を要求できる権利行使要件）を具備
していないタイミングにおいて，当該債権に譲渡制限特約が付さ
れた場合には，譲受人は譲渡制限特約の存在につき当初から悪意
であったものと擬制され，債務者は改正法 466 条 3 項により譲渡
制限特約を譲受人に対抗することができるものとされている。

　これは，従来議論のあったところで，かつて立法担当官の一部
には，将来発生する債権の譲渡禁止特約の有無について善意悪意
は観念できないといういささか不可解な理由で譲渡後の禁止特約
の有効性を認める見解があり，それを採用したとみられる下級審
判決も一つ出ていたが，資金調達取引を扱う実務家からは逆に，
譲渡時に禁止特約が付いていなければそれは素直に考えて「禁止
特約のない債権」を譲渡したのであって，その後から特約を付け
ても効力はない（譲渡が有効）と主張されていたところである（ち
なみに筆者は後者の立場である。近代法においては，466 条 1 項が宣言する
とおり，「債権には譲渡性がある」のが「原則」なのである。禁止特約でそ
の譲渡性を奪うことが「例外」なのであるから，同条 2 項を原則のごとくに
基準として，そこでいう「善意」が観念できないとする論理は，前提から誤
っている。判定基準時を譲渡時とするならば，当該債権は，譲渡時には，
466 条 1 項が宣明する通りの譲渡可能な債権であったのである）。この点の
争いについて平成 29 年改正では，対抗要件具備の先後で分ける
という新たな基準を定立したものである。

　ただこの立法については，一点疑問が残る。466 条の 6 第 3 項
にいう「譲渡人が次条の規定による通知をし，又は債務者が同条
の規定による承諾をした時（以下「対抗要件具備時」という。）」
のカッコ内の「対抗要件具備時」は，理論的には（両立しえない権
利の対抗問題を解決する）第三者対抗要件ではなく，債務者に譲渡
を認識させて得られる債務者対抗要件（権利行使要件，Ⅱ3⑵⑷参

照）の具備時を意味するはずである（この「権利行使要件」の用語は，立法の最終段階まで提示されていたのであるが，結局採用されなかった）。したがって，「次条」による通知・承諾とは，467条1項の（無方式の）通知，承諾で足りる。ただ，それを「対抗要件具備時」と書いてしまったために，次条2項の第三者対抗要件たる確定日付ある通知・承諾の等価代替手段である動産債権譲渡特例法による債権譲渡登記（Ⅱ3⑺参照）ではどうなるのかが，この表現ではいささか紛らわしくなった。そもそも特例法登記をしただけでは，債務者は譲渡自体を知らされていないのだから，なお保護されるべきである。おそらくここは，条文に「次条の規定による通知」または「同条の規定による承諾」とあるのだから，特例法登記は当然入らないというのが法制局の見解なのであろう。けれども，もし特例法登記による第三者対抗要件具備を含むと解釈されれば，この規定は，債務者が対抗要件具備を知って譲渡制限の意思表示をしたのかどうかも全く問わずに，とにかく対抗要件具備時と譲渡制限の意思表示のされた時期とを比べるものということになる。

　以上の注意書きを加えた上でいえば，「対抗要件（権利行使要件）具備が譲渡制限特約（譲渡制限の意思表示）より先ならば譲渡制限特約での対抗はできない，逆に譲渡制限特約が先ならば譲受人は悪意とみなされて譲渡制限特約の対抗を受ける」というこの新ルール自体は一つの基準として成立しうるものと考える。

　⑺　法律による制限　　法律が，生活保障の見地から本来の債権者に対してのみ給付させようとする債権については，明文で譲渡が禁止されている。その例としては，扶養請求権（881条），恩給請求権（恩給11条），労働者災害補償請求権（労基83条2項）など数多い。これら法律上譲渡を禁止されている債権は，差し押さえることもできない。逆に法律上差押えを禁止されている債権

（民執 152 条）については，譲渡しえないものではないというのが従来の学説の多数説だったが，最近の有力説は，差押禁止債権ももっぱら生活保障の見地から定められているのだから，譲渡をも禁止すべきだとしている。

II　債権譲渡

1　債権譲渡の意義と機能

　債権譲渡とは，債権を，その同一性を変じることなく第三者に移転することであり，譲渡人（旧債権者）と譲受人（新債権者）との間の契約で行われる。債権譲渡は，手元に資金のない場合の代物弁済手段としてなされることもあれば，当該債権の履行期到来前に，売却して金銭を入手するためにも行われる。また，近年では，債権（将来発生する分まで含めて）を譲渡担保に供して資金調達をする取引が広く行われるようになっている（**6** 参照）。

　理解しておくべき重要なことは，平成年代初期頃までの債権譲渡は，譲渡人の資産状態の悪化した段階で行われる多重譲渡の紛争が多く（これに多重差押えも絡む），いわば危機対応型の取引であったのが，平成 10 年頃からは，企業等が正常業務の中で資金調達のために債権譲渡をする，正常業務型の取引に変容したということである。

2　債権譲渡の成立要件

(1)　成立要件　　A の B に対する代金債権とか，賃料債権などのような一般の債権は，すでに述べたように，譲渡人たる債権者と，譲受人との契約によって譲渡され，その契約は，規定はないが物権（176 条）におけると同様，上記両当事者の合意の意思

表示のみによって成立すると解される（改正前の民法は，このような一般の債権を「指名債権」と称していたが，指名債権以外の指図債権など，いわゆる「証券的債権」と呼ばれたものの規定（改正前469条〜473条）が削除されて，区別の必要性がなくなったこともあって，常に「債権」と呼ぶように修正されている）。譲渡契約書の作成や，債権証書の引渡し等は，法律上必要とされる要件ではない。また，譲渡契約の成立には，債務者の関与を必要としない（債務者の認識は，次に述べる対抗要件のレベルで問題となるにすぎない）。債権の移転時期については，これも規定はないが，理論的には物権の場合と同様に扱うべきだとされている（したがって，判例・通説によれば，原則として契約と同時ということになる）。

(2) 債権譲渡と他の類似の制度　債権譲渡は契約による債権の移転である。したがって，相続や会社の合併などによる移転を含まない。また債権譲渡は，債権内容の同一性を変更しない移転であるから，債権者の交替による更改（515条。更改は旧債務を消滅させて新債務を発生させる契約）とも異なる。また債権譲渡は，他の法律行為によって法律上当然に債権が移転する場合（たとえば債務者以外の第三者が債務を弁済して債権者の地位に立つ「弁済による代位」（499条以下）による原債権の移転）とも異なる。

同様に債権譲渡は，差押え・転付命令によって執行債権者に転付債権が移転する場合とも異なるが，この場合は，機能的には債権譲渡と同一になる。たとえば，債権者Ａが債務者Ｂの第三債務者Ｃに対する債権を差し押さえ，裁判所に申し立てて転付命令を得ると，ＡのＢに対する債権は，ＢのＣに対する債権の券面額で弁済されたことになる（民執159条，160条）。これは結局，ＢのＣに対する債権がＡに譲渡されたのと同様の効果を持つ。そこで，差押え・転付命令と債権譲渡とが競合した場合の問題は，

図12 債権譲渡と差押え・転付命令

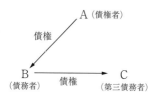

①BがBのCに対する債権をAに（たとえばAへの債務
　の弁済にかえて）譲渡する

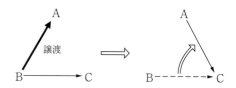

②Aが（Bが弁済しないので）BのCに対する債権を差
　し押さえ，転付命令を得る

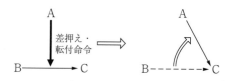

債権が二重に譲渡された場合のそれと同様に理解されている。な
お，単にAがBの有する債権を差し押さえて，Cから取り立て
て，自己の債権に充当する場合（民執155条。民訴旧600条・602条
では取立命令と呼ばれていた）は，AはBのCに対する債権では満
足ができないとき（C無資力等）は，Bの他の財産から支払を求め
うる。したがってこれは転付命令（当該債権以外にはかかっていけな
い）とは異なり，債権譲渡と同一の機能ではない（ただし一般に差

押えと譲渡の競合は二重譲渡と同様に処理されている）。もっとも，転付命令の実体的効果は被転付債権が存在する限りで認められるので（民執160条)，被転付債権が不存在であったり，事後に遡及的に消滅したりした場合には，転付命令は効力を生じない（転付命令が第三債務者に送達される前に，別の譲受人に対する債権譲渡の対抗要件が具備された場合は，転付債権の不存在の例と考えられる）。

3　債権譲渡の対抗要件

(1)　対抗要件主義の採用　　債権譲渡が債務者の関与なしに当事者の合意のみによって成立しても，債権の場合は，物権と異なり，譲渡契約の当事者だけではその権利の移転を現実化できず，債務者による譲受人への給付がなされる必要がある。そこで，譲渡人・譲受人は，譲渡契約の効果を債務者に及ぼし，譲受人は債務者に権利行使ができ，かつ（物権の場合と同様に）当該債権に直接法律上の利害関係を有する他の第三者に対しても権利取得を主張できる必要がある。そのための方法（別の角度からみれば，知らずに譲渡された債務者の保護の方法）として，わが民法は，フランス民法にならって，対抗要件主義を採用した（この点立法例は分かれ，ドイツ民法は，対抗要件主義を採用していない）。

(2)　民法対抗要件の構造――二つの対抗要件　　債権譲渡の場合は，「対抗要件」に二通りの意味がある。一つは，物権変動の場合と同様のもので，債権の二重譲受人相互間，あるいは譲渡人と当該債権を差し押さえた者の間等，両立しえない地位を争う者同士で優劣を決定するための，いわゆる「第三者に対する対抗要件」であるが，もう一つが債権譲渡に特有の，譲受人が債務者に対して債権を主張するための対抗要件（いわば「権利行使要件」）である。民法はこの二つを並べて規定し，まず467条1項で債務者

に対する対抗要件を定め，2項でそれを加重する形で第三者に対する対抗要件を定めているが，かつては1項が原則で2項が例外と表現されたものの，沿革的には，2項の厳格な対抗要件が原則型で，1項はそれを債務者に対する関係に限って緩和したものとみられる。

　なお，今日では，この民法上の対抗要件のうち，第三者対抗要件の中の「確定日付のある証書による通知」は，後述する平成10 (1998) 年制定の債権譲渡特例法（その後平成16年に増補されて現在は動産債権譲渡特例法となっている）によって創設された「債権譲渡登記」で代替できるようになっており（この登記がされると民法467条2項の確定日付ある証書による通知がなされたものとみなされる。旧法2条1項，現行動産債権譲渡特例法では4条1項），この登記がすでに非常に広範に用いられている。したがって，以下の記述はまず民法上の対抗要件について述べ，その後で(7)に特例法上の対抗要件を解説する（あらかじめ一つだけ注意点を述べておくと，特例法による対抗要件は民法対抗要件と構造が異なり，民法上の第三者対抗要件たる確定日付のある通知は対債務者権利行使要件を当然に含むのに対して，債権譲渡登記では第三者対抗要件のみが得られ，債務者に対する権利行使要件を得る（弁済を請求できる）ためには，登記事項証明書を付した通知が必要になる。動産債権譲渡特例法4条2項）。

　(ア)　第三者に対する対抗要件　　債権譲渡は，譲渡人から債務者に対する，債権譲渡についての「確定日付のある証書」による「通知」か，同じく確定日付ある証書による「承諾」がないと，債務者以外の第三者に対抗することができない (467条2項)。当該債権を譲り受けようとする者は，まず債務者に対してその債権の存否や帰属を確かめるであろうということから，①債務者への認識の付与，②利害関係人の問合せに対する債務者の回答による

表示，という二段のシステムによって，不完全ながら一種の公示機能をはかったものである。さらにその通知・承諾に確定日付ある証書を要求したのは，当事者が日付を遡って記して詐欺をはたらくことがないよう，証拠とするためであると説かれる。第三者に対する対抗要件が，二重譲渡などの際の優劣決定機能をもつべきものである以上，確定日付のような証拠力は当然必要である。

　(イ)　**債務者に対する対抗要件**（権利行使要件）　　債権譲渡は，譲渡人から債務者に対してする無方式の通知か，債務者からの無方式の承諾がなければ，「債務者その他の第三者」に対抗できない（467条1項）。ここには「第三者」も入っているが，これは1項・2項を分けて規定したための表現で，(ア)に述べたように第三者には確定日付がないと対抗できないのであるから，これは「債務者のみ」に対する対抗要件にすぎない。しかも，ここで「対抗」というのは，いわゆる第三者対抗とは異なり，債務者に対して譲渡の事実を主張して権利行使ができることを意味する（債務者は通知・承諾がなければ弁済を拒めるだけで，譲受人の権利を債務者が否定できるわけではない）。起草者が，債務者に対する関係だけなら方式はいらないとして，本来の形式を緩和したものである（ただしこの対抗要件は，後述するように他に利害関係のある第三者が現れると，債務者に対しても結局機能しなくなる）。

　(3)　**対抗要件の強行法規性**　　債権者と債務者の間で，通知・承諾を不要とする特約をすることは可能であろうか。判例は，対抗要件に関することは強行規定であり，そのような特約を認めると債務者は二重弁済の不利益を負うという理由でこれを無効とする（大判大10・2・9民録27輯244頁等）。学説もかつては同旨を説いていたが，その後，2項は取引の安全に関する強行規定であるが，1項は，債務者が自らが保護される規定をあえて排除する意思な

らばそれを妨げる理由はなく任意規定と解すべきとする説が一時
は通説となった。しかし近年は，この通知・承諾は，前述のよう
に，単に債務者に譲渡を知らせるだけのものではなく，債務者の
認識を基軸に，不完全ながら第三者からの問合せとそれへの回答
によって公示機能をになうものであるから，その債務者の認識を
奪う特約は，第三者保護の見地からして認めるべきでなく，1
項・2項とも強行規定である，とする説が支持を増やしつつある。

(4)　対抗要件の構成要素

(ア)　通知　　(a)　通知の性質　　通知とは，債権が譲渡人から
譲受人に譲渡されたという事実を債務者に知らせる行為で，講学
上「観念の通知」であるとされ，準法律行為に属するとされる
(通説。すなわちこれは債権譲渡の効力を生ぜしめようとする意思表示では
ない。大判昭15・12・20民集19巻2216頁)。しかし判例・通説はこれ
には意思表示に関する規定が類推適用されると解しており，①通
知は到達によって効力を生じ (97条1項)，債務者がこれを現実に
認識したかどうかは問わない (大判明45・3・13民録18輯193頁)。
②代理の規定が適用されるので，譲渡人の代理人によって通知す
ることができる (最判昭46・3・25判時628号44頁 (傍論))。

(b)　通知の方式　　467条2項の通知については，書面でな
され，かつその書面に確定日付が付されていることが必要である
(後述の(ウ)(b)参照)。しかし同条1項の通知については，何の方式も
要求されていない。後日の紛争を防ぐためには何らかの証拠が残
る形が好ましいが，規定の上からは口頭の通知も可能である。

(c)　通知の主体　　通知は，譲渡人からしなければならない
(467条1項)。譲受人からできるとすると，詐称譲受人から虚偽の
通知がなされるおそれがあるから，このように規定された。した
がって，譲受人が譲渡人に代位して (423条) 通知することもで

きないと解されている（大判昭5・10・10民集9巻948頁）。しかし，通知をすることに利害関係をもつ（早く債務者に到達させる必要がある）のは譲渡人ではなく譲受人であり，譲受人保護の点からは問題もある（諸外国では厳格な手段によって譲受人からもできるようにしているものが多い）。もちろん譲渡人には通知義務があり（大判大8・6・26民録25輯1178頁），譲受人は譲渡人に対して，債務者に通知すべき旨を訴求できるが，そのことは早急な通知のためにはさして役にたたない。したがって現実には譲受人が使者として譲渡人の名による通知を行うケースが多いようである。

　(d)　通知の客体　　通知の相手方は，債務者である。ただし債務者が破産し，債権が破産債権となった後の通知は，破産管財人にされなければならない（最判昭49・11・21民集28巻8号1654頁）。多数の債務者のある債権で，1人の債務者に対する通知が他の債務者にも効力を生じるかは，それぞれの債務関係の性質による（連帯債務者の1人に通知しても他には効力が及ばない。保証債務の場合は，主たる債務者に通知すれば保証人に効力を生じるが，逆は成り立たない）。

　(e)　通知の時期　　通知の時期は，譲渡と同時でなく後でもよいが（ただしそれだけ対抗要件具備が遅れるのはもちろんである），譲渡する前にあらかじめ通知しても，譲渡されるかどうか不明確で対抗要件にならないというのが通説である。逆に将来の債権をあらかじめ譲渡した場合は，債権自体の成立する前の通知でも有効であるとするのが従来からの判例・通説である（大判昭9・12・28民集13巻2261頁）。なお，将来発生する債権を譲渡しうることについてはすでに本章Ⅰ2(イ)(i)で述べたが，そこでもふれたとおり，改正法467条1項のかっこ書にも明示された。

　(イ)　承諾　　(a)　承諾の性質　　承諾とは，債権譲渡の事実を知っていることを表示することで，とくに譲渡に対する同意とい

う意味を含まず，通知と同様，観念の表示であるとするのが今日
の通説である（しかし疑問がないわけではない。かつては，後述する468
条1項の異議をとどめない承諾（今回の改正で削除）をめぐって，そこに付
与される効果からして単なる観念の表示ではなく，意思表示と考えるべきと
する判例・学説もあった）。しかし実際には，通知と同じく，意思表
示に関する規定が類推適用されると解されている。よって代理人
による承諾も可能である。

　(b)　承諾の方式　　通知と同じく，467条2項の承諾につい
ては，書面でなされ，かつその書面に確定日付が付されているこ
とが必要であるが，同条1項の承諾については，何の方式も要求
されておらず，口頭の承諾も可能である。

　(c)　承諾の主体と客体　　承諾の主体が債務者であることは
当然である。通知がなくても債務者が譲渡を知って承諾すること
はありうる。承諾の相手方は，譲渡人・譲受人のいずれでもよい
（通説。判例として，大判大6・10・2民録23輯1510頁。ただしこの判決は，
後述の改正前468条1項の異議をとどめない承諾に関しては，債務の承認と
みて，譲受人に対してしなければならないとしたものである）。

　(d)　承諾の時期　　承諾の時期が譲渡の後でもよいことは，
通知と同じである。しかし，譲渡の前に承諾した場合の有効性に
ついては，一般に，譲渡債権および譲受人が特定している場合に
は，対抗要件として有効と解されている（最判昭28・5・29民集7巻
5号608頁。ただしこの事案は，譲渡禁止特約の解除に対する承諾と，債権
譲渡の事前の承諾とをあわせてなしたと解されるものである）。

　(e)　承諾の役割と包括的承諾　　承諾は，今日の債権譲渡を
用いた資金調達取引の中では，非常に重要な役割を果たしている。
承諾が観念通知であろうが意思表示であろうが，債務者の承諾を
得られるということは，譲受人（融資者）にとって，その債権の

存在のエビデンスを得られるということで，実務では承諾があれば担保掛目（譲渡担保で譲り受けた債権額に対してどれだけの額の融資をするか）が高くなるのである。また，将来債権譲渡担保や，併存的債務引受型一括決済方式（債務引受については後述する）などの取引実務では，集合的な債権譲渡を包括的に承諾して対抗要件を具備する取引手法が行われている。将来債権譲渡の一括承諾については否定的な学説も一部にあるが，実務での重要性にかんがみても積極的に肯定されるべきである。

　(ウ)　**確定日付**　　(a) 確定日付ある証書の意義　　確定日付とは，それが存する場合に，その日にあるいはその日までにその証書が作成されていたという証拠力が与えられるものである（民施4条）。「確定日付ある証書」は，民法施行法5条の1号から6号に規定されている。債権譲渡の第三者対抗要件具備のためによく利用されるのは，郵便局の内容証明郵便（6号。民営化後のみなし公務員たる郵便認証司による），公証人の作成する公正証書（1号），あるいは私署証書への公証人役場での確定日付の付与（2号）などである。なお，債権の差押え・転付命令等の第三債務者への送達が，確定日付ある証書による通知と同視すべきことはいうまでもない。 ★

　　(b) 確定日付ある証書の態様と確定日付の内容　　確定日付は，当事者の債権譲渡証書に付されていても意味がなく，その通知行為あるいは承諾行為の証書になければならない（後掲の大連判大3・12・22民録20輯1146頁等，通説。ただし，債権譲渡証書が通知（承諾）行為に使われた場合は，そこに確定日付を付したものでもよい）。けだし，いつ譲渡されたかが問題なのではなく，いつ通知（承諾）されたかが問題だからである。しかし，承諾の場合には，確定日付の付いた時には承諾がなされているので問題がないが，通知の場

合は，内容証明郵便などのケースでは，確定日付は通知書の発信時に付されていて，到達時（債務者の認識時）を示すものではない。したがって，正確には通知の場合の確定日付は債務者の認識時たる到達時を示すものでなければならないことになるのだが，上述の大審院連合部大正3年判決は，通知書に確定日付がついていればよく，通知到達時を確定日付で証明する必要はないとした（反対の趣旨だった大判明36・3・30民録9輯361頁を変更）。いささか不十分な結論であるが，現在の通説はこれに従っている。なお，確定日付のない通知書・承諾書であっても，通知・承諾のあった後で確定日付を付与することはもちろん可能で，その場合はその時から第三者に対する対抗要件となる（大判大4・2・9民録21輯93頁）。

　(c)　確定日付付与義務　　譲渡人が債務者に対して通知する義務を負うことは既に述べたが，譲渡人は（債務者から確定日付ある承諾がなされた場合を除いて），その通知を確定日付ある証書によってなす義務までを負うとされる（大判昭16・2・20民集20巻89頁）。一般に差押債権者その他の第三者の出現する可能性は否定できないのであるから，譲受人保護の見地から当然これを認めるべきであろう。

　(5)　債務者に対する対抗要件としての通知・承諾の効果　　(ア)通知・承諾のない場合の処理　　通知または承諾がなければ，債務者が譲渡について悪意であっても，譲受人はこれに対して債権の譲受を主張できない（債務者から権利を否定されるわけではなく，弁済を拒まれる。大判大6・3・26民録23輯521頁等，通説）。債務者は，通知・承諾のない間は，とにかく譲渡人を債権者として弁済すればよい。けだし，対抗要件主義は，債務者の善意・悪意を基準として個別的に処理するものでなく，法定の手続による債務者の認識のみを評価するものだからである。なお，通知・承諾がなくて

も債務者側から譲渡のあったことを主張することはできる（大判明38・10・7民録11輯1300頁。譲渡人からの弁済請求を債務者が拒絶したもの）。

　(イ)　通知の効果　　債権譲渡の通知が債務者になされると，譲受人はその到達時から債務者に債権の取得を主張できる。これに対して債務者は，「対抗要件具備時」（これは467条2項の第三者対抗要件ではなく同条1項の対抗要件（対債務者権利行使要件）である）までに，すなわちその通知の到達時までに譲渡人に対して生じていた事由をもって譲受人に対抗しうる（468条1項）。債務者と無関係になされる債権譲渡契約によって債務者が不利にならないようにした，当然の規定である。対抗しうる事由としては，譲渡人に対する弁済による債権の消滅をはじめ，債権の不成立，取消しまたは解除による消滅，相殺等が考えられる。

　　この抗弁の中でも債権譲渡と相殺については，従来から論点とされていたものであるが，改正法では規定が置かれたので（469条1項），別途後述する。

　(ウ)　承諾の効果　　債務者が承諾した場合は，譲受人はその承諾のあった時から債務者に対して債権の取得を主張しうる。これに対して債務者は，その承諾時（すなわち譲受人にとっての対債務者対抗要件具備時）までに生じていた抗弁事由を譲受人に対抗しうる（468条1項。上に述べた通知の効果と同様になる）。

　(6)　第三者に対する対抗要件としての確定日付ある通知・承諾の効果　　(ア)　対抗問題　　ここで論じられる「対抗」は，物権の場合の対抗問題と同じく，両立しえない地位の取得者間でその権利の優劣を争うもので，対抗要件の具備を優先させた者が唯一の権利者となり，劣後した者はその権利の帰属を否定されることになる。しかし，物権では通常問題にならないことで注意すべき

ことは，二重譲渡などで対抗問題となるには，債権の存在することが前提であって，第二譲受人が対抗要件を具備する前に被譲渡債権が第一譲受人への弁済等によって消滅した場合は，対抗問題にはならないということである。たとえば，AのBに対して有する債権がCに譲渡され，債務者Bには467条1項の確定日付のない通知がなされたにすぎない場合でも，BがCに弁済した後にDがその債権をAから譲り受けてBに確定日付ある通知がなされたとしても，もはや消滅した債権の譲渡として無効だから，対抗問題にはならない（大判昭7・12・6民集11巻2414頁）。

　（イ）　第三者の範囲　　確定日付ある証書による通知・承諾がなければ対抗しえない「第三者」とは，譲渡された債権そのものについて両立しえない法律的地位を取得した第三者に限る（通説）。判例はこれを「債権そのものに対し法律上の利益を有する者」と表現するが（大判大4・3・27民録21輯444頁等），同一の趣旨である。それ以外の，譲渡された債権によって間接的に影響を受ける第三者はここには含まれず，そのような者に対しては，譲受人は，確定日付ある通知・承諾なしに対抗しうる。したがってここでの第三者の典型例は，債権の二重譲受人，債権を質にとった者，譲渡人の債権者で譲渡債権を差し押さえて転付命令を得た者等である。逆に第三者にあたらないのは，たとえば，AのBに対する債権がCに譲渡された際の債務者Bに対する他の債権者D（大判大8・6・30民録25輯1192頁）とか，譲受人Cが譲受債権を自働債権として債務者Bの自己に対する債権（受働債権）を相殺した場合，その後に当該受働債権を差し押さえたE（大判昭8・4・18民集12巻689頁）などがあげられる。なお，第三者の善意・悪意については，一般には悪意者も含むと考えられているが，ごく一部には悪意者排除説もある。

図13 指名債権の二重譲渡と優劣の基準

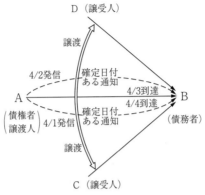

上記の場合は，確定日付ある通知のBへの到達が早かったDが優先し，唯一の譲受人となる（譲渡契約の日時，確定日付ある通知の日付すなわち発信の日時の先後は関係なし）。

(ウ) **優劣決定の基準**

(a) 確定日付ある通知・承諾が複数存在する場合 （i） 到達時による決定 債権の二重譲渡あるいは譲渡と差押えの競合などの場合は，対抗問題となるが，債権では（物権における登記と異なり）第三者対抗要件具備の手続自体は，複数有効に履践されうる。その場合，すなわち確定日付ある証書による通知（ないし差押え・転付命令の送達）・承諾が二つ以上あるときの譲受人や差押債権者の間の優劣関係は，確定日付の先後によってではなく，確定日付のある通知（または差押え・転付命令の送達）が債務者に到達した日時（承諾の場合は債務者の承諾の確定日付のある日時）の先後によって決定される（最判昭49・3・7民集28巻2号174頁。前述の(2)(ア)にあげた立法趣旨を引く。なお，この事案は譲渡通知と仮差押命令との競合の場合であるが，譲渡通知と差押え・転付命令との競合でも同様であること

につき，最判昭58・10・4判時1095号95頁）。債務者の正規の認識時を基軸とするこの対抗要件の構造からは，到達時を基準としたこと自体はまさに正当である（もし確定日付の先後を基準とすると，通知書に確定日付さえ得ておけば，いかに遅れて発信しても，債務者に先に譲渡を通知した第二譲受人に対し優先しうる結果になる）。しかしこの昭和49年判決は，前掲大審院連合部大正3年12月22日判決を変更せず，確定日付で到達時を証明することまでは要求しなかった。この点学説は，昭和49年判決以前は確定日付の先後で決定すべきとする確定日付説が通説であったが，今日では判例のごとき到達時説が多数になっている。制度の意味からは，到達時を確定日付で証明させる（到達時確定日付説）のが最も正確であり，IT化が進めば将来的にはそのような仕組みが採用される可能性もあるが，現状では一応到達時説でよいとすべきであろう。

　(ii)　確定日付ある通知の同時到達　　それでは，到達時説をとっても優劣のきまらない場合，すなわち，複数の確定日付ある通知が債務者に同時に到達した場合はどうなるか。その後の最高裁判決は，各譲受人は，第三債務者に対しそれぞれの譲受債権についてその全額の弁済を請求することができ，譲受人の1人から弁済の請求を受けた第三債務者は，単に同順位の譲受人が他に存在するからといって弁済の責めを免れることはできない，とした（最判昭55・1・11民集34巻1号42頁）。しかしこの判決では理論的根拠が示されておらず，学説ではこの場合の各譲受人の間の債権関係について，連帯債権説，不真正連帯債権説，多数当事者の債権関係にはならないとする説，等，多数の見解が提示されている。つまり「複数の債権者の各人が債務者に対して全額の請求が可能であり，1人が債権を満足すれば全員の債権が消滅する」という形態を連帯債権として観念するのが連帯債権説で，しかしこの通

知同時到達の場合には各譲受人は偶然同順位になるのであって主観的共同関係がないことを強調すれば不真正連帯債権説になる。けれども連帯債権も不真正連帯債権も，学説上の説明の道具にすぎないとの批判もあり（ちなみに連帯債権は平成29年改正で432条以下に明文化された），またそのような多数当事者関係のどれかになるわけではないとする説（独立債権説，非多数当事者債権説）も強い。

　いずれにしても，上の昭和55年判決を前提にすれば，債務者としては，複数の通知が同時に到達した場合は，到達の先後が不明で誰が債権者となったか分からないとして，債権者不確知を理由とする供託（494条）をするのが最も安全である（供託については第7章Ⅱ3を参照）。なお，その後の最終的な処理は，供託金を同順位の譲受人同士で分けあうことになろう（この点について最判平5・3・30民集47巻4号3334頁は，供託金の還付（引渡）請求権の確認を譲渡通知と差押通知の到達の先後が不明な譲受人と差押債権者が相互に争った訴訟において，上の昭和55年判決を維持したまま，公平の原則から，譲受債権額と被差押債権額に応じて供託金額を案分した額の供託金還付請求権をそれぞれ分割取得すると判示している）。

　　(ⅲ)　劣後者への弁済の保護　　もし債務者が，前記の(ⅰ)の基準で劣後する譲受人のほうに弁済してしまった場合はどうなるか。近年の最高裁判決には，この場合債務者は，善意無過失（劣後譲受人を真の債権者と信じるにつき相当の理由がある）ならば，債権準占有者に対する弁済（改正前478条）として保護されうるとしたものがある（最判昭61・4・11民集40巻3号558頁。ただし事案では債務者に過失ありとして免責を否定している）。これに対し学説には，改正前478条の適用自体に，あるいは劣後譲受人の債権準占有者性の承認に，否定的な見解がある。なお，改正前478条の「債権準占有者」は，改正法では「取引上の社会通念に照らして受領権者とし

ての外観を有するもの」に改められた。

　(b)　確定日付のある通知・承諾とない通知・承諾が存在する場合　　第一譲受人Ｃについて確定日付のない通知しかなく，第二譲受人Ｄについて確定日付ある通知・承諾がある場合には，債務者Ｂは，Ｃへの弁済を拒否することができ（大判昭7・6・28民集11巻1247頁），後のＤに弁済しなければならない（大連判大8・3・28民録25輯441頁）。けだしこの場合は，第三者対抗要件をそなえたのはＤのみであるから，当然の結果である（467条1項の債務者に対する対抗要件は，現実に弁済を受ける前に他の者が2項の第三者対抗要件を具備すれば，債務者に対しても機能しなくなる）。

　(c)　確定日付のない通知・承諾のみが複数存在する場合　二重譲渡がなされ，ともに確定日付のない通知・承諾しかなされていないときは，譲受人はいずれも第三者対抗要件を具備していないので互いに対抗できず，債務者はどちらに対しても弁済を拒否しうるが（札幌高判昭31・12・14高民集9巻10号640頁。この場合は改めて確定日付のある通知をさせた譲受人が優先する），しかしその場合債務者はどちらか一方に弁済してしまっても（両譲受人とも債務者に対する権利行使の要件はそなえているのだから）免責されるとするのが通説である。

★★　(7)　民法の対抗要件に対する**特例としての債権譲渡登記制度**

　(ア)　意義と背景　　近年，企業や金融機関の新しい資金調達方法として，売掛金債権や立替金債権などを大量に譲渡したり譲渡担保に供したりすることが行われるようになってきた（担保としての債権譲渡については後述5(3)も参照）。しかしこの場合には，多数の債権を包括的に譲渡するのが一般であるため，従来の民法上の第三者対抗要件を具備するためには，すべての債務者に確定日付ある証書による通知または承諾を得ることが必要となり，これが

手間と費用の点で譲渡人の負担になるという問題が生じてきた。そこで平成 10 年に制定された「債権譲渡の対抗要件に関する民法の特例等に関する法律」(債権譲渡特例法)は，コンピュータシステムによる債権譲渡登記の制度を創設し，法人がする債権譲渡(金銭債権を目的とするもの)について，法務局に多数の譲渡情報を一括して債権譲渡登記をすれば，債務者以外の第三者については，民法 467 条 2 項の確定日付ある証書による通知があったものとみなすこととした(名称は登記であるが，債権譲渡の事実を登録するもので，権利の存在を公示するものではない。なおこれはわが国で最初の電子化された登記であり，現在では法人の端末から直接オンライン申請もできる)。

(イ)　特徴　　すなわちこの特例法は，法人のする金銭債権の譲渡を対象に，民法が通知・承諾という手続で第三者対抗要件と債務者保護要件とを重ね合わせていたものを切り離し，債務者に知らせずに第三者対抗要件を具備できることとしたのである(現在の動産債権譲渡特例法 4 条 1 項)。ただ，知らないうちに譲渡情報を登記される債務者の保護のために，同法は，債務者には，登記事項証明書を付した通知をしなければ対抗できないとした(同法 4 条 2 項)。つまり，登記だけでは第三者対抗要件のみが具備できるにすぎず，登記事項証明書を付した通知によってはじめて対債務者権利行使要件が取得できるのである(この通知は，民法の対債務者権利行使要件の通知が無方式でできること(467 条 1 項)と比較して，重い手続を要することになるが，後述する債権流動化取引(5(2)参照)等では，この通知は当座は不要であることが多いので(譲受人は通常，譲渡人にそのまま債権収受を委任することが多く，万一譲渡人の資産譲渡が悪化したりした場合にはじめて通知をして自ら債権回収にあたる必要が生ずる)，これで差し支えない)。したがって，現在では，法人が債権譲渡をする場合には，目的に応じて，民法の第三者対抗要件を具備することも，

特例法による債権譲渡登記で具備することもできる。

　㈨　平成16年改正による改良　　この債権譲渡特例法による登記は，実務で大変広く使われるようになったが，売掛債権等を活用した資金調達の要請にさらに応えるため，平成16年の同法改正によって，債務者がまだ不特定の将来債権についても，他の要素から債権を特定して登記ができることになった（たとえば入居者未定の新築ビルの賃料債権や，これから新規のクレジット契約をする顧客に対する立替金債権を担保に資金調達する場合を想定すればよい）。なお同法改正によって，動産譲渡にも登記制度を創設したため，法律名は「動産及び債権の譲渡の対抗要件に関する民法の特例等に関する法律」（動産債権譲渡特例法）と変更された（平成17年10月施行）。

　㈢　民法対抗要件との優劣決定基準　　最後に，民法467条2項の対抗要件と特例法登記が競合した場合の第三者対抗要件の優劣決定基準について述べておこう。確定日付のある通知の場合は，判定の基準時はすでに述べたように通知が債務者に到達した時である（前掲最判昭49・3・7）。これに対して，特例法登記の場合は，その登記時である（ちなみに特例法登記では月日だけでなく何時何分まで記載される）。比較の基準になるのはこの二つである（登記事項証明書が債務者に到達した時，という誤りをしないように気を付けたい。登記事項証明書の交付はあくまでも対債務者権利行使要件具備のためのものであって，第三者対抗要件とは関係がない）。では，AのBに対する債権がC・Dの2名に二重に譲渡され，Cへの譲渡の登記が先でその後にDへの譲渡通知がBに到達したがBはCの譲渡登記を知らされていないためDに支払った，という場合はどうなるか。CはDには優先するが，Bに対する権利行使要件を得ていないので，BのDに対する弁済は，（民法478条の受領権者としての外観を有する者に対する弁済ではなく，本来の弁済として）有効であって，Bは

ここで債務を免れる。ただＣ・Ｄ間ではＣが先に具備した第三者対抗要件によって優先するため、ＣはＤに不当利得の返還請求ができる（これが立法担当官の示した見解であり、私見もこれでよいと考える）。同様に、確定日付のある承諾と特例法登記の競合であれば、債務者が確定日付のある承諾をした時（単なる承諾書に後から確定日付を付したのであればその確定日付の付与時）と登記時とで比較することになる。

4　債権譲渡の効果と債務者の抗弁

（1）原則　債権譲渡の効果としては、債権は同一性を失わずに移転し、従たる権利や各種の抗弁もこれにともなって当然に移転する、というのが原則である。この点で債権者の交替による更改（515条）と異なる。債権に従たる権利としては、利息債権だけでなく、担保物権、保証人に対する権利なども随伴する。

（2）債務者の抗弁　改正法468条1項は、「債務者は、対抗要件具備時までに譲渡人に対して生じた事由をもって譲受人に対抗することができる。」と規定する。これは、改正前の468条2項にあたる。改正前2項の規定では、債務者が債権譲渡の「通知を受けるまでに」譲渡人に対して生じた事由をもって譲受人に対抗することができるとされているところ、要件を「通知を受けるまで」から「対抗要件具備時まで」と改めることにより、債務者が債権譲渡通知を受けた場合だけでなく債務者が債権譲渡を承諾した場合についても規定の適用範囲を拡大したものであるが、実質的な内容や解釈への影響はない（ということで、この「対抗要件具備時」も当然、権利行使要件具備時を意味すると考えられる）。

　いささか面倒なのは468条の2項である。2項は、「第466条第4項の場合における前項の規定の適用については、同項中『対

抗要件具備時』とあるのは，『第466条第4項の相当の期間を経
過した時』とし，第466条の3の場合における同項の規定の適用
については，同項中『対抗要件具備時』とあるのは，『第466条
の3の規定により同条の譲受人から供託の請求を受けた時』とす
る。」と規定する。1項に関連して，譲渡制限特約付き債権が譲
渡された場合において，債務者が譲受人に対抗可能な抗弁の基準
時についての特則を規定する新設規定である。まず本項の前半で
は，改正法466条4項により譲渡制限特約付き債権の悪意・重過
失の譲受人などについて債務者への履行催告権が認められている
ので，この場合に債務者が譲受人に対抗可能な抗弁の基準時を催
告後相当の期間が経過した時と読み替えることを規定している。
先述したように，そもそも改正法466条4項が，譲渡も有効，制
限特約も有効としたために置かなければならなくなった規定であ
るのだが，本条2項はさらにその始末をつけるために置かなけれ
ばならなくなった規定といえる。

　また本項の後段では，譲渡制限特約付き債権の譲渡人について
破産手続開始の決定があった場合，改正法466条の3により，債
権全額を譲り受けて第三者対抗要件を備えた譲受人には債務者に
対する供託請求権が認められているところ，この場合に債務者が
譲受人に対抗可能な抗弁の基準時を，債務者が供託請求を受けた
時と読み替えることを規定している。

　(3)　異議をとどめない承諾による抗弁喪失規定の廃止　　改正
前468条1項は，債務者が債権譲渡について異議をとどめない承
諾をした場合には，(善意の) 譲受人に対しては，譲渡人に対抗し
えた一切の抗弁を対抗できなくなるという特殊な規定を置いてい
たが，改正法はこれを削除した。改正前の同項では，この異議を
とどめない承諾について，「前条の承諾」という文言が使われて

おり，前条すなわち467条は債権譲渡の対抗要件を定めるもので，その「承諾」は観念通知でよいとされている。そうすると，単なる観念通知で一切の抗弁を喪失するという重要な効果を導くのは，学理的に説明が難しいとの学説上の強い批判があった。今回，これが廃止する主たる理由とされたわけである。また，廃止するにあたっては，当事者が任意で抗弁放棄の意思表示をすることは妨げないとされた。

　しかし実際にはそこに一つ問題がある。確かにこの異議をとどめない承諾の規定は，学理上は譲受人保護に過度に傾いた，説明の難しい規定であったのだが（一時はこれを公信の原則で説明しようとするものもあったが，譲り受けが異議をとどめない承諾の前にあるケースも多く，この説明は破綻するので，禁反言の趣旨を入れた特殊な法定効果と説明せざるを得なかった），1990年代から，債権譲渡による資金調達が非常に盛んになり，現在の実務では，異議をとどめない承諾は，譲り受ける債権の価値を高めるものとして取引上かなりよく使われている。したがって，代替策としての「一切の抗弁を放棄する意思表示」が機能しないと，平成29年民法改正は実質的に，資金調達取引に阻害事由を加えたことになってしまうのである。

　理論的には，抗弁放棄の意思表示は個々の抗弁を明示して放棄しなければならないとの見解もあるが，平成29年改正に債権譲渡による資金調達を抑制する意図があるとはみられないので，合目的的な解釈としては，抗弁の包括的放棄が認められるべきであろう。改正法施行にむけて，早期の判例・学説の確立が望まれる場面と思われる。

　なお，改正前の468条1項が存在する状況では，錯誤の主張との関係が論点になっていたが（468条1項が特別規定として原則的に錯誤の主張を排斥するという見解がありえた），抗弁放棄の意思表示の場

合には，錯誤をはじめとする意思表示規定の適用が当然にあることになる（この点で最近の参考判例として，最判平成27・6・1民集69巻4号672頁があげられる。この判決は，異議をとどめない承諾の抗弁喪失効果を享受できる譲受人について，それまでは判例で善意が要求されていたのを，善意無過失までを要求して，この468条1項の適用場面を狭めようとするものであるが，第一審では錯誤による判断がなされ，第二審でそれが否定された事案であり，改正後の問題処理の参考となる要素を含む）。

5　債権譲渡の原因関係

（1）　序説　　譲渡人と譲受人との間で債権譲渡契約をするに至る原因となった実質関係には，様々なものがありうる。一般には，弁済期前の換金のために債権を売却したり，債務の弁済にあてるために債権を移転させる（その債権で代物弁済をする）場合などが多いであろうが，今日では，以下に述べるように，資金調達の手段としてこの債権譲渡を行うことが多くなっていることを理解しておきたい。

なお，かつては，本来的な債権の処分・移転を目的とせずに債権譲渡の形態を借りて別の実質関係を実現しようとする場合をとりわけ問題にした時期もあったが，現在ではそのような問題関心は薄れている。

★　（2）　**債権流動化のための債権譲渡**　　最近の金融実務では，企業などが，自己の不動産を担保に金融機関から融資を受けるという伝統的な資金調達手法以外に，自己の取引先に対する多数の売掛金債権等の指名債権をまとめて譲渡して資金を得る方法が増えてきている（統計的に全企業の保有する売掛金等の総額は，保有不動産の総額に匹敵する）。ことに，大企業の場合は，債権流動化と呼ばれる仕組みの中で大量の債権を対象に行うことが多い。この場合，債

権の購入者に直接譲渡するのではなく，債権流動化のために特別に作った会社等に一度債権譲渡をし，譲受人たる特別目的会社（SPC）等が譲り受けた債権をもとに証券を発行したりして投資家に再度売却するものである（このようなやり方を債権の流動化とか証券化などと呼ぶ。リース会社やクレジット会社が，自己の保有する，これから数年かけて回収されるリース料や立替払金をまとめて譲渡して現時点でまとまった資金を得るケースなどがわかりやすいだろう。資金を調達しようとする譲渡人企業等をオリジネーターと呼ぶ。SPC等にいったん譲渡するのは，それらの債権をオリジネーターの倒産のリスクから切り離して，万一の場合に投資家に影響が及ばないようにするためである）。つまり，この仕組みの中の債権譲渡は，先に述べた，企業の正常業務の中の資金調達目的でする債権譲渡ということである（このような大量債権の譲渡の場合に容易に第三者対抗要件を備えられるようにしたのが，先述の債権譲渡登記制度である）。

(3) **担保のための債権譲渡**　　債権を担保に供するための方法　★★として，債権質（362条以下）やいわゆる代理受領委任契約（弁済受領権限のみを移転させるもの）などと並んで，この担保のための債権譲渡（債権譲渡担保）がある。債務者Bが，自己の債務の弁済を担保するために，第三債務者Cに対して有する自己の債権を，債権者Aに譲渡するもので，実質は担保の供与であるが債権譲渡の形式を採るものである。今日ではこの手法はごく一般に広く行われている。最近は特に，既に発生している債権と将来発生する債権を包括的に譲渡担保に供する取引方法（集合債権譲渡担保）が増えてきている。

　後述するように改正法は，近時の判例法理を容れて将来債権譲渡契約の有効性を466条の6に明文化したが（後掲6の平成11年，平成12年の最高裁判決を参照），判例は，既発生債権および将来債権

を一括して譲渡する集合債権譲渡担保契約においても，その契約による債権譲渡を第三者に対抗するには，債権譲渡の対抗要件の方法によることができるとした（前掲最判平13・11・22）。ただし判例は債権譲渡について，担保物権法で論じられる譲渡担保の担保的構成のようなものは採用しておらず，本判決も，譲渡があれば債権は移転し，その対抗要件は467条に定める通知・承諾であるという立場と評価しうる。ちなみに，最近の実務界では，この債権譲渡担保の実質を果たす趣旨で，債権譲渡契約の予約をしたり，停止条件付きで債権譲渡契約をしたりする手法も現れているが，判例は予約型債権譲渡契約でその予約に確定日付のある通知・承諾を得たというケースについて，それをもって予約完結による債権譲渡の効力を第三者に対抗することはできないとした（最判平13・11・27民集55巻6号1090頁）。予約について第三者対抗要件の手続を履践しても，本契約たる債権譲渡の対抗要件にはならないという，論理的には当然の判決である。

　なお，この債権譲渡担保は，今日の実務では特に中小企業の資金調達手法として非常に広く行われており，その場合の対抗要件具備は，（民法467条の確定日付のある通知・承諾を使うケースもあるが）債権譲渡登記が使われるケースが多い。これは，債権譲渡登記の場合，それで第三者対抗要件は確保でき，譲受人たる融資者はそのまま譲渡人たる中小企業等に譲渡済み債権の回収を委託して，譲渡人は債務者に（債権譲渡の事実を知ることによる）不安を持たれずに従来の取引を継続できるという利便もあるからである。

　2005年以降は，在庫などを担保に取る動産（集合動産）譲渡担保と組みあわせて行う取引形態も盛んになりつつある。これが，ABL（アセット・ベースト・レンディング。動産債権担保融資とか，流動資産一体型担保融資などと訳される）と呼ばれるものである。

⑷　**代物弁済としての債権譲渡**　これは従来から行われているものである。弁済期が来て，現金で支払う代わりに，債権を譲渡するというものである。しかしこれは，従来から譲渡人の資金繰りが苦しくなったときに行われることも多く，二重・三重の譲渡の発生する原因になったり（こういうケースでは多重差押えも発生することが多い），詐害行為として取り消されたりする場合もある。なお，従来は代物弁済契約が要物契約であったので（改正前482条），そこから，第三者対抗要件を具備しなければ，給付が現実になされたとはいえず，債権消滅の効果は生じないと解されていたが，改正法では代物弁済は諾成契約であることが明示され，その代物の給付がされたときに債権が消滅するという規定となった（改正法482条）。

6　債権譲渡による資金調達と将来債権譲渡　★★

　最近では，現在存在するかまたは将来に発生する売掛金債権等の債権を活用して資金調達を図る企業が多くなってきている。この場合には，債権の確定的な譲渡（真正売買）として行うケースと，上に述べた債権譲渡担保として行うケースがある。そしてそのいずれの場合も，将来債権を含む場合は，発生を見込んで一定額を譲渡するわけである（このような取引の必然性を知ることが重要である。たとえば，売掛債権による資金調達の場合，既発生の売掛債権というのは，直近の2，3か月分しかないので，それだけを見返りにしたのでは調達できる金額が十分でない）。しかしながら，契約一般の有効性の議論として，確定性，特定性，合法性等が問題になる。すでに譲渡制限特約のところでもふれたように，将来債権譲渡の有効性については，改正法は近年の判例法理を取り込んで，466条の6第1項に明文化した。その判例法理の展開は以下のようなものである。

最高裁平成 11 年 1 月 29 日判決（民集 53 巻 1 号 151 頁）は，将来の診療報酬債権（医師が保険診療を行った場合に得られる，社会保険診療報酬支払基金に対する債権。個々の将来の患者に対する債権ではない）の譲渡の事案で，債権の発生可能性の高低は契約の有効性を左右しないとして，長期の将来債権譲渡契約（実際の事案では 8 年 3 ヵ月の契約のうちの 6 年 8 ヵ月から 1 年間のもの）を有効とした。さらに最高裁平成 12 年 4 月 21 日判決（民集 54 巻 4 号 1562 頁）は，譲渡される将来債権の特定の問題について，譲渡人が有する他の債権から識別できれば足りると，比較的ゆるやかに認める判断をした。もっとも，そこまで判例が有効と認めてきた将来債権譲渡は，すべて第三債務者が確定しているものであり，第三債務者不確定の将来債権（将来発生する債権で債務者が誰になるか決まっていないもの）については，判例上明示的に認めたものはなかったが（医師の将来の診療報酬債権の譲渡の事例も，第三債務者は個々の患者（不特定）ではなく，国の社会保険診療報酬支払基金（特定）であることに注意），前掲の平成 16 年の債権譲渡特例法改正によって，第三債務者不特定の将来債権の譲渡についても特例法登記ができることになったのは，当然，そのような譲渡を実体法上有効と前提していることになる。

　さらに，466 条の 6 第 2 項は，未発生の将来債権の譲渡の場合，「譲受人は，発生した債権を当然に取得する」という明文規定を置いた。これも判例法理の明文化といえるが，いわゆる将来債権譲渡の場合の権利移転時期については（学説には契約時説と債権発生時説がある）明示したわけではない。判例もまだこれを直接に判示した最高裁判決はないが，債権譲渡担保と国税徴収法 24 条に基づく譲渡担保権者の物的納税責任との関係が争われた事案で，最高裁は，原審判決が将来債権は発生時にはじめて譲受人に移転するとしたのを覆し，国税の法定の納期限以前に将来債権譲渡契

約が存在し対抗要件を具備しているのであれば，目的の将来債権が法定納期限到来後に発生した場合であっても，当該債権はすでに譲渡担保財産になっているとして国を敗訴させた（最判平19・2・15民集61巻1号243頁。結果的に，対抗要件具備と法定納期限との先後で決すればよいことになる。なおこれは，前掲最判平13・11・22と同一事案で，敗訴した国が再度訴訟提起したものである）。契約時に権利が移転するという契約時説に親和性の高い判断といえる。

　なお，将来債権譲渡と譲渡制限特約の関係を規定する466条の6第3項については，本章 I 2(イ)(i)に既述した。

7　債権譲渡と相殺　　★★

　(1)　改正法の規定 —— 従来の判例法理と同様の部分　　債権譲渡と相殺については，従来から差押えと相殺の論点と並行して議論されてきた。今回，改正法では，469条に債権の譲渡における相殺権の規定を新設し，従来の議論を明文化するとともに，さらに一歩を進めた規定を置いた。

　同条1項は，債務者は，対抗要件具備時より前に取得した譲渡人に対する債権による相殺をもって譲受人に対抗することができるとするもので，これは，最高裁の判例である無制限説（債権譲渡があった時に債務者が譲渡人に対して反対債権を持ってさえいれば，反対債権（自働債権）の弁済期と譲渡債権（受働債権）の弁済期の先後などを問わずに，相殺適状となった時点で債務者は相殺をしうる。最判昭50・12・8民集29巻11号1864頁）を明文化したものであって，特段の問題はない。なお，ここでいう対抗要件具備時の意味は，債務者に対する権利行使要件具備時ということである。

　(2)　改正法の規定 —— 差押えと相殺と同一の拡張部分　　しかし，同条2項はさらに，債務者が対抗要件具備時より後に取得し

た譲渡人に対する債権であっても，対抗要件具備時より前の原因に基づいて生じた債権（同項1号）と，譲受人の取得した債権の発生原因である契約に基づいて生じた債権（同項2号）については，相殺権の行使を認めた（それだけ債務者の保護に厚い規定を置いたことになる）。

このうち2項1号は，譲受人による権利行使要件具備時より後に取得した債権であっても，その発生原因が前にある債権であれば，債務者は相殺をもって譲受人に対抗することができることを規定するものであり，これにより債務者が譲受人に対抗することができる相殺対象範囲が改正前のいわゆる無制限説の解釈よりも拡大することになる。しかしながら，この1号については，平成29年改正で民法511条2項に加えられた改正と同じであって，その意味ではこの1号までは511条の差押えと相殺とパラレルな取扱いをしたものと理解される（なお，2項柱書のただし書により，債務者は譲受人による権利行使要件具備後に他人から取得した債権による相殺をもって譲受人に対抗することはできないものとされている）。

ちなみに511条2項の改正（新規定追加）というのは，「前項の規定にかかわらず，差押え後に取得した債権が差押え前の原因に基づいて生じたものであるときは，その第三債務者は，その債権による相殺をもって差押債権者に対抗することができる。ただし，第三債務者が差押え後に他人の債権を取得したときは，この限りでない。」というものであって，立法担当者によれば，破産法における相殺権の保護の視点を，差押えと相殺の優劣に関しても採用したものだという（いわば破産法の法理の民法典への導入である）。

いずれにしても，469条2項1号は，差押えと相殺の場面（511条2項）と同様の規律である。権利行使要件の具備時に反対債権が未発生であったとしても，この時点で債権の取得原因が存在す

る債権を反対債権とする相殺については，相殺の期待が保護に値すると考えられるからである。なお，権利行使要件の具備時の原因は，（次の本条2項2号と違い）譲渡債権を発生させた原因である契約と同一のものであることを要しない。また，契約に限らず，不法行為や不当利得も含まれる。したがって，譲受人から譲渡債権の履行請求を受けた債務者は，たとえば，権利行使要件の具備時よりも前にされた不法行為（＝「権利行使要件の具備時より前に生じた原因」）を理由とする損害賠償請求権による相殺をもって対抗することができるとされる。ここまでの部分は，（将来債権の譲受人にとって不利な要素が増えることは否めないが）差押えと相殺の場面と同一の処理をするということでは一定の合理性を見いだせるというべきであろう。

(3)　改正法の規定──差押えと相殺の規定を超える拡張部分

しかし，その次の2項2号に至っては，その立法の理由は非常に疑問である。立法担当者側の立法理由は，2項2号は，譲渡債権の発生原因である契約と同一の契約に基づいて発生した債権による相殺をもって，債務者は譲受人に対抗することができることを規定するものであり，これにより債務者が譲受人に対抗することができる相殺対象が差押えと相殺の場面以上に広がり，債務者の相殺の期待利益が保護されることになった（なお，本号においても1号と同様，2項柱書ただし書により，債務者は譲受人による権利行使要件具備後に他人から取得した債権による相殺をもって譲受人に対抗することはできないものとされている）。

そのようにした理由は，立法担当者によると，「将来債権が譲渡された場合については，譲渡後も譲渡人と債務者との間における取引が継続することが想定されるので，法定相殺と差押えの場合よりも相殺の期待利益を広く保護する必要性が高い（譲受人も，

継続的取引から生じる将来債権を譲り受ける以上，相殺のリスクを計算に入れておくべきである）」という考慮に基づき，相殺の抗弁を対抗することができるとしたものであるという。

　そしてまた立法資料によれば，「（本条 2 項 2 号は）明文で示されていないものの，譲渡されたものが将来債権である場面に，その射程が限定される」という。たとえば，将来の請負報酬債権が譲渡され，対抗要件が具備された後で請負契約が締結され，その契約に基づく修補に変わる損害賠償請求権が発生したような場合に拡張されるというのである。同一の契約から生じた債権・債務であるにもかかわらず債務者の相殺の期待を保護しないのは衡平に失するとの観点から設けられたものと説明される。

　これらの理由づけは，一見するとつじつまが合っているように読めるが，結局将来債権譲渡の場面における債務者保護を言っているだけであって，当事者のリスク配分の合理性という観点からは，そこまで債務者保護を強化することの説得力があるとはいえない。

　また，この改正は，従来の学説の方向性とは逆である。債権譲渡と相殺の論点については，改正前 511 条の差押えと相殺の論点とパラレルに判例法理が展開し，学説もかつてはそれを承認していたのであるが，最近では，債権譲渡と相殺のほうには制限説を採用し，差押えと相殺のいわゆる無制限説よりも狭く相殺範囲をとらえようとする学説が優勢になってきている状況にあった。しかし，その学説状況に逆行する，今回の，差押えと相殺に関して認められる範囲以上の相殺の効力拡張が債権譲渡と相殺のほうで提案され，上記の学説を主張していた学者委員らの反対なしに成案となったのである。ここでは学説の意義と機能が今後問われよう。

(4)　改正法の読み替え規定　　469条3項は，前述の466条4項の，債務者が任意に給付をしない場合の譲受人の履行催告権行使における前2項の規定の適用については，これらの規定中「対抗要件具備時」とあるのは「第466条第4項の相当の期間を経過した時」とし，466条の3の場合（譲渡人について破産手続開始の決定があった場合の，譲受人の債務者に対する供託請求権行使の場合）におけるこれらの規定の適用については，これらの規定中「対抗要件具備時」とあるのは「第466条の3の規定により同条の譲受人から供託の請求を受けた時」と読み替えるとしている。前掲の468条2項と同趣旨の規定である。

Ⅲ　民法の債権譲渡と他の法律による債権譲渡

　現代における債権譲渡は，民法の規定するいわゆる従来の指名債権譲渡だけではなく，その他の法律による債権の譲渡との比較で理解されなければならない。わが国では，債権の流通・移転を安全に促進するために作られた手形の制度によって，指名債権譲渡（当初はそれほど頻繁に行われると予測されていなかった）との役割分担が図られてきた（なおこれまでの民法典には，いわゆる指名債権と手形等の有価証券との中間に位置するような証券的債権の規定が469条以下に置かれていたが，平成29年改正法ではこれらをすべて削除した上で，債権総則の末尾に有価証券の規定を置いた。それらについては，本書第8章を参照）。債権を証券上に化体して，裏書によって移転させる手形は，わが国では世界でも類を見ないほどに信頼性の高い債権移転・決済制度として頻繁に使われてきたのであるが，近年では，その発行，管理，裏書移転，呈示のそれぞれの段階における「紙」の負担が重荷となり，さらに印紙税がかかることもあって，手形の利

用は激減している（政府は2026年度末には紙の手形を全廃する計画を公表している）。一方，「紙」がいらない指名債権の場合は，弁済の確保や譲受けのリスク（債権の存在の確認，譲渡禁止特約の有無，二重譲渡の可能性等）の排除が難しく，また対抗要件具備が（特例法登記の制度はできたものの）煩瑣である。

このような状況と，社会のIT化の進展が相まって，平成19（2007）年には，電子記録債権法が制定され，指名債権でも手形債権でもない，記録機関（民間に複数設置可能）のコンピュータへの電子的な記録によって発生し譲渡される，電子記録債権という新類型の債権が創設された（電子債権記録機関は，2022年末の段階で全国銀行協会設置のものを含め全国で5機関が稼動している）。これは，金銭債権に限定されるが，従来の手形による決済や指名債権による担保設定を代替するものとして活用されることが期待されている。なお，電子記録債権は，原因債権たる指名債権とは別の債権であり（売掛金債権を電子記録債権として記録すれば，売掛金債権（指名債権）と電子記録債権が，指名債権と手形債権の関係と同様に二つ存在することになる），電子債権記録機関の記録原簿への記録が発生や譲渡の効力要件であるから（電子債権15条，17条），発生記録がされたものはすべて金額等の定まった既発生債権ということになり，いわゆる将来債権はそのままでは電子記録債権にはできない。また譲渡にあたっては，合意だけでは譲渡したことにならず，譲渡記録をすれば当然ながら他の対抗要件具備などは不要である。電子記録債権には基本的に手形並みの安全性（抗弁の切断等）が確保されるが，当事者が任意に一部の抗弁を残したり，また法律上は付与できる譲渡禁止の記録を記録機関が業務規程で排除できる（譲渡禁止の記録を受け付けない）等の自由が保障されている（電子債権16条2項・5項等参照）。

Ⅳ　債務引受

1　序　説

　債務引受とは，最も広い意味では，債務者の債務を他人が引き受ける契約をいう。この広義の債務引受には3種のものが含まれる。①今日最も多く使われる債務引受とは，原債務者Bが免責されることなく，引受人CがBとともに同一内容の債務を負担する契約であり，これを「併存的債務引受」と呼ぶ。②これに対し，原債務者の債務と同一内容の債務を引受人Cが引き受けて債務者になり，これによって原債務者Bが債務を免れる契約を「免責的債務引受」と呼ぶ。これらの債務引受では，引受人Cはいずれの場合も，債権者Aとの関係において債務者となるが，③さらに「履行引受」と呼ばれるものにおいては，引受人Cは原債務者Bに対する関係でのみ債務の履行を引き受け，債権者Aとの関係では原債務者Bのみが債務者であり続ける。最も広い意味では，これも含めて，債務引受ということがある。なお，債務引受は契約による債務の発生ないし移転であり，法律の規定による発生ないし移転（たとえば，相続や会社の合併によるもの）を含まない。また，この分野には，日本民法にはこれまで規定がなく，第二次大戦後にできた各国の民法典に比べて遅れていたが，今回の改正法でようやく明文規定が置かれた。

2　免責的債務引受

　(1)　意義　　上に述べたように，免責的債務引受とは，債務の同一性を保ちつつ債務を移転する契約であり，これによって原債務者は債務を免れる（472条1項）。したがってこの契約の場合，

債務者の交代によって，債務を担保する責任財産に変動が生じるので，債権者の利害に大きく影響し，また原債務者のために担保を提供していた者（保証人，物上保証人）にとっても危険がある（(2)(3)参照）。

(2)　要件　　(ア)　債務の移転可能性　　免責的債務引受が有効になされるためには，債務の内容が，原債務者以外の者によっても実現しうるものでなければならない。

(イ)　当事者　　引受契約の当事者は誰でなければならないか。債務者の交代が債権者の利害に大きく影響するところから，債権者の何らかの関与がなければ，免責的債務引受は認めるべきでない。したがって，①債権者・債務者・引受人の三面契約でなしうることは疑いない。②債権者と引受人の間の契約でなしうる（472条2項。大判大10・5・9民録27輯899頁）ことも異論はない。原債務者は債務を免れるという利益を受けるのみであるから，原債務者を除外して引受契約がなされても不都合はないからである。ただしこの場合において，免責的債務引受は，債権者が債務者に対してその契約をした旨を通知した時に，その効力を生ずる（同項後段）。③原債務者と引受人との契約によってもなしうるか。かつては否定説が強かったが，現在の通説は，債権者の承諾（同意）があれば有効と解しており，改正法でもその旨（引受人となる者に対する承諾）が規定された（同条3項）。最高裁・大審院の判例には，この型の債務引受の有効性を正面から問題としたものはないが，後述する契約引受（免責的債務引受をその一要素として含む）については，契約の相手方の同意があれば契約譲渡人と譲受人との間の契約が有効となるとする判例がある（最判昭30・9・29民集9巻10号1472頁）。

(3)　効果　　(ア)　債務　　免責的債務引受によって，債務本体

図14　債務引受の三類型

①免責的債務引受

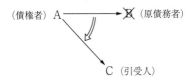

②併存的（重畳的）債務引受

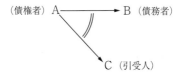

③履行引受

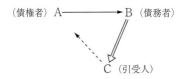

は，引受当時の状態で同一性を失わずに引受人に移転する形とな
る。

　(イ)　抗弁　　引受人は，引受当時原債務者が有していた一切の
抗弁事由をもって，債権者に抗弁しうる（472条の2第1項）。債務
の不成立，一部弁済，同時履行の抗弁権，原契約の取消し・解除
があったこと，などがこれに属する。ただし，最後の取消し・解
除については，引受人自らが取消権・解除権自体を行使すること

はできない。このような権利は，契約の当事者の有するものであるが，債務を引き継いだだけの引受人には，完全な当事者性はないからである（通説。判例も，解除について大判大14・12・15民集4巻710頁等）。改正法は，その代わりに，引受人は，免責的債務引受がなければこれらの権利の行使によって債務者がその債務を免れることができた限度において，債権者に対して債務の履行を拒むことができると規定した（同条第2項）。

　(ウ)　引受人の求償権　　免責的債務引受の引受人は，債務者に対して求償権を取得しない（472条の3）。引受人は，債務の履行を自分のコストで負担する意思があると一般に考えられるという趣旨で規定されたものである。もとより債務者と引受人間で，引受けの対価を支払う合意をすることは可能である。

　(エ)　担保の移転　　これについては，改正法は以下のように規定した。①まず，債権者は，引受または承諾に際して，債務者に設定していた担保権を引受人に移すことができる（472条の4第1項本文）。また，「引受人以外の者」が提供している担保については，その担保提供者の承諾を得なければならない（同条1項ただし書）。この場合の「承諾」は，担保移転の承諾の意思表示である。注意すべきは，債務者は「引受人以外の者」であるから，債務者の提供している担保の移転には債務者の承諾がいるということである。②1項の担保移転は，免責的債務引受契約に先立って，あるいはそれと同時に，引受人に対してする意思表示によってしなければならない（同条2項）。免責的債務引受があると，原債務者の債務は消滅するのだから，消滅に関する附従性によって担保も消滅するという問題を避けるためである。③保証人の保証債務を移す場合にも，同様に保証人の承諾を必要とする（同条3項）。つまり，債務者の責任財産の変化が保証人に大きく影響するのであ

るから，保証人の承諾がないかぎり，免責的債務引受によって保証債務は消滅すると考えるのが，従来からの判例（大判大11・3・1民集1巻80頁）・通説である。さらにその場合の保証人の承諾は，書面によってしなければ効力を生じない（同条4項）。保証契約の要式行為性（446条2項）と平仄を合わせたものである。承諾が電磁的記録でなされたときは，書面によってなされたものとみなす（同条5項。446条3項と同様の規定である）。

3　併存的債務引受

（1）　意義　　併存的債務引受とは，引受人Cが原債務者Bと連帯して，同一内容の債務を負う契約をいう。Bはこれによって免責されることなく，債権者Aは，原債務者と引受人の両者に対して債権を有することになる（470条1項）。この結果，債務者が1人増えた形になるので，保証に類似した機能が果たされ（しかし付従性はない），債権の担保力が引受人の一般財産が加わった分だけ増大する。このように併存的債務引受は，債権者にとって有利な契約であるので，債権者の意思は，免責的債務引受の場合ほど重要視される必要はない。なお最近の実務では，大企業が手形を使わずに多数の納入企業に対する購入代金を決済する一括決済方式において，受託会社が納入企業から債権譲渡を受ける債権譲渡方式と並んで，受託会社が大企業から購入金債務をまとめて併存的債務引受をする方式も用いられている（受託会社は各納入企業に弁済して，大企業に一括して求償し，手数料を得るというものである）。

（2）　要件　　（ア）　債務の内容　　併存的債務引受の場合も，その債務の内容が第三者によっても実現しうるものでなければならない。

（イ）　当事者　　これにも3類型がある。①原債務者・引受人・

債権者の三面契約でなしうることは当然である。②原債務者ぬき
で，債権者と引受人との間の契約でもなしうる（470条2項。判
例・通説）。しかも，併存的債務引受の有する保証的性格から，保
証が主たる債務者の意思に反してなすことができる（462条2項）
こととの権衡から，原債務者の意思に反してもなしうると解され
ている（大判大15・3・25民集5巻219頁，通説）。③債権者ぬきで，
原債務者と引受人との間の契約でもなしうる（470条3項本文）。た
だしこの場合は，債権者が引受人となる者に対して承諾の意思表
示をしたときに効力を生ずる（同項ただし書）。またこの場合は，
債権者に引受人に対する債権を取得させる契約ということになる
から，第三者のためにする契約としての性格をもつ。したがって，
この類型でする併存的債務引受は，第三者のためにする契約の規
定に従う（同条4項）。具体的には，債権者のためにすることの明
示の約定（大判昭11・7・4民集15巻1304頁）と，債権者の受益の意
思表示（537条2項）が必要とされる（大判昭10・10・19新聞3909号
18頁）。したがって，470条3項にいう債権者の承諾は，この受
益の意思表示に相当するものであって，債務引受の効力発生要件
である。もっとも，債権者が引受人に対して，請求等債権者の権
利を行使すれば，受益の意思表示ありと解してよい（通説）。

　(3)　効果　　(ア)　債務　　併存的債務引受によって，原債務者
Bの債務はそのまま存続するとともに，引受人Cは，原債務者
と同一内容の債務を負担する。この両者の債務の関係については，
改正法は連帯債務であることを明示した（470条1項）。この点に
ついて判例は，以前から連帯債務と解してきた。しかし，従来の
連帯債務には，債務者の1人について生じた事由について絶対的
効力をもつ範囲が広く，一律に，併存的債務引受がある場合に連
帯債務が成立すると解するのは問題であるとする学説も強かった

が，今回の改正で連帯債務の絶対的効力事由が減少し，免除等も相対的効力事由となったので，改正法は連帯債務関係と明示した。

　(イ)　抗弁　　引受人は，原債務者と同一内容の債務を負うのであるから，引受当時，原債務者が有していた一切の抗弁事由をもって，債権者に対抗しうることは当然である（471条1項）。この点では，免責的債務引受と変わるところがない。また，債務者の取消権，解除権についても，引受人がその限度での履行拒絶権を持つのも免責的債務引受と同様である（同条2項）。

　(ウ)　担保　　原債務はそのまま存続するから，免責的債務引受におけるような担保の消滅の問題は生じない。

4　履行引受

　(1)　意義　　履行引受とは，引受人Cが原債務者Bに対してBの債務を代わって履行することを約する，原債務者・引受人間の契約をいう。債権者Aと引受人Cとの間には，なんらの法律関係も発生せず，Cは，Aに対し，第三者として弁済（474条）するにすぎない。この点が，上に述べた免責的債務引受・併存的債務引受と大きく異なる。

　(2)　要件　　第三者が代わってなしうる債務につき，原債務者と引受人との間で，債務を移転する合意が必要である。債権者はまったく関係しない。

　(3)　効果　　引受人は，債権者に第三者として弁済するなどして，原債務者を免責せしめるべき義務を原債務者に対して負う。したがって，引受人が履行しない場合は，原債務者は引受人に対し履行を請求し強制執行もでき損害賠償の請求もできる（最判昭41・12・20民集20巻10号2139頁）。債権者は，引受人に対し，直接，なんらの権利も取得しない。

V　契約譲渡（契約上の地位の移転）

1　意　義

　契約上の地位の移転を，一般に「契約譲渡（契約上の地位の譲渡）」あるいは「契約引受」などと呼ぶ。契約当事者たる地位の承継を目的とする契約であり，たとえば，ある賃貸借契約における賃貸人の有する権利義務の一切を移転する契約などがこれにあたる。ここで注意すべきは，契約当事者の地位の移転は，債権と債務の移転に尽きるものではなく，契約譲渡（契約引受）は債権譲渡と債務引受をあわせただけのものではないということである。契約当事者がもちうる取消権・解除権の移転も，その構成要素として見落としてはならない。

　この契約上の地位の移転については，これまでわが民法上には規定がなかったが，改正法は，契約総則（本シリーズⅣで扱う）の中に，一か条，「契約の当事者の一方が第三者との間で契約上の地位を譲渡する旨の合意をした場合において，その契約の相手方がその譲渡を承諾したときは，契約上の地位は，その第三者に移転する」との規定を置いた（539条の2）。しかしこれは単に契約上の地位の移転ができることを示しただけの規定にすぎない。なお，賃貸不動産の譲渡と賃貸人の地位の移転に関しては，契約各則（本シリーズⅣで扱う）の賃貸借のところに，新たに特別の規定が置かれた（605条の2・605条の3）。以下には，これまでの判例・学説を紹介しつつ，必要と思われる若干の解説を施しておく。

2　要　件

(1)　契約の内容　　契約の内容が，債権・債務とも第三者に移

転しうるものであることを必要とする。

　(2)　当事者　　㋐　契約上の地位の譲渡人・承継人・契約の相手方の三面契約でなされる場合には，問題がない（大判昭2・12・16民集6巻706頁）。

　㋑　しかし，最も多いのは譲渡人と承継人だけの契約でなされる場合であり，これが相手方にどのような要件で効力を生じるかが問題になる。①原則的に契約上の地位の移転が相手方の権利義務に与える影響が大きいときは（たとえば，売買契約では，買主が代われば代金支払義務の，売主が代われば目的物引渡義務の，確実性が大きく変わる），相手方の承認を重視し，承認がえられれば，譲渡人と承継人の間でした引受契約でも有効になる，と考える。したがって，免責的債務引受におけると同様の考え方で，相手方の承認を要すると解されている（結果同旨，前掲最判昭30・9・29）。この場合の承認は，契約引受の成立要件ではなく効力要件とみてよいようである。なお，債務引受や契約引受の場合の「承認」ないし「同意」（判例では「承諾」とするものもある）の法的性質は，債権譲渡の「承諾」について通説が単なる観念の表示とみるのと異なり，意思表示と解すべきであろう。以上の考え方をもとに，改正法539条の2が置かれたと考えてよかろう。そこでは「承諾」の語が用いられているが，これは上記の承認ないし同意にあたる意思表示の意味と解するべきである。②契約上の地位の移転が，相手方にとって影響が少なく，しかも移転の必要性が大きい契約関係にあっては，相手方の承認は重視されなくてもよいので，譲渡人と承継人の間の契約のみで地位を移転することができ，かつ相手方の承認なしに相手方に対しても効力を有する，と考えてよい。たとえば，賃貸借契約における賃貸人の地位の移転については，判例でも，賃借人が対抗要件（605条，借地借家10条1項，31条1項）を備えて

さえいれば，賃借人の承認（承諾）がなくても賃貸人の地位を移転できる（賃貸借の目的物の所有権の移転に伴い賃貸人の地位は一括して移転する）としている（最判昭46・4・23民集25巻3号388頁，通説）。この考え方が，改正法605条の3で規定されたと考えればよい。

3　効　果

（1）原則　　移転の対象となった契約から生じる債権・債務は，すべて承継人に帰属する。無効・取消しのような契約締結上の瑕疵も引き継がれ，解除権も承継される。

（2）解除権の帰趨　　解除権は，契約当事者またはその地位の承継人に専属する（通説）。そこで判例も，単に契約から生じた債権を譲り受けただけでは解除権はなお譲渡人にあるが（大判大14・12・15民集4巻710頁），契約の当事者たる地位ないし「全債権関係」または「全法律関係」の承継があれば承継人が解除できるとしている（大判昭12・5・7民集16巻544頁）。なお，債権譲渡だけがあって解除権がまだ譲渡人に残る場合でも，譲渡人は譲受人の債権を一方的に奪うことはできず，譲渡人は解除をするには譲受人の同意を要すると解されている（大判昭3・2・28民集7巻107頁）。

（3）取消権の帰趨　　譲渡人の有した取消権についても同様に問題となるが，これは，取消権者として民法120条にあげられた「承継人」とはなにか，の問題と連結する。ここに，特定承継人として契約上の地位の承継人が含まれることにはまず異論がない。また，契約上の地位を一括して譲渡した譲渡人にはもはや取消権がないと解すべきであろう（なお，債権だけが譲渡された場合も，上に解除権について述べたと同様，譲渡人が取り消すには譲受人の同意を要するとみるべきであろう）。

4　問題点

　契約譲渡についての問題点は，539条の2など，平成29年改正で新設された民法上の規定がなお不十分であることから生ずる。たとえば，二重に行われた場合の優劣を決定する対抗要件の規定が存在しないことである（そもそも対抗要件は，法の定めた一定の手続を履践することによって画一的な法的処理が図れるところが優れるのであって，対抗要件は法定的なものでなければならない）。たとえば，ゴルフ会員権の譲渡は，単なる債権譲渡ではなく，ゴルフ場の優先利用権と年会費支払債務等が含まれる権利義務の総体としての契約上の地位の移転にあたると考えられるのであるが，このような契約上の地位の二重譲渡の場合に，近年の判例は，指名債権譲渡の対抗要件たる確定日付のある通知・承諾によって優劣を決すべきものとした（最判平8・7・12民集50巻7号1918頁）。ただし，理論的には債権譲渡は債務者の了解なしに行うことができ，そのために債務者の承諾（観念の表示）は対抗要件の一つになっているにすぎないのであるが，契約譲渡であれば，本来相手方の承認（意思表示）が有効要件として要求される。その意味で，契約譲渡の対抗要件を債権譲渡の対抗要件で代えることには問題も残る。債務引受と契約譲渡については，将来，対抗要件を含めた規定を民法中に加える立法が必要であろう。

第7章　債権の消滅

I　序　説

1　債権の目的と債権の消滅

　たとえば，AがBから自動車を買う契約を締結した場合，AB双方に債権が発生するが，Aの債権の権利内容は，いうまでもなく，Bに対して自動車の所有権の移転・登録および引渡しを請求しうることであり，Bの債権の権利内容は，Aに対して代金の支払いを請求しうることである。したがって，BからAへの所有権移転手続と引渡しが完了すれば，Aの債権は消滅するし，AがBに代金を支払えば，Bの債権は消滅する。このように，債権は，給付内容の実現を目的とする権利であるから，その目的を達すれば消滅する。

　通常，債権は，債務者による給付内容の実現によって消滅するが，給付内容の実現が不能となった場合にもその手段としての現実的な意味を失い，本来の給付を目的とする債権は消滅するし，あるいは，給付を実現する手段としての意味を失うような事由がある場合にも債権は消滅する。もっとも，給付内容の実現が不能となった場合については，平成29年改正において，考え方の大きな転換がなされて，契約の解除と反対債務の履行拒絶という構成がとられることとなった結果，実現不能によって債務は必ずしも消滅しないこととなった（詳細は，本シリーズIV・債権各論参照）。

2　債権の消滅原因

(1)　消滅原因と民法の規定　　民法は，債権の消滅原因を，弁済，相殺，更改，免除，混同の五つの款に分けて規定している（473条〜520条）。しかし，この弁済の款には，弁済そのものとは性質を異にする代物弁済と供託についての規定が含まれており，一般には，この二つを加え七つの消滅原因に分けて説明される。その法律要件の性質という観点から，これらの消滅事由をみると，いくつかの類型に分類することができる。第一は，法律行為と考えられる免除（債権者の単独行為），供託・相殺（債務者の単独行為），代物弁済・更改（契約）である。第二は，事件と考えられる混同である。第三は，準法律行為と考えられる弁済である。弁済の法的性質については，議論のあるところであるが，準法律行為であるとするのが通説である。なお，その他の規定（たとえば，時効による消滅）により債権が消滅する場合もある。それらを含めて，債権の消滅原因は，その目的実現との関連で通常つぎのように整理される。

(2)　目的の実現と消滅原因　　(ｱ)　内容実現による消滅　　これは，債権本来の消滅のあり方であり，その典型的な場合が弁済である。代物弁済および供託もこれに準ずる。また，債権は，債務者の任意の行為ではなく，担保権の実行や強制執行によって実現され消滅する場合もある。さらに，相殺も，債権回収の一つの方法として，ここに位置づけることができる。

　なお，たとえば，座礁した船舶を離礁させる債務を負担している債務者が作業船をさしむけたところ，それが現場に到着する前に自然に離礁していたような場合には，債務者の給付行為は不能となるが，給付内容は実現されている。したがって，これを，危険負担等（536条）の問題とすることは適切ではない。とくに，

債務者の出捐した費用負担に関して，これを「目的到達による債権の消滅」という独立した消滅原因として扱うべきだとする主張が有力である。

　(イ)　内容実現不能による消滅　　たとえば，家屋の売買契約において，その家屋が焼失してしまった場合，いまやその履行を期待することはできない。その焼失が，売主の責めに帰すべき事由によるものであるときには，本来の給付に向けた債権は実現不能となり消滅するが，債務不履行に基づく損害賠償債権がそれに代わって存続することになる（415条）。

　これに対して，この焼失が売主の責めに帰すべからざる事由によるものであるときには，家屋の引渡債権は消滅せず，買主が履行不能を理由に解除できるか（542条），あるいは代金債務の履行を拒絶できるか（536条）という問題が残る。

　(ウ)　内容実現の手段性の喪失　　本来の給付内容が実現されたわけではないが，その債権が本来の給付内容を実現させる手段としての意味を失う場合がある。たとえば，債務の免除・更改・混同などがそのような債権消滅原因となる。

　(3)　権利一般に共通な消滅原因　　債権は，いうまでもなく，権利一般に認められる消滅原因によっても消滅する。すなわち，①消滅時効の完成（166条），債権の発生原因が契約である場合，②その効力に終期が付されたときにはその終期の到来（135条2項），③解除条件が付されたときにはその条件の成就（127条2項），④解除や告知の意思表示（545条，617条など）によっても消滅する。もちろん，⑤債権の消滅を目的とする合意（合意解除，免除契約，相殺契約など）があれば，これによって債権は消滅する。

Ⅱ　弁済と供託

1　弁 済

(1) **弁済の意義と性質**　　弁済とは，債権の給付内容を実現さ　★
せる行為であり，積極的な行為（作為）による場合も不作為によ
る場合もある。本来は債務者によってなされるが，第三者による
行為も弁済となりうる。弁済によって債務が消滅することは，当
然のことと考えられるが，これまで明文の規定は置かれていなか
ったところ，平成29年改正によって明文の規定が新設された
(473条)。

　なお，弁済と同様の意味で履行という用語が使われることがあ
る。弁済は，債権の消滅という効果（給付結果）に，履行はその
実現過程（給付行為）に視点を置いた表現である。また，金銭債
務の弁済については，とくに支払いともいわれる（手1条，割賦3
条など）。

　たとえば，10万円の借金をしている債務者が，債権者に贈与
する意思を示して10万円を交付したとしても，それは借金の弁
済にはならない。しかし，弁済には，債務消滅を欲する効果意思
（弁済意思）や意思表示の存在は必要ではない。ただ，弁済として
当該給付をなそうとする意思が必要か否かは議論のあるところで
ある。もっとも，給付内容そのものが権利移転などにかかわる法
律行為をなすことである場合には，そのかぎりでは，法律行為に
ついてのルールが適用される。したがって，その行為につき，詐
欺・強迫や錯誤が認められるとき，行為者が未成年者のような制
限行為能力者であるときなどには，給付行為の取消しや無効が問
題となり，結果的には弁済がなかったことにもなりうる。

★★　　(2)　弁済の提供　　(ア)　**弁済の提供と責任軽減**　　たとえば，売買代金債務の弁済は，買主が売主に対して，金銭を提供（弁済の提供）し，債権者がこれを受領するというプロセスを経てなされる。騒音を出さない債務（不作為債務）のように，必ずしも債権者の協力を必要としない弁済もありうるが，ほとんどの場合は受領という形での債権者の協力が必要である。弁済がないかぎり，債務者はその義務から解放されることはないが，債務者側でなしうる必要な準備行為をして債権者の受領を求める行為（弁済の提供）がなされれば，すくなくとも，債務を履行しないことによって生ずべき責任を免れるものとされている（492条）。この弁済の提供は，それが，「債務の本旨」に従ったものでなければならない（493条）。その内容は，契約であればまず合意内容によるが，民法には，それを補充するものとして，給付の内容，場所・時期・費用負担についての規定が置かれている。

　　(イ)　**弁済の提供内容**　　まず，給付内容の一部だけの提供は，「債務の本旨」に従ったものとはいえない。もっとも，金銭債務において提供金額に僅かな不足があるにすぎない場合には，債権者がそれを拒んで債務不履行責任を追及することは，信義則上許されないものと解されている（大判昭13・6・11民集17巻1249頁）。次に，特定物の引渡しの場合には，契約その他の債権の発生原因および取引上の社会通念に照らしてその引渡しをすべき時の品質を定めることができないときは，引渡しをすべき時の現状のままでその物を引き渡せばよく，自然的な損耗や変質は問題とならない（483条）。不動産の引渡債務では，期日に登記の準備をして登記所に出頭すれば，特別の事情がないかぎり現実の引渡しがなくても提供があったものとされる。また，金銭債務の場合に，現金の提供がなくても郵便為替や銀行の自己宛小切手などの交付があ

ればよい。もっとも，普通の小切手は不渡りとなる可能性があるので金銭債務の弁済の提供としては認められない（最判昭35・11・22民集14巻13号2827頁）。

なお，弁済をした者が弁済として他人の物を引き渡した場合については，特別の規定が置かれていて，弁済をした者は，さらに有効な弁済をしなければ，その物を取り戻すことができないとされている（475条）。もし，債権者が弁済として受領した物を善意で消費し，または他の者に譲り渡したときは，その弁済は，有効とされている（476条前段）。この場合において，債権者が第三者（弁済者が債務の弁済として引き渡した物の所有者）から賠償の請求を受けたときは，弁済をした者に対して求償をすることを妨げないとされている（同条後段）。このような状況は，たとえば，金銭債務の弁済に際して，債務者が代物弁済として他人の物を債権者に引き渡した場合などが想定される。平成29年改正前においては，譲渡につき行為能力の制限を受けた所有者が弁済として物の引渡しをした場合において，その弁済を取り消したときは，その所有者は，さらに有効な弁済をしなければ，その物を取り戻すことができないと規定されていた（改正前476条）。この規定によると，制限行為能力者が法定代理人の同意を得ないで，代物弁済をした場合に，その弁済を取り消すときに，先に有効な弁済をしないと，代物弁済として引き渡した物を取り戻せないことになる。しかし，売買契約の売主が制限行為能力者である場合には，取消しによる原状回復義務（買主は物を返還し，売主は代金を返還する）は同時履行になると解されることに比して，制限行為能力者の保護に欠けると考えられることから，同条は削除された。

㈡ **弁済の提供の時期・場所・費用**　　給付の時期については，履行期の定めのない場合には，履行の請求をうけたときには直ち

に弁済しなければ遅滞の責任が生じる（412条3項。例外，591条1項）が，債務者は何時でも有効に弁済することができる。履行期の定めのある場合には，履行期まで弁済しなくてもよいが，逆に履行期までに弁済する（債務者が期限の利益を放棄する）ことはできる。もっとも，利息付金銭消費貸借などの場合には，履行期前に債務者が一方的に弁済することはできない（136条2項）。なお，期限後の弁済は，本来の給付とともに遅延損害金をもあわせて提供しなければ，有効な弁済の提供とはならない。次に，弁済をなすべき場所については，特約のないかぎり，弁済の時点での債権者の住所である（持参債務の原則）。ただし，特定物の引渡しが給付の目的となっている場合には，債権発生の当時（たとえば契約の時点）にその物の存在した場所が弁済地となる（484条1項）。弁済のための給付の費用は，債務者負担が原則となっている。ただし，債権者が住所を移転したり債権譲渡をしたりすることなどによって履行すべき場所が変更されたために弁済費用が増加した場合には，その増加分は債権者の負担となる（485条）。

　(エ)　弁済の提供の方法　　民法は，弁済の提供の方法（程度）について，現実の提供と口頭の提供との二つの方法を規定している（493条）。

　(a)　現実の提供　　給付内容が単に債権者が受領すればよい場合には，これを給付場所へ持参すれば，弁済の提供があったということになる。これを現実の提供といい，提供の方法についての原則である（493条本文）。現実の提供には，受領という債権者の協力さえあれば直ちに弁済が完了する程度までの債務者の行為が要求されている。たとえば，代金を持参したが債権者が不在だった場合にも，弁済の提供があったといえる。また，債務者自身ではなく代理人に持参させたり，代金を持参している転買人を同

道したりしている場合も同様である。

　(b)　**口頭の提供**　　債権者があらかじめ受領を拒んだ場合に　★★
は，買主は代金の支払いに必要な準備を完了して，売主にそれを
通知し受領を催告すれば，弁済の提供の効果が認められる（493
条ただし書前段）。このような提供の方法を口頭の提供という。さ
らに，たとえば，家賃債権について家主が取立てにくる旨の特約
がある場合には，家主の取立行為があってはじめてその弁済が可
能となる。そこでは，借主は家賃の支払いに必要な準備をして家
主に取立てにくるように催告すること以上にはなにもできないわ
けである。そこで，このように履行のために債権者の行為を必要
とする場合にも，この口頭の提供があれば，弁済の提供の効果が
認められる（493条ただし書後段）。取立債務のほか，登記債務，加
工債務，履行の場所や時期が債権者の指定にかかっている債務な
どがこれにあたる。

　口頭の提供の場合の弁済の準備は，すぐに弁済できる状態にあ
ればよい。したがって，現金が手もとにおかれていなくても，銀
行からの弁済資金に足る融資が確実である場合などはそれで足り
るし，逆に現金があっても直ちにそれを支払いにあてることがで
きないような状態であれば弁済の準備があるとは認められない。

　なお，家主が契約の存在そのものを否定して，賃料の受領を拒
んでいるような場合にも，履行の準備と催告をなすべきことを求
めることは無意味である。判例（最大判昭32・6・5民集11巻6号
915頁）は，賃料債務について，債権者に受領する意思がないこ
とが明白である場合には，口頭の提供さえも必要でないとしてい
る。さらに，判例（最判昭45・8・20民集24巻9号1243頁）は，賃貸
借の終了などを理由に一度受領しなかった貸主は，受領拒絶の態
度をあらためたことを表示する等の措置を積極的に講じないかぎ

り，借主の債務不履行責任は問えないとしている。もっとも，弁済の準備ができるだけの経済状態にないために言語上の提供もできない債務者は，債権者が弁済を受領しない意思が明確な場合であっても，弁済の提供をしないかぎり，債務不履行の責めを免れないとされている（最判昭44・5・1民集23巻6号935頁）。

(3) 第三者の弁済　(ア) 第三者による弁済の有効性　債務の弁済は，本来債務者本人がするものである。しかし，一方で，債務者以外の第三者は，債務者に代わって弁済することによって，利益を得られる（あるいは不利益を避けられる）ことがある。そして，他方で，債権者からすると，債務の弁済が得られるのであれば，債務者以外の第三者による弁済であってもよいと考えられる場合が少なくない。たとえば，その例として，以下のような場合が考えられる。Aがその友人Bの借金のために自分の居宅に抵当権を設定した場合，Bがこれを返済しなければ，抵当権が実行されてAは居宅を明け渡さなければならない結果となる。この場合，Aは，貸金の債権者Cとの関係では第三者であるが，債務者Bに代わって弁済できれば，それを回避することができる。Cとしても，Aから貸金を回収できるのであれば，Bから債務の弁済を受けるのと何ら異ならない効果を得られる。このように，債権は給付の実現をその目的としていて，債務者以外の第三者の行為によりその実現がなされた場合，これを弁済として認めてもその趣旨に反するものではない。そこで，民法は，原則として，第三者による給付にも弁済としての効果を認めている（474条1項）。ここでいう第三者とは，他人の債務を自己の名において弁済をなす者をいい，返済金を持参する履行補助者や代理人として弁済にあたる者はこれに含まれない。その第三者と債務者との関係は，立替払いのように委任を基礎とする場合が多いが，贈与としてなさ

れることもあるし，契約上の基礎がまったくない場合もある。

　(イ)　**弁済をするについて正当な利益を有しない第三者による弁済**　　物上保証人が主たる債務者に代わって弁済する場合（前述の例），借地上の建物の賃借人が賃貸人（＝借地人）に代わって地代を弁済する場合（最判昭 63・7・1 判時 1287 号 63 頁）などのように，第三者が弁済をするについて正当な利益を有する場合には，第三者の弁済を保護する必要があるが，これらの例にみられるように，正当な利益がない第三者が債務者に代わって債務を弁済することも考えられないわけではない。そこで，弁済をするについて正当な利益を有しない第三者は，債務者の意思に反して弁済をすることができない（474 条 2 項本文）。このような第三者が債務者の意思に反して債務を弁済しても，弁済としての効力はないことになる。ただし，債務者の意思に反することを債権者が知らなかったときは，弁済は有効とされる（同項ただし書）。また，弁済をするについて正当な利益を有しない第三者は，債権者の意思に反して債務を弁済することができない（同条 3 項本文）。債権者は，第三者の弁済の受領を拒絶できることになる。ただし，このような第三者が債務者の委託を受けて弁済する場合であって，債権者がそのことを知っていたときは，その弁済は有効となる（同項ただし書）。

　(ウ)　**債務の性質上第三者による弁済が許されない場合**　　たとえばミュージシャンの公演を行う債務のように，他人がそれを代替することが許されないような場合がある。また，雇用契約における労務の提供や寄託契約における寄託物の保管のように使用者あるいは寄託者の同意がなければ第三者によることが許されない場合もある（625 条 2 項，658 条 1 項参照）。このような場合，第三者の弁済は，債務の性質上許されないものとして弁済の効果を生じない（474 条 4 項前段）。また，契約債務の場合は契約当事者が，あ

るいは単独行為による債務の場合はその行為者が，第三者の弁済を禁止し，もしくは制限する旨の意思表示（ないしは合意）をした場合にも，第三者による給付は弁済としての効果を生じない（同項後段）。

★　　(4)　弁済による代位　　(ア)　**弁済した第三者の求償権実現の確保**
たとえば，抵当権の実行を回避するために物上保証人が第三者として弁済した場合，債務者自身が弁済した場合とは異なり，その第三者の債務者に対する求償権が問題となる。そこで，第三者や共同債務者（保証人，連帯債務者など）が弁済した場合，本来の債権は消滅しても終局的には債務者の出捐によるものではないので，債務者との関係では消滅した債権者の一切の権利をその弁済者が求償権の範囲で行使しうるとされている（499条以下）。これを「弁済による代位」という。民法ではこれを「代位弁済」と呼んでいる（502条，503条）。もっとも，条文の見出しでは，「弁済による代位」という言葉が用いられている（499条，501条，502条）。弁済者が債権者の有していた権利を行使するというプロセスに従った表現である「弁済による代位」という方が適切である。また，実務では，債務者に代わって弁済をするという意味で「代位弁済」という言葉を用いることもあり，「代位弁済」という用語を避けた方が誤解を生じないであろう。

　　(イ)　債権者の満足と求償権の存在　　弁済による代位をなしうるには，まず，債権者を満足させる出捐があったことが必要である。民法は，弁済の場合のみをあげているが，代物弁済や供託もこれに含まれる。また，共同債務者による相殺の場合もこれと同様に扱われる。なお，債権の混同や物上保証人に対する執行の場合にも代位が認められる。弁済者の求償権は，契約（委任，650条），事務管理（702条），不当利得（703条）を基礎とし，あるいは

連帯債務のような共同債務関係（430条，442条，459条以下）や物的担保関係（351条，372条）を基礎とする。弁済者が，債務者の負担を肩代わりする趣旨で弁済し，そもそも求償権を放棄していると解される場合には，代位は認められない。

(ウ) 任意代位と法定代位　　平成29年改正前においては，代位をなしうるためには，原則として，弁済するとともに，代位についての債権者の承諾（同意）を必要とし，債権者の承諾を得て代位したことを債務者や第三者に対抗するためには，債権譲渡の場合に準じて債務者への通知もしくは債務者からの承諾を必要としていた（改正前499条）。他方で，たとえば，物上保証人のように弁済をしないと自己の財産に対して強制執行をうける可能性がある者のように，弁済をするについて正当の利益を有する者については，債権者の承諾を得ることなく，当然に債権者に代位するとしていた（改正前500条）。そして，前者の債権者の承諾を要する代位を任意代位，後者の法律上当然の代位を法定代位と呼んでいた。

改正法では，債務者のために弁済した者は，弁済をするについて正当な利益を有するかどうかに関係なく，債権者の承諾を要せずに，債権者に代位するとした（499条）。そして，弁済をするについて正当な利益を有する者が債権者に代位する場合を除いて，代位したことを債務者および第三者に対抗するためには，債権譲渡と同じように，債務者への通知または債務者の承諾を必要とする（500条による467条の準用）。

(エ) 代位の効果　　弁済による代位者は，債権の効力および担保として債権者が有していた一切の権利や権能を行使することができる。すなわち，債務者に対する履行請求権，損害賠償請求権，債権保全のための債権者代位権や債権者取消権などを行使するこ

とができる。そして，債権の担保として有していた物的担保・人的担保（抵当権や保証）などについての一切の権利をも行使することができる（501 条 1 項）。ただし，代位者が権利行使できるのは，自己の権利に基づいて債務者に対して求償できる範囲内に限られる（同条 2 項）。

　債権の一部についてだけ弁済があった場合には，その部分についてのみ代位の効果が生じる。すなわち，代位者は，債権者の同意を得て，その弁済した価額に応じて，残存部分についてなお権利を有する債権者と共にその権利を行使しうる（502 条 1 項，大決昭 6・4・7 民集 10 巻 535 頁）。ただし，債権者は，単独でその権利を行使することができる（同条 2 項）だけでなく，その債権の担保の目的となっている財産の売却代金その他の当該権利の行使によって得られる金銭について，代位者が行使する権利に優先する（同条 3 項）。

　また，一部代位の場合，債務不履行による解除権は債権者だけが行使でき，一部弁済による代位者は解除できないと規定されている（同条 4 項）が，解除権は契約当事者の地位に付随するものであって，全部代位の場合にも行使できないと解されている。なお，債権者が解除した場合には，弁済者による一部弁済は非債弁済となるから（703 条参照），債権者は，代位者に対して，弁済した価額およびその利息を返還しなければならない。

★★　(オ)　**弁済について利益を有する代位者相互間の関係**　　たとえば，ある債権につき物上保証人としての抵当権設定者と保証人がいる場合に，物上保証人が弁済すれば保証人に対して全部を求償・代位でき，逆に，保証人が弁済すれば物上保証人に全部を求償・代位できるとすれば，いかにも不合理である。そこで，弁済について利益を有する代位者となりうる者が複数ある場合については，

出捐の分配の衡平を考慮して，その相互間の代位の順序と範囲を定める規定がおかれている。

　(a)　保証人・物上保証人と第三取得者との関係（501条3項1号）　　保証人および物上保証人（債務者のために自己の財産を担保に提供した者）は第三取得者（債務者から担保の目的となっている財産を譲り受けた者）に対してその全額につき債権者に代位でき，その第三取得者は保証人および物上保証人に対して債権者に代位することはできない。これは，債務者が設定した担保物の第三取得者は，本来，最終的に責任を負担すべき目的物を譲り受けたのであるから，債務を弁済した保証人が債権者に代位して行う担保権の実行については，これを甘受すべきであり，そのリスクは債務者との譲渡契約において処理されるべきものだからである。平成29年改正前においては，その目的物が不動産である場合には，あらかじめ代位の付記登記をしておかなければ，保証人は代位できないと規定されていた（改正前501条1号）。しかし，この規定については，第三取得者は，担保の負担を覚悟して取得しているはずであるから，代位者に付記登記を要求することに対して，疑問があると考えられていた。そこで，これは，保証人が弁済をした後に現れた第三取得者に関する規定であり，第三取得者の取得後に保証人が弁済した場合には，この付記登記は不要であると解するのが通説・判例（最判昭41・11・18民集20巻9号1861頁）となっていた。このような判例・学説の経緯から，平成29年改正では，付記登記は必要とされなくなった（なお，保証人と物上保証人間における代位についても，改正前501条6号は，同条1号を準用し，付記登記が必要であるとしていたが，この場合についても，改正法では，付記登記を必要としていない）。

　(b)　第三取得者相互間の関係，物上保証人相互間の関係

（501条3項2号3号）　　たとえば，ある債権について抵当不動産が二個あり，それぞれ譲渡されて第三取得者が2人となった場合，その1人が弁済したとする。このような第三取得者相互間では，各不動産の価格に応じて債権者に代位すると規定されている。したがって，1人が弁済すれば，その債権額を不動産の価格に応じて割り付け，その範囲内で代位できることになる。物上保証人相互間においても同様である。

　　（c）　保証人と物上保証人との関係（501条3項4号）　　ある債権につき物上保証人としての抵当権設定者と保証人がいる場合，そのいずれかが弁済したときは，その頭数（人数）に応じて債権額を分け，その範囲内において代位する（図15）。これは，被担保債権につき自己の特定財産を担保に供した物上保証人と一般財産を担保に供した保証人との間の負担の衡平を配慮した技術的な規定である。物上保証人が保証人を兼ねていても，1人として計算する（大判昭9・11・24民集13巻2153頁，図16）。この場合，両者を兼ねる者の代位の割合については，そのための的確な基準を見いだすことは難しいが，判例（最判昭61・11・27民集40巻7号1205頁）では，全員の頭数に応じた平等の割合であると解するのが相当であるとされており，保証人としての地位で代位することになる。さらに物上保証人が複数であるときは，まず，頭数による計算で保証人の負担部分を除き，その残額について，物上保証人相互間のルールと同様に，各不動産の価格に応じて債権者に代位することになる。たとえば，6000万円の債権につき，保証人がA・B2人，抵当権設定者（物上保証）がC・D2人いて，仮に債務者に代わって保証人Aが全額弁済したとする。Aは，まず，頭数に応じて自己に対する割り付け額1500万円を除き，B・C・Dに対して4500万円を代位する。Bに対してはその割合どおり

図15　保証人と物上保証人との求償・代位関係(1)

6,000万円
債権者　──────▶　債務者

保証人A
保証人B
物上保証人C（担保価値3,000万円）
物上保証人D（担保価値2,000万円）

A：6,000万円×1／4＝1,500万円
B：6,000万円×1／4＝1,500万円
C：6,000万円×2／4×3／5＝1,800万円
D：6,000万円×2／4×2／5＝1,200万円

図16　保証人と物上保証人との求償・代位関係(2)

6,000万円
債権者　──────▶　債務者

保証人A
物上保証人B（担保価値1,000万円）
物上保証人C（担保価値2,000万円）
保証人　　　⎫
　　　　　　⎬ D（担保価値3,000万円）
物上保証人　⎭

〔Dを単なる保証人として扱う立場（判例）〕
A　6,000万円×1／4＝1,500万円
B　6,000万円×2／4×1／3＝1,000万円
C　6,000万円×2／4×2／3＝2,000万円
D　6,000万円×1／4＝1,500万円

〔Dを単なる物上保証人として扱う立場〕
A　6,000万円×1／4＝1,500万円
B　6,000万円×3／4×1／6＝750万円
C　6,000万円×3／4×2／6＝1,500万円
D　6,000万円×3／4×3／6＝2,250万円

1500万円につき代位することになるが，C・Dに対しては，残額3000万円を各抵当物件の価格に応じて按分することによって，それぞれに対する代位の範囲が定まる。すなわち，Cの抵当物件の価格が3000万円でDのそれが2000万円であれば，Aは，Cに対して1800万円，Dに対して1200万円の範囲において代位することができる。

(d)　第三取得者からの譲受人および物上保証人からの譲受人　第三取得者から担保の目的物を譲り受けた者は，第三取得者とみなされ，501条3項1号および2号の規定が適用される。また，物上保証人から担保の目的物を譲り受けた者は，物上保証人とみなされ，同項1号，3号および4号の規定が適用される。

(e)　連帯債務者相互間および保証人相互間の関係　これについては，民法で個別にその求償の範囲が規定されており（442条・464条・465条），その範囲で代位しうることになる。

(f)　保証人と物上保証人との代位割合についての特約　保証人Aと物上保証人Cとの間に法定の代位の割合（501条3項4号）とは異なる特約（たとえばAがCに対して全部代位できるとする特約）がある場合には，代位弁済をしたAは，Cの後順位担保権者等の利害関係人に対する関係において，その特約の割合に応じて（たとえば全部につき）債権者が物上保証人Cに対して有していた抵当権等の担保権を代位行使することができると解されている（最判昭59・5・29民集38巻7号885頁）。

(カ)　代位をなすべき者の地位の保護　まず，代位者の権利行使を容易にするために，債権者は，全部の弁済をした者に対しては，債権に関する証書および占有している担保物件を交付しなければならない。一部弁済の場合には，一部代位の旨を債権証書に記入しかつ代位者に担保物の保管を監督させなければならない

（503条）。さらに，弁済をするについて正当の利益を有する者（代位権者）は，債権者が故意または過失（懈怠）によりその担保を喪失ないし減少（担保物の放棄・損傷・順位変更・保証の免除など）したときは，それによって償還を受けることができなくなった限度においてその責任を免れる（504条1項前段）。たとえば，債務者の設定した抵当権によって担保されている債権について，保証人が債務者に代わって弁済したときには，債権者に代位して抵当権を行使して，債務者から求償できると考えて保証人となったところ，債権者がその抵当権を放棄した場合などが考えられる。そこで，この規定はその場合に，保証人は，債権者に対して，抵当権の実行により求償できたであろう範囲内において，保証責任を免れることを定めているのである。

　しかし，債権者が担保を喪失し，または減少させたことについて，取引上の社会通念に照らして合理的な理由があると認められるときは，この規定は適用されず（同条2項），代位権者はその責任を免れることはできない。

　また，代位権者が物上保証人である場合において，その代位権者から担保の目的となっていた財産を譲り受けた第三者およびその特定承継人についても，代位権者と同様に扱われる（同条1項後段）。判例は，物上保証人から抵当不動産を譲り受けた者も本条による責任減免の効果を主張できるとしていたが（最判平3・9・3民集45巻7号1121頁），平成29年改正において，この規定は，その法理を一般化して，明文の規定としたものである。

　この担保保存義務を免除する特約（担保権の放棄や担保の差替えなどについての特約）が債権者と債務者との間でなされた場合，その特約の効力を債権者は弁済によって代位することができる者に対して主張することができるか否かについては議論のあるところで

ある。判例は，そのような主張は，信義則にも違反しないし権利濫用にもあたらないとして，その効力を認めている（最判平7・6・23民集49巻6号1737頁）。

　(5)　**弁済の受領権**　　(ア)　**債権者の受領権の制限**　　弁済は，いうまでもなく，受領権限を有する者に対してされなければならない。通常の場合，当然，債権者に受領権があるが，一定の場合にそれが制限されている。

　たとえば，AがBに売掛代金債権を有している場合，この債権をAに対して貸金債権を有する者Cが差し押さえたときは，差押命令によって，AのBに対する取立ておよびBのAに対する弁済は禁止される（民執145条）。したがって，売掛代金債権の債権者であるAにはその債権の弁済を受領する権限がないことになる（なお，仮差押え・仮処分についても同様に考えられる）。そして，差押命令に反して，AがBから弁済を受けたとしても，Cとの関係では，その弁済は有効な弁済とはいえない（Bは，Cに対してBの売掛代金債務が弁済によって消滅したことを主張できない）。そこで，差押債権者CはBに対して，受けた損害の限度でさらに弁済すべきことを請求できる（481条1項）。

　差押命令に反して，BがAに弁済したために，さらにBにも二重に支払いをする結果になった場合には，BはAに対して求償権を行使して，その分を取り戻すことができる（同条2項）。なお，AのBに対する債権につきCが仮差押命令を得た後さらにAの他の債権者Dが差押取立権を得てBから全額弁済を受けた場合においては，Cは配当加入して満足を受けるべきであり，その後差押取立権（ないしは転付命令）を得ても481条は適用されずBに対してさらに弁済請求はできないとされている（最判昭40・7・9民集19巻5号1178頁，民執149条，最判昭40・11・19民集19巻8号

1986 頁参照）。

　その他，債権者が破産手続開始決定を受けたときあるいは指名債権が質入れされたときには，それぞれ破産管財人（破 2 条 12 項，78 条 1 項）・質権者（364 条，366 条）がその取立権を有し，債権者の受領権は制約される。債権者が制限行為能力者である場合において，債権の給付内容が法律行為であるときには，行為能力の制限を理由に取り消される場合がある（5 条等）。

　(イ)　債権者以外の弁済受領権者　　弁済受領権者というのは，債権者および法令の規定または当事者の意思表示によって弁済を受領する権限を付与された第三者をいう。具体的には，破産管財人（破 78 条 1 項），債権質権者（367 条），差押債権者（民執 155 条）など，法律の規定によって専属的に受領権を有する者のほか，債権者の代理人，受領の委任を受けた者，債権者代位権が行使された場合の代位債権者（423 条）なども弁済受領権者の例である。

　(ウ)　受領権限を有しない者への弁済　　受領権限を有しない者への弁済については，本来は弁済の効果が生じないのが原則である。しかし，受領権限を有しない者への弁済であっても，弁済の効力を認めるべき場合が存在する。

　　(a)　最終的に債権者が弁済の利益を得た場合　　たとえば，債権者が受領した無権限者からその給付物の引渡しを受けたような場合には，債権は目的を達成したといえるから，その場合は，債権者が利益を受けた限度において，弁済の効果が生ずるとされている（479 条）。

　　(b)　受領権者としての外観を有する者への弁済　　さらに，その弁済が受領者に受領権限があると信じるような事情のもとでなされた場合には，その弁済者の信頼の保護を考えざるをえない。そこで，債務者が債権者のような外観を有している者を誤信して，

その者に債務を弁済した場合に，真の債権者の利益を犠牲にして弁済者の信頼の保護を図り，その弁済を有効なものとする規定をおいている。この点について，平成29年改正は，従来の制度にかなり大きな修正を加えている。

すなわち，改正前の478条は，「債権の準占有者に対してした弁済は，その弁済をした者が善意であり，かつ，過失がなかったときに限り，その効力を有する」と規定していた。ここで，「債権の準占有者」というのは，取引通念上債権者のような外観を有している者をいう。この規定は，フランス民法1240条にならったものであるが（2016年改正により，1342-3条となっており，「表見的債権者」という表現に改められている），物の占有者になぞらえて債権を事実上支配している者を意味するものとして，このような表現が用いられていたのである（準占有の概念については，205条参照）。

★★　これまで，判例において認められてきた**債権の準占有者への弁済**の具体的な例としては，たとえば，預金証書と届出印鑑を持参して預金の払戻しを求めてきた者に対して銀行がその支払いをしたが，いずれも預金者から窃取したものだったような場合がある。このような債権の準占有者に対する弁済は，弁済者がその者を真の債権者であると信じかつ過失がないときには，弁済の効力が生ずるとされていた。このほか，預金証書その他の債権証書と印章を所持する者への弁済，債権の譲受人に弁済したが債権譲渡が取り消された場合や，表見相続人に対する相続債権の弁済等がこれにあたると考えられる。そして，判例・学説は，478条の適用範囲を拡大してきた。すなわち，一方で，債権者としての外観ではなく，債権を受領する代理権を有する者としての外観を有するにすぎない債権者の代理人または使者と称する者（詐称代理人等）への弁済も，債権の準占有者への弁済の規定によるとすると解して

きた（最判昭 37・8・21 民集 16 巻 9 号 1809 頁，最判昭 42・12・21 民集 21 巻 10 号 2613 頁）。もっとも，これに対しては，この場合には，債権者であるという外観への信頼ではなく，受領についての代理権が授与されているという外観への信頼が問題なのだから，表見代理の規定により処理すべきであるとする見解も有力であった。また，指名債権の二重譲渡において，対抗要件（467 条 2 項）において劣後する譲受人に対する弁済も債権の準占有者への弁済の問題となりうるとされていた（最判昭 61・4・11 民集 40 巻 3 号 558 頁）。

　他方で，銀行取引等において，478 条の適用範囲を拡大する裁判例が顕著にみられた。判例は，銀行の定期預金債権については，期限前の払戻しも商慣習上満期における払戻しと並ぶ弁済にあたり，478 条の適用があるとしている（最判昭 41・10・4 民集 20 巻 8 号 1565 頁）。さらに，預金証書等の所持人にその預金債権と相殺する予定で貸付を行った場合や，それを総合口座取引において貸越しの形で行った場合にも，本条が類推適用されるとしている（最判昭 48・3・27 民集 27 巻 2 号 376 頁，最判昭 63・10・13 判時 1295 号 57 頁。生命保険における契約者貸付につき最判平 9・4・24 民集 51 巻 4 号 1991 頁）。あるいは，金融機関が，預金証書の所持人を預金者と誤信してその預金を担保として相殺する予定で，所持人ではない第三者に貸し付けた場合にも同様に，本条の類推適用を認めるに至っている（最判昭 59・2・23 民集 38 巻 3 号 445 頁）。

　銀行の現金自動入出機（ATM 等）による預金の払戻しの場合についても民法 478 条の適用があるとされているが，銀行の払戻しが有効であるとされる場合はかなり限定的であると解されている（最判平 15・4・8 民集 57 巻 4 号 337 頁）。なお，今日では，このように偽造・盗難キャッシュカードによって預金が支払われた場合においては，いわゆる「預貯金者保護法」（平成 18 年 2 月 10 日施行）

によって，原則として，金融機関側がその補償をする責任を負う
ことになっている。

　そして，平成 29 年改正前において，表見的な受領権者への弁
済を保護する規定として，民法は 478 条のほか，受取証書の持参
人についての 480 条，証券的債権の所持人についての 470 条・
471 条が置かれていた。

　これに対して，平成 29 年改正では，478 条を表見的な受領権
者に対する弁済保護の規定に拡張するとともに，480 条および
470 条・471 条の規定を削除している（もっとも，改正後の民法では，
証券的債権に関する規定を民法に規定しないこととしている）。改正され
た 478 条は，受領権者以外の者であって取引上の社会通念に照ら
して受領権者としての外観を有するものに対してした弁済は，そ
の弁済をした者が善意であり，かつ，過失がなかったときに限り，
その効力を有すると規定している。弁済者が保護されるのは，弁
済受領権者の外観を有する者であること，その外観の有無が取引
上の社会通念に照らして判断されることを明確にしたものである。
この改正によって，詐称代理人に対する弁済も受取証書の持参人
に対する弁済も本条の適用によって解決されることになった。

　このように，改正法では，条文の構成および用語の修正が行わ
れているが，改正前における判例は，依然として重要な意義を有
するものと考えられる。

　(c)　弁済の受領者と真の債権者との関係　　受領権者として
の外観を有する者への弁済により債権が消滅した場合，真の債権
者は受領者に対して不当利得返還請求（703 条以下）をなしうる。
また，受領権者としての外観を有する者への弁済は，結果として
それが有効になるにすぎず，弁済の受領者に弁済受領権を与えた
ものではない。したがって，弁済者が真の債権者に弁済する意図

で受領者に対して返還請求をすることも認めるべきであるとする立場が学説では有力である（大判大7・12・7民録24輯2310頁は反対）。なお，債権者は，受領者に対して，債権侵害を理由に不法行為責任（709条）を追及し，損害賠償請求をなしうる場合もある。

　(6)　**弁済の充当**　　(ア)　**弁済の充当のルールの必要性**　　たと　★★
えば，AがBに対して貸金債権50万円と売掛代金債権50万円を有していた場合，BがAに60万円を弁済として提供したとする。この場合，仮に貸金債権の利息のほうが高い場合には，利息に関しては，売掛代金債権にまず充てるほうがAにとっては有利であるし，逆にBにとっては不利となる。このように，債務者が同一の債権者に対して同種の給付を目的とする数個の債務を負担している場合において，弁済として提供した給付がそのすべての債務を消滅させるに足りないときは，その給付をもってどの債務の弁済に充てるべきか，すなわち，弁済の充当が問題となる。それについて，合意による充当を原則とし（490条），当事者の一方的意思表示（指定）による充当の方法（488条）と，支払うべき債務が元本のほか利息および費用を含んでいる場合におけるそれらの債務の充当の方法（489条）が規定されている。また，一個の債務の弁済として数個の給付をなしてもなおその債務の全部を消滅させることができない場合も同様の規定に服する（491条）。

　(イ)　**弁済の充当のルール**　　(a)　**合意による充当（490条）**
弁済者と弁済受領者との間で合意があるときは，それが優先することを原則としている（490条）。

　(b)　**同種の給付を目的とする数個の債務がある場合の充当**
（488条）　　債務者が同一の債権者に対して同種の給付を目的とする数個の債務がある場合において，弁済として提供した給付がすべての債務を消滅させるのに足りないにもかかわらず，当事者

間において充当についての合意がないときは，弁済者または受領者が以下のような順序で弁済に充当すべき債務を指定することができる（指定充当と呼ばれている）。まず，弁済者が給付の時に，その弁済を充当すべき債務を指定することができる（同条 1 項）。弁済者が指定しなかったときには，受領者が受領の時にその指定をすることができる（同条 2 項本文）。これに対しては，弁済者が直ちに異議を述べれば指定の効力はなくなる（同項ただし書）。

　弁済者も受領者も指定しなかったときは，以下のような順序によって，充当する（同条 4 項）。なお，同条 2 項ただし書により，弁済者の異議によって，受領者による充当の指定が効力を失った場合について，改正前の通説は，改正前の 489 条によると解していた（改正後の 488 条 4 項と同一内容の規定であるが，法定充当と呼ばれていた）。改正後も同じように解してよいと考えられる（すなわち，488 条 4 項による）。第一に，①総債務のうち弁済期にあるものが弁済期未到来のものに優先する。第二に，②いずれも弁済期にあるものは，債務者のために弁済の利益の多いものが優先する。第三に，③いずれも弁済の利益が等しいものは，弁済期が先に来たものもしくは来る予定のものが優先する。最後に，④以上のルールで先後が決められないときは各債務の額に応じて充当する。②については，通常は，無利息債務よりは利息付債務，低利の債務よりは高利の債務，無担保債務よりは担保付債務が弁済者に有利だといえる。しかし，たとえば，利息付で無担保債務と無利息で担保付債務とがあるような場合には，結局，諸般の事情を勘案して判断することになる（最判昭 29・7・16 民集 8 巻 7 号 1350 頁）。

　(c)　元本，利息および費用を支払うべき場合の充当（489 条）
債務者が一個の債務または複数の債務について，元本のほか利息および費用を支払うべき場合において（債務者が複数の債務を負担す

る場合にあっては，同一の債権者に対して同種の給付を目的とする数個の債務を負担する場合に限る），弁済をする者がその債務の全部を消滅させるに足りない給付をしたときは，これを順次に費用，利息および元本に充当しなければならない（同条1項）。当事者間に充当についての合意があれば，それが優先するが，合意がないときは，弁済者あるいは受領者の指定によるのではなく，この規定の順序によるのである。そして，弁済者の提供した給付が，費用，利息または元本のいずれかのすべてを消滅させるのに足りないときは，488条の規定が準用される（同条2項）。なお，この問題について，改正前の491条2項においては，489条（改正後の488条4項にあたる）を準用すると規定していたために，指定充当に関する改正前の488条は準用されていなかった。そこで，改正では，488条が準用されることを明確にしている。

　　(d)　数個の給付をすべき場合の充当（491条）　　1個の債務の弁済として数個の給付をすべき場合において，弁済者がその債務の全部を消滅させるのに足りない給付をしたときは，488条から490条までの規定が準用される。たとえば，建物賃貸借契約において，賃借人が数か月分の賃料を支払う場合や，売掛代金を分割して支払う合意のある売買契約において，数回分の代金を支払う場合などがその例である。

　⑺　弁済の証明のための弁済者の権利　　弁済者は，二重払いの危険を避け，あるいは第三者弁済による求償や代位等を容易にするために，弁済の証明手段を必要とする。そのために，弁済者は，受領者に対して，次のような請求権を有するものと規定されている。

　㋐　受取証書交付請求権（486条）　　まず，弁済をする者は，弁済と引換えに弁済を受領する者に対して受取証書の交付を請求

することができる。受取証書とは，金銭債務でいえばいわゆる領収証であり，弁済を受領した旨を記載した文書である。一部弁済の場合や代物弁済の場合にも，その旨の受取証書を請求できる。なお，この受取証書は弁済した後ではなく弁済と引換えにその交付を請求できる（533条参照）。

　(イ)　債権証書返還請求権（487条）　　次に，たとえば，借金をする際に借用証書を差し入れている場合，債権者がそれを所持していると債権の存在が推定されることになる（大判大 9・6・17 民録 26 輯 905 頁）。そこで，全部弁済した弁済者は，差し入れた債権証書の返還を請求できると規定されている。債権証書とは借用証書のように債権の成立を証明する文書であり，とくに形式があるわけではない。一部弁済の場合には，債権証書の返還を請求することはできないが，その証書にその旨を記載するよう請求できると解されている。なお，この債権証書の返還等は，弁済された後にも債権者がそれを保持することが不当であることに基づくものであるから，弁済と引換えではなく弁済がなされてはじめてその請求ができる。

2　代物弁済

　(1)　代物弁済の意義と性質　　たとえば，A が B に 2000 万円の融資をした場合，その借金を返済する代わりに，A の了解のもとで B 所有の家屋が A に譲渡されるようなこともある。このように，弁済者が債権者との間で，本来の債権の給付内容とは異なる他の給付を行うことによって本来の債権を消滅させることを契約し，当該の給付をすることを代物弁済という（482条）。代物弁済は，債権者と弁済者との合意による諾成契約であり，代わりの給付が現実になされたときは，弁済の効力が認められる（改正

法は，要物契約と解する考え方を否定した）。

　(2)　**本来の給付に代わる「他の給付」**　代物弁済としてなされ　★★
る「他の給付」は，本来の給付に相当する価値を有する必要はな
く，また，給付の種類の違いも問われない。もっとも，あまりに
過大な代物給付については，公序良俗違反による契約の無効（90
条）が問題となりうる。

　代物弁済の目的が物の給付である場合，債権者への所有権移転
の効果は，意思主義（176条）に従って，原則として代物弁済契
約の意思表示によって生ずる（最判昭57・6・4判時1048号97頁）。
しかし，二重譲渡の危険を避けるため，第三者に対する対抗要件
（不動産であれば登記）を具備しなければ，給付が現実になされたと
はいえず，債権消滅の効果は生じないと解されている（最判昭
39・11・26民集18巻9号1984頁）。

　金銭債務の支払いに際して，手形・小切手が交付される場合に
は，それらが金銭的価値を表象するものであることから，本来の
給付の履行手段として（弁済のために）交付されたのか，本来の債
務に代えて手形・小切手債務を負担する趣旨で（弁済に代えて，す
なわち代物弁済として）交付されたのかが問題となる。弁済のため
であれば，交付された手形・小切手により回収できなければ，あ
らためて本来の給付を請求することができる。しかし，弁済に代
えて交付されたのであれば，もっぱら手形・小切手により回収し
なければならず，不渡り等の回収のリスクは債権者が負担するこ
とになる。判例・通説は，前者の弁済のために交付されたものと
推定されると解している（大判大11・4・8民集1巻179頁，なお本章
Ⅳ1(2)参照）。

　(3)　**債権者との間の契約**　代物弁済をなすには債権者と弁済
者との合意が必要であって，債権者と債務者との間の代物弁済契

約によって行われると規定されている（482条）。実際には，弁済者が債権者の承諾を得て，代替的な給付をするという形で行われる。また，第三者による弁済の場合にも，弁済者は債権者との間で代物弁済の契約を締結し，それによって定められた給付をすることにより債権を消滅させることができる。

　(4)　**弁済と同一の効果**　　代物弁済は弁済と同一の効果を生ずるから，債権は消滅し，本来の債権に伴う抵当権・質権・保証などの担保も消滅する。給付された物や権利に瑕疵があっても，債権消滅の効果が生ずる。しかし，代物弁済は，債権消滅と他の給付とが対価関係に立ち，有償契約であるから，売買の規定が準用され，解除または損害賠償等によって解決できる可能性は残されている（559条，561条以下）。

★　　(5)　**代物弁済の予約**　　たとえば，AがBに融資するにあたり，もし2000万円を期限に弁済しないときにはB所有家屋をAに移転する旨をあらかじめ合意しておく場合がある。代物弁済は現実に給付があってはじめて効力を生じる要物契約であるから，これは代物弁済そのものではない。このような合意は，債権の実現を確保するための担保としての意味をもつ。

　このような合意には，期限に弁済しないときには，たとえばその目的物であるB所有の家屋が当然に債権者Aに移転する趣旨である場合（停止条件付代物弁済契約）とこのB所有の家屋の権利を債権者Aが取得できる権限を留保する趣旨である場合（代物弁済の予約）とがある。いずれの場合にも，いわゆる流れ担保としてその有効性が問題となる（349条参照）が，今日では，判例では，一応その合意の効力を認めた上で，担保的機能にそくして債権者に清算義務を課す方向での解決が図られている。不動産を目的とする場合には，仮登記によりその担保的地位を確保する方法がと

られてきたが，これについては，それまでの判例法を集大成する
形で仮登記担保契約に関する法律が制定され（昭53法78号），物
的担保の一つとして位置づけられるに至っている（本シリーズⅡ・
担保物権法編第3章Ⅱ参照）。

3　供　託

(1)　**供託の意義と性質**　　たとえば，Aに対してBが売掛代金　★
の支払いをしようとしたが，Aが，納品した商品の数量につい
て誤解しており，金額の不足を理由に受け取らないような場合が
ある。このように，債務者が約定に従って弁済の提供をしたのに
債権者がこれを受領しない場合には，債務者は債務を履行しない
ことによって生ずべき責任を免れる（492条。1(2)，第3章Ⅴ参照）。
しかし，提供により債務そのものは消滅するわけではないし，そ
の債務に抵当権等の担保が付されている場合にはその拘束を免れ
るわけではない。また，金銭以外の物の給付が目的となっている
場合，提供後は保管義務が軽減されるにしても（413条1項），保
管自体は継続しなければならない。そこで，そのような場合に備
えて，弁済の目的物を供託所に寄託して債務そのものを消滅させ
る制度がおかれている。これを供託という。供託は，供託者（通
常は債務者）が供託所に目的物を寄託し，債権者が供託所に対し
その引渡請求権を取得するという構成をとる（図17）。そこで，
供託は，供託者と供託所とを契約当事者とする第三者（債権者）
のためにする契約であるといえる。供託の方法については，民法
の規定のほかに供託法および供託規則に詳細な規定がある。

(2)　**供託原因**　　債務者は，本来の弁済が可能であるにもかか　★
わらず，いきなり供託することはできない。民法は，次の二つの
事由（供託原因）のいずれかがある場合に供託できるとしている

図17 供託の法律関係（受領拒絶の場合）

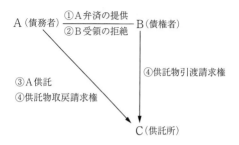

（494条）。第一は，弁済の提供をした場合において，債権者が受領を拒んだとき，または債権者が弁済を受領することができないときである（同条1項）。平成29年改正前においては，条文上は弁済の提供があったことが前提とされていなかったので，弁済の提供が必要かどうかが不明確であった。そこで，改正法は，弁済提供のあったことを要件とする判例法理（大判大10・4・30民録27輯832頁）に従って，そのことを明文化している。ただし，あらかじめ債権者が受領を拒んでいて，弁済の提供をしても（493条は，債権者があらかじめ受領を拒んでいるときは，口頭の提供で足りるとしている），債権者が受領しないことが明確である場合に，なお弁済の提供をしなければ，供託できないと解すべきか，あるいは弁済の提供をせずに供託できると解すべきかという問題は残されている（ちなみに，改正前の学説では，受領を拒んでいる以上あらかじめ弁済の提供をせずに直ちに供託できるとする見解が多かった）。第二の供託原因は，弁済者が債権者を確知することができないことである（494条2項）。たとえば，債権者が死亡した後，十分に手をつくしても相続人となるべき者を確知できない場合や，債権譲渡がなされたとして複数の債権者と称する者が現れ，誰が真正な債権者なのか確知できない場合などである。ただし，弁済者に過失があって，

債権者を確知できないときは，供託をすることができない（もっとも，弁済者に過失があったことについては，債権者など供託の有効性を争う者が主張・立証責任を負う）。なお平成 29 年改正において，譲渡制限特約がなされたにもかかわらず，債権が譲渡された場合における債務者の供託権，債権者の供託請求権についての規定が新設された（466 条の 2，466 条の 3。第 6 章Ⅰ2(e)(f)参照）。

　(3)　供託をなすべき場所　　供託をなすべき場所は，原則として債務履行地の供託所である（495 条 1 項）。供託所については，供託法により詳細に規定されている（供 1 条，5 条）。しかし，法律の規定によって供託所が定まらない場合には，裁判所が弁済者の請求によって供託所を指定し，また，不動産のように供託所に寄託するという形で供託できない場合には，裁判所が同じく弁済者の請求によって供託物保管者を選任してその者に保管させることになる（495 条 2 項）。

　なお，供託者には債権者への供託の通知が義務づけられているが（同条 3 項），供託所から債権者に供託通知書が送付され，これによって供託物の引渡しを請求できる（供則 18 条，20 条，24 条）から，この通知義務の規定は実際上意味を失っている。

　(4)　目的物の売却代金による供託　　弁済の目的物について，以下のような事情がある場合には，弁済者は，裁判所の許可を得て，弁済の目的物を競売に付し，その代金を供託することができる（497 条）。第一に，目的物が供託に適しないときである。第二に，腐敗しやすい食料品のように滅失・損傷その他の事由による価格の低落のおそれがあるときである。第三に，家畜などのようにその保管に過分の費用を要するときである。第四に，これらの場合のほか，供託することが困難な事情があるときである。いわゆる自助売却を認めるものであるが，これについては商法に特則

（商524条）があり，実際上はその特則の適用が問題となる。

(5) 一部供託　　債権額の一部を供託しても，その部分についても債権消滅の効果を主張できない。もっとも，一部供託が繰り返された場合，これを合計すれば債務全額に達するときは，有効な供託になる（最判昭46・9・21民集25巻6号857頁）。なお，判例は，債権者の主張する額に足らない供託であっても，債権者が別段の留保の意思表示などせずにこれを受領すれば原則として全額についての供託の効力が生じるとしている（最判昭33・12・18民集12巻16号3323頁，最判昭42・8・24民集21巻7号1719頁）。

(6) 債権者の供託物引渡請求権　　債務の目的物あるいはその売却代金が供託された場合には，債権者は，供託所に対して供託物の還付を請求することができる（498条1項）。平成29年改正前には，明文の規定がなかったが，供託制度の趣旨によれば，債権者が供託物の還付請求できることは当然のことと考えられていた。改正法はそのことを明文化したのである。そして，売買の目的物が供託されたような場合，代金の支払いのような反対給付をなすべき義務が債権者にあるときには，その給付をしなければ，この引渡請求権を行使して供託物を受け取ることはできない（同条2項，供10条）。

なお，供託物の所有権の帰属については，通説的理解によると，金銭のような代替物の供託の場合は別として，供託の時点で弁済者から債権者に直接移転すると解されている。

(7) 供託者の供託物の取戻し　　供託は弁済者の利益のために認められた制度であるから，債権者または債務者に不利益とならないかぎり，供託者はいったんなした供託を撤回し供託物を取り戻すことができる。ただし，債権者が供託を受諾したとき，供託を有効とする確定判決があったときには，この取戻しは認められ

ない（496条1項）。また，供託により抵当権または質権が消滅した場合も，それらを復活させることは第三者に不測の損害を及ぼすおそれがあるので，取戻しはできない（同条2項）。取戻しによって供託は遡及的に効力を失って（解除条件説，通説），債権は復活しそれにともなう保証債務も復活する。なお，この取戻権を放棄すれば，供託の効果は確定的となる。

Ⅲ 相 殺

1 序 説

(1) 相殺の意義と性質　たとえば，AがBに対して貸金債権　★
500万円を，BがAに対して売掛代金債権700万円を有しているとする。この場合，AがBに対して貸金の返済を請求してきたとき，Bは，500万円分について双方の債権・債務を消滅させる意思表示をし，その支払いを拒むことができる。このように，債権者と債務者とが相互に同種の債務を有する場合には，いずれも一方的意思表示により双方の債務を対当額において消滅させることができる（505条）。これを相殺と呼んでいる。上の例で，Bが相殺の意思表示をする場合には，相殺をしかける側のBの債権を自働債権といい，相殺される側のAの債権を受働債権という。

　民法が規定する相殺は単独行為であるが，もちろん相殺の合意（契約）による清算も認められる。この場合，民法における相殺の場合の種々の制約がなくなる。たとえば，相殺契約によるときには，双方の債権は同種である必要はないし，消滅する債権・債務の価値に違いがあってもよい。また，相殺が禁止されている場合でもそれが許されることもある（509条等参照）。もっとも，特別法によって合意による相殺が禁止されている場合もある（たとえ

ば労基17条）。なお，将来一定の条件をみたした時に相殺する旨の合意も，停止条件付相殺契約ないしは相殺の予約として有効に成立する。

★★　(2)　**相殺制度の機能**　　相殺には，まず，相殺により各別に弁済する場合の時間と費用を節減し，紛失等のリスクを避けうるという決済事務上のメリットがある。さらに重要な機能は決済において当事者の公平を図りうるという点である。すなわち，上の例で，BがAの請求に応じて500万円の弁済をしたのにAがその債務を履行しようとしない場合は不公平な結果となる。さらに，Aが倒産し支払不能におちいるというように資力に差が生じた場合には，その不公平は著しい。相殺によれば，Bは，すくなくとも債権700万円のうち500万円の回収を確保できるのである。相殺ができるということは，対立する債権・債務がその対当額の範囲で優先的に回収できるということを意味し，相互に担保的な機能を果たしていることになる。このように，相殺は，きわめて簡易でかつ確実な債権担保の手段であり，債権を担保物とする権利質（362条以下）よりも多用され，実際上はより重要な意味を有している。

2　相殺適状と相殺の禁止

★★　(1)　**相殺適状**　　相殺をなしうる諸要件を具備している債権の対立状態を相殺適状と呼んでいる。その諸要件は次のように整理される。

　(ア)　**債権が対立していること**（505条1項本文）　　原則として，相殺の意思表示がなされる時点において，相殺をする者と相手方との間に相互に債権が対立していることを要する。いったん相殺適状が生じていたとしても，相殺の意思表示がなされる前に一方

図18　相殺と債権の対立

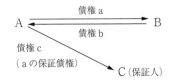

● 相殺の相手方との債権の対立（原則）

　A→B　　債権 a を自働債権として債権 b
　　　　　を相殺

　B→A　　債権 b を自働債権として債権 a
　　　　　を相殺

● 他人の債権による相殺（457条 2 項の例）

　C→A　　債権 b を自働債権とする相殺を
　　　　　主張して債権 c の支払いを拒む

の債権が弁済，代物弁済，更改，相殺等の事由によって消滅していた場合には，相殺は許されない（最判昭54・7・10民集33巻5号533頁）。

　対立する債権がいずれも有効に存在していなければならないが，一方の債権が時効により消滅した場合には，その消滅前に相殺適状にあれば，その債権者はこれを自働債権として相殺することができる（508条）。これは，いずれは相殺による決済が可能であると考えて権利行使しないままに期間経過しがちであることから，その公平を図る趣旨による。

　なお，改正前の民法では，弁済した連帯債務者が他の連帯債務者に求償する場合（443条1項），および，弁済した保証人が主債務者に対して求償する場合（463条1項）について，相殺に関する規定が置かれていたが，改正法では，請求を拒絶できる規定に修正されている（これらについては，第5章Ⅳ，Ⅴ参照）。

　(ｲ)　双方の債権が同種の目的を有すること（505条1項本文）

相殺は一方的にできるのであるから，当然，双方の債権の目的（給付内容）が同種（かつ同等）のものでなければならない。したがって，実際上は，代替物の引渡しを目的とする種類債務，とくに金銭債務同士の相殺に限られることになる。履行地が異なる場合にも相殺できるが，たとえば履行地での履行がなかったために別途調達費用を負担した場合等，相殺により相手方に損害を与えたときにはその賠償義務がある（507条）。

　　(ウ)　債務の性質による相殺の禁止（505条1項ただし書）　　たとえば，相互に労務を提供する債務を負担している場合のように，たとえそれが同種の目的であっても，現実の履行がないと意味のない場合がある。また，相互に騒音を出さないというような不作為債務も同様である。このように，債務の性質上相殺が許されない場合がある。

★★　　(エ)　**双方の債権が弁済期にあること**（505条1項本文）　　最初の例で，AのBに対する500万円の債権の弁済期は到来しているが，BのAに対する債権の弁済期が未到来の場合，Aの弁済請求に対してBの相殺の主張を許すと，Aは理由なく期限の利益を失うことになる。そこで，相殺するには双方の債権が弁済期にあることが要件となり，Bは期限未到来の自己の債権を自働債権として相殺を主張できない。もっとも，期限の利益は放棄することができる（136条2項）から，逆に，Aの側からは，期限の到来した自己の債権を自働債権として，期限未到来のBの債権を受働債権として相殺することは可能である。また，自働債権について債務者による担保の毀滅等の期限の利益喪失事由（137条）があれば，これによる相殺も当然可能となる。さらに，事業者が双方あるいは一方の当事者であるような取引では，期限の利益喪失についての特約がなされることが多い。それは，差押えや仮差押えの

ような信用不安に関わる法定の事由以外の一定の事由が生じた場合にも，当然にあるいは債権者の意思表示によって期限の利益が失われ即時に全額弁済義務が生ずるとする趣旨の特約である。この場合には，双方の債務の期限が未到来であっても，自働債権についてはこの特約により，受働債権については上に述べた期限の利益の放棄によって相殺できることになる。なお，期限の定めのない債務は成立と同時に弁済期にあるから，いつでも相殺の用に供することができる（412条参照）。

　同様の趣旨から，弁済期そのものは到来していても，自働債権に相手方の延期的抗弁権が付着している場合も相殺は許されない。たとえば，売買代金債権を自働債権として相殺しようとしても，納品が未了で相手方が同時履行の抗弁権（533条）を主張できるのであれば，それは許されないことになる。また，保証人は債権者に対して催告および検索の抗弁権（452条，453条）を有することから，債権者はそれを喪失させる手続を経たうえでないと保証債権を自働債権として相殺することはできない（最判昭32・2・22民集11巻2号350頁）。なお，この場合も期限の利益と同様に，その抗弁権を放棄して，その債権を受働債権とする相殺は可能である。

　(2)　相殺の禁止　　(ア)　当事者の意思表示による相殺の禁止（505条2項）　　たとえ，双方の債務が金銭債務であって，相殺が可能な場合であっても，当事者がその債務が現実に必ず履行されることを欲しているときには，あえて相殺を認める必要はない。そこで，当事者が相殺を禁止したり，制限したりする旨の意思表示（通常は契約）をした場合には，その合意の効力が認められる（すなわち，相殺ができなかったり，合意された制限に服することになる）。ただし，その意思表示は，第三者がこれを知り，または重大な過

失によって知らなかったときに限り，その第三者に対抗することができる。たとえば，AがBに対して有する債権について，相殺が禁止されているところ，Aからその債権を譲り受けたCは，相殺禁止の事実を知らず，かつそのことについて重大な過失がないときは，Bに対して負担している債務と相殺することができる。平成29年改正前は，「善意の第三者に対抗することができない」と規定していたが，改正法は，悪意・重過失の第三者に対抗できると修正したものである。債権譲渡の制限特約の扱いと同じ考え方によるものである（これについては，第6章Ⅰ参照）。

　(イ)　法律による禁止（509条以下）　　民法は，受働債権（相手方の債権）が現実に履行されることを確保するために，次の三つの場合において相殺を禁止している（その他，会社208条3項，労基17条参照）。

★★　　　(a)　**受働債権が不法行為等に基づく債権であるとき**（509条）
たとえば，Aが，Bから交通事故に基づく治療費等の損害賠償を請求されたのに対して，Bに対して貸金債権を有していたとしても，それによる相殺を主張してBへの支払いを拒むことはできない。平成29年改正前の509条は，不法行為に基づく損害賠償請求権を受働債権とする相殺をすべて禁止していたが，改正後の509条は，相殺禁止の趣旨から，次の二つの場合について相殺を規定している。第一に，相手方の債権（受働債権）が悪意による不法行為に基づく債権である場合，その債務者（不法行為者）の側から，相殺をもって対抗することはできない（同条1号，図19）。これは，まず，損害賠償の支払いにより被害者を現実に救済することが，相殺により決済の公平を図ることよりも優先させるべき要請であるからである。さらに，貸金債権を取り立てる代わりに相手方に加害してその損害賠償請求権と相殺して決着をつけるな

どの形で不法行為を誘発すること
を回避するためでもあるといわれ
ている。したがって，逆に，不法
行為の被害者Ｂが損害賠償請求
権を自働債権として相殺すること
は差し支えない。相殺が禁止され
るのは，不法行為のすべてではな

図19 不法行為債権の相殺禁止

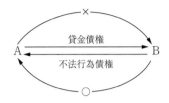

く，悪意による不法行為に限定している。ここで悪意というのは，
故意だけでは足りず，積極的に害を与える意欲が必要であると考
えられている。また，不法行為に基づく損害賠償請求権の内容は，
財産的損害であるか生命・身体に関する損害であるかを問わず，
すべての損害を含むものである。

　第二に，相手方の債権（受動債権）が人の生命または身体の侵
害による損害賠償債務である場合である（同条2号）。損害賠償債
務が悪意による不法行為に起因するものであるときは，1号によ
って，相殺が禁止されているので，本号が適用されるのは，それ
以外の不法行為による損害賠償債務，債務不履行による損害賠償
債務（たとえば，医療契約上の債務不履行，安全配慮義務違反など）であ
る。被害者に現実の給付を得させるという趣旨によるものである
が，同時に損害賠償の中でも生命・身体の損害を重大な損害とし
て被害者の救済を重視する改正法の趣旨によるものでもある（時
効期間に関する167条，724条の2参照）。

　509条によれば，双方の債権がいずれも相手方の不法行為に基
づく債権である場合にも，相殺は許されないことになる。平成
29年改正前においては，自動車の衝突事故のような同一事故に
よる損害賠償請求権相互間の相殺については，不法行為の誘発の
おそれはないし，救済の公平や紛争の一体的解決をはかるために

これを認めるべきだとする見解が有力に主張されていた。すくなくとも，物的損害についての損害賠償請求権同士での相殺についてはその傾向が強い。これを認める下級審判例も少なくないが，最高裁昭和49年6月28日判決（民集28巻5号666頁）は，被害者の現実の救済を重視して物的損害同士の相殺についてもこれを否定し，509条適用の例外を認めていない（同旨，最判昭54・9・7判時954号29頁）。改正法においても，この問題は解釈上の問題として残されている。

　(b)　受働債権が差押禁止の債権であるとき（510条）　　扶養料・給料・賃金・退職金・賞与の請求権のような債権は，とくに現実に給付されることに意義があることから，その全部または一部につき差押えが禁止されている（民執152条等参照）。これらの債権（禁止されている部分）を受働債権とする相殺がなされると現実の履行を回避する結果となるからである。なお，労働者の賃金については，労働基準法により，通貨で直接労働者にその全額を支払うべきであると定められている（労基24条1項）。したがって，一部差押えを許す民事執行法の規定（民執152条）にもかかわらず，相殺に関しては，原則として全額について相殺が許されないものと解されている（最大判昭36・5・31民集15巻5号1482頁，なお，最判昭44・12・18民集23巻12号2495頁参照）。

★★　(c)　**自働債権が受働債権の差押え後に取得された債権であるとき**（511条）　　たとえば，冒頭の例に従ってAがBに対して貸金債権500万円を，BがAに対して売掛代金債権700万円を有していたとき，Aの債権者CがこのAのBに対する貸金債権を差押えまたは仮差押えをしてその支払いの差止めをしたとする。この場合，Cの差止めが優先してBはCの債権執行に服さざるをえないのか，Bが相殺によって500万円分については優先的に回収

できるのかが問題となる。

　平成 29 年改正前の 511 条は，第三債務者（B）は支払いの差止めを受けた後に取得した債権により相殺をもって差押債権者（C）に対抗できないと規定していた。これは，支払いの差止めを受ける以前に取得した債権については，相殺により回収できるという期待を保護し，それを他の債権者の債権執行に優先させるものである。しかし，一方で，相殺は，双方の債権が弁済期にあることを要件としている（505 条 1 項本文）ことから，差し押さえられた債権の弁済期が未到来の場合における差押えと相殺との優劣関係が問題とされてきた。

　自働債権（B の債権）の弁済期は到来しているが受働債権（A の債権＝差押債権）の弁済期が未到来のときにも，B は期限の利益を放棄して相殺をもって C に対抗できる（最判昭 32・7・19 民集 11 巻 7 号 1297 頁）。問題は，双方の債務は存在するが，差押えの時点で自働債権（B の債権）あるいは双方の債権の弁済期が未到来の場合である。判例は，かつて，自働債権の弁済期が差押えの時点で未到来でも受働債権の弁済期よりもより先に到来するときは，自働債権の債権者（B）の相殺の期待は保護されるべきであるから，B は相殺をもって C に対抗できるが，自働債権の弁済期がより後に到来するときには対抗できないとの判断を示し，いわゆる制限説の立場をとった（最大判昭 39・12・23 民集 18 巻 10 号 2217 頁）。しかし，その後間もなく，相殺への期待はできる限り尊重されるべきであるとして，双方の債権の弁済期の先後を問わず，差押えの時点に対立する債権が存在する限り相殺が優先するとする，いわゆる無制限説へと判例変更がなされた（最大判昭 45・6・24 民集 24 巻 6 号 587 頁）。これは，相殺の担保的機能を重視するもので，結局，511 条の文言どおり，相手方の債権が差し押さえられた後

図 20　差押えと相殺（債権の取得時期と弁済期）

●民法511条の相殺禁止規定

●昭和39年最高裁(大)判決

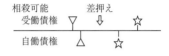

●昭和45年最高裁(大)判決

（△債権取得時期，☆弁済期）

に取得された債権による相殺だけが差押債権者に対抗できないということを意味するものである（図20）。このような状況のもとにおいて，平成29年改正が行われた。改正後の511条1項は，前段で改正前の511条を維持し，「差押えを受けた債権の第三債務者は，差押え後に取得した債権による相殺をもって差押債権者に対抗することはできない」と規定し（ただし，「支払の差止めを受けた」という文言は，「差押えを受けた」と改められている），後段で新たに，「差押え前に取得した債権による相殺をもって対抗することができる」という規定を付加した。この規定は，第三債務者の債

権取得の時点が差押えの後か前かによって相殺できるかどうかを決定するものであって，従来の無制限説を採用することを明文化したものである（『中間試案補足説明』307頁以下参照）。そして，改正後の同条2項は，差押え後に取得した債権による相殺について，相殺権の保護に関する破産法の考え方を民法に取り入れたものである。すなわち，「差押え後に取得した債権が差押え前の原因に基づいて生じたものであるときは，その第三債務者は，その債権による相殺をもって差押債権者に対抗することができる」としている。ただし，第三債務者が差押え後に他人の債権を取得した場合は，相殺の期待として保護する範囲を超えているので，相殺は認められない（同項ただし書）。

　なお，金融取引では，特約で差押えや仮差押えを期限の利益喪失事由としたり，相殺の予約をしたりして信用不安があれば直ちに相殺できるよう約款上の準備をしているのが通例である。

　なお，逆に，自働債権が差し押さえられたり，質権の目的とされたりした場合には，その債権者の処分権が制限されるわけであるから，相殺をもって差押債権者や質権者に対抗できない。

　　(d)　**受働債権が譲渡された場合の債務者による相殺の可否**　　A　★★がBに対する債権をCに譲渡したときに，BがAに対して有する債権とCのBに対する債権を相殺することができるかについて，差押えと相殺との関係に類似する問題が生ずる。債権を差押えた者と債権の譲受人とは，（第三）債務者に対する関係において，必ずしも同一視できないが，債務者は，対抗要件具備時までに譲渡人に対して生じた事由をもって譲受人に対抗できる（改正後の468条）ことから，問題となる。平成29年改正前において，判例は変遷を重ねたが，ここでも差押えと相殺におけると同様の立場がとられるに至っている。すなわち，債権譲渡の前からその債権

者 A に対して反対債権を有していた債務者 B がこの反対債権を自働債権とし，譲渡された債権を受働債権としてする相殺について，両債権の弁済期の前後を問わず，両者の弁済期が到来すれば，譲渡された債権の債務者 B は，譲受人 C に対し，この反対債権を自働債権として，譲渡された債権との相殺を主張することができるとされている（最判昭 50・12・8 民集 29 巻 11 号 1864 頁）。差押えと相殺に関する前掲昭和 45 年大法廷判決の考え方によるのと同じ結論に達している。なお，差押え・転付命令を受けた者 C が，たまたま転付債権の債務者（第三債務者）B に対して貸付債務を負担しており，その貸付債務を転付債権により相殺した事案では，その相殺が有効であるとする判断が示されている（最判昭 54・7・10 民集 33 巻 5 号 533 頁。逆相殺ともいわれる）。すなわち，この場合，C の相殺する権能が妨げられるわけではないとして，その相殺の意思表示があれば，B の A に対する反対債権は消滅し，B が相殺を主張する余地はないとしたものである。平成 29 年改正では，511 条と同様の規律が 469 条に規定された。すなわち，まず，債務者は，対抗要件具備時より前に取得した譲渡人に対する債権による相殺をもって譲受人に対抗することができる（同条 1 項）。そして，債務者が対抗要件具備時より後に取得した譲渡人に対する債権であっても，その債権が①対抗要件具備時より前の原因に基づいて生じた債権であるとき，②譲受人の取得する債権の発生原因である契約に基づいて生じた債権であるときは，その債権による相殺をもって譲受人に対抗できる（同条 2 項本文）。ただし，債務者が対抗要件具備時より後に他人の債権を取得した場合は，その債権による相殺をもって譲受人に対抗できない（同項本文ただし書）。（なお，債権譲渡と相殺については，第 6 章 II 参照）。

　なお，抵当権者が物上代位権を行使して賃料債権の差押えをし

た後は，抵当不動産の賃借人が，抵当権設定登記の後に賃貸人か
ら譲渡を受け取得した債権を自働債権とする賃料債権との相殺を
主張しても，これをもって抵当権者に対抗することはできないと
し，抵当権設定登記時を基準として優劣を判断している（最判平
13・3・13民集55巻2号363頁，動産売買の先取特権の場合については，最
判平17・2・22民集59巻2号314頁参照，相殺と物上代位については，本
シリーズⅡ・担保物権法編第2章Ⅳ3C(3)参照）。

3　相殺の方法と相殺の効果

(1)　相殺の方法（506条1項）　　前述のとおり，相殺は単独行
為であり，当事者の一方から相手方に対する意思表示によってな
される。なお，相殺の意思表示は形成権の行使であり，相手方の
地位を一方的に変更することになるから，条件または期限をつけ
ることはできない。もっとも，相殺は遡及効を有するから期限を
つけることは無意味でもある。

(2)　相殺の効果　　(ア)　債権の遡及的消滅　　相殺の意思表示
によって，双方の債権は，その対当額において消滅する（505条1
項本文）。冒頭の例では，Bの売掛代金債権についてその差額200
万円のみが残存することになる。また，この債権消滅の効果は，
相殺の時点ではなく，双方の債務が相殺適状を生じた時点に遡及
して生ずる（506条2項）。したがって，相殺適状後に生じた利息
は発生しなかったことになり，また，遅延損害の賠償義務や違約
金債務など発生していた履行遅滞の責任も消滅する。しかし，遡
及効が認められるといっても，相殺の時点で相殺適状にあること
が必要であり，有効な弁済・相殺・更改により債権が消滅した後
に相殺をなしうるわけではない。また，賃料不払いで賃貸借契約
が解除された後に賃借人が費用償還請求権など賃貸人に対する債

権で賃料債権を相殺する意思表示をした場合，相殺の遡及効を貫くと，解除事由がなかったことになり，解除後の法律関係を不確定な状態とする。判例は，原則として，賃借人が反対債権を有することについての知・不知を問わず，解除後の相殺は時期を失したものとして解除の効力には影響はないとしている（最判昭32・3・8民集11巻3号513頁，なお，最判昭39・7・28民集18巻6号1220頁参照）。

　(イ)　相殺の充当　　なお，相殺の相手方が相殺適状にある複数の債権を有しており，自働債権がその全部を消滅させるに足りないときには，どの債権につき相殺の効力が生じるか（相殺の充当）の問題が生じる。平成29年改正前は，弁済の充当に関する規定（改正前の488条〜491条）が準用されていた（改正前の512条）。改正法では，相殺における充当の規定を弁済の規定とは別に規定している（一部準用しているが）。

　(a)　当事者間に充当についての合意があるときは，それによるが，合意がないときは，以下のように充当される。

　(b)　まず，債権者が債務者に対して有する一個または数個の債権と，債権者が債務者に対して負担する一個または数個の債務について，債権者が相殺の意思表示をした場合において，債権者の有する債権とその負担する債務は，相殺に適するようになった時期の順序に従って，その対当額について相殺によって消滅する（512条1項）。

　(c)　この場合において，相殺をする債権者の有する債権がその負担する債務の全部を消滅させるのに足りないときであって，当事者が別段の合意をしなかったときは，次に掲げるところによる（同条2項）。第一に，債権者が数個の債務を負担するときには，488条4項2号から4号までの規定が準用される。第二に，債権

者が負担する一個または数個の債務について元本のほか利息および費用を支払うべきときは，489条の規定が準用される。

(d)　また，相殺をする債権者の負担する債務がその有する債権の全部を消滅させるのに足りないときには，(c)のルールによって充当する（同条3項）。

(e)　そして，債権者が債務者に対して有する債権に，一個の債権の弁済として数個の給付をすべきものがある場合における相殺については，512条の規定が準用される（(b)から(d)までのルールによることになる）（512条の2前段）。また，債権者が債務者に対して負担する債務に，一個の債務の弁済として数個の給付をすべきものがある場合における相殺についても同様である（同条後段）。

Ⅳ　更改・免除・混同

1　更　改

(1)　更改の意義と性質　　更改というのは，当事者が従前の債　★
務に代えて，新たな債務を発生させる契約をすることをいい，それによって従前債務が消滅するものである（513条）。更改によって契約の内容が変更されるのであるが（改正前の513条1項では「債務の要素」の変更と表現されていた），その変更として，給付内容の重要な変更，債務者の交替，債権者の交替の三つが列挙されている。しかし，これらの変更は，それぞれ債権譲渡，債務引受あるいは内容を変更する合意（債権変更契約）や代物弁済さらには和解契約によって実現されるのが通例である。そして，いずれの場合も，債務の同一性を維持しつつその要素を変更することができ，担保関係や抗弁事由に変更をきたさない点など当事者の意思にも合致する。更改は，新債務を成立させるとともに旧債務を消滅させる

契約であり，債務の同一性を絶つ形で要素を変更することになるため，実際的な法制度としてはほとんど機能していない。契約の締結そのものに形式が必要とされ，かつ債権の人的拘束性が強調された時代の遺物であるともいえる。そのような事情から，条文の文言にもかかわらず，要素の変更があってもとくに更改とする当事者の意思がないかぎりこの制度の適用を避けるべきだとするのがこれまでの判例・学説の大勢であった。しかし，改正法は，若干の修正を加えた上で，更改に関する規定を残している。

　(2)　更改の要件　　更改は，新債務の成立とともに旧債務を消滅させる，いわゆる有因契約であるから，まず，消滅すべき債務が存在しなければならない。

　逆に，新債務が有効に成立しないときは，更改は無効となり，原則として旧債務は消滅しない。

　さらに，前述の理由から，更改が成立するためには，客観的に給付の内容の変更・債務者の交替・債権者の交替があるだけではなく，新債務の成立によって旧債務を消滅させようとする更改意思が当事者に必要だとされている。なお，改正前の513条2項には，条件付債務を無条件債務とし，無条件債務に条件を付し，あるいは債務の条件を変更する場合は，債務の要素を変更するものとみなすという規定がおかれていたが，その合理性がないこと（また，給付内容の変更に含まれると解釈できること）から，削除されている（『中間試案補足説明』311頁以下参照）。

　債務者の交替による更改は，債権者と更改後の債務者との契約によってすることができる。この場合において，更改は，債権者が更改前の債務者に対してその契約をした旨を通知した時に，その効力を生ずる（514条1項）。改正前の514条では，本文で，債務者の交替による更改は，債権者と更改後の債務者との契約によ

ってすることができると規定し，ただし書で，更改前の債務者の意思に反することができないと規定していた。改正法は，免責的債務引受の規定（472条2項）と平仄を合わせる趣旨で，ただし書を削除している。また，改正後の2項は，債務者の交替による更改後の債務者は，更改前の債務者に対して求償権を取得しないと規定しているが，これも免責的債務引受の規定（472条の3）に合わせたものである。

　債権者の交替による更改は，更改前の債権者，更改後に債権者となる者および債務者の契約によってすることができる（515条1項）。この規定は，債権者の交替による更改が，更改前の債権者，更改後に債権者となる者および債務者の三者間の契約によることを明らかにしたものである。改正前に明文の規定はなかったが，異論なく認められていた。そして，債権者の交替による更改は，確定日付のある証書によってしなければ，第三者に対抗することができない（同条2項）。なお，債権者の交替による更改については，債権譲渡における異議のない承諾に関する468条1項の規定が準用されていたが（改正前516条），改正法では削除されている（債権譲渡でもこのような考え方はとられなくなった）。

　(3)　更改の効果　　更改により，旧債務は当然に消滅し，新債務が当然に成立する（513条1項）。したがって，旧債務にともなう質権・抵当権や保証債務などの担保も消滅し，違約金の約定などもその効力を失う。ただし，債権者は，質権または抵当権を，旧債務の目的の限度で新債務のために移転することができる（518条1項）。もっとも，それらが第三者から供されたものであるとき（物上保証）は，その承諾が必要である（同項ただし書）。そして，質権または抵当権の移転については，あらかじめまたは更改と同時に更改の相手方（債権者の交替の場合には，債務者）に対する

意思表示によってしなければならない（同条 2 項）。旧債務に付着していた抗弁も原則として新債務には移らないことになる。

　更改契約は，新債務を成立させることによって旧債務を消滅させる処分行為であるから，新債務が成立すれば更改契約の履行の問題は生じない。したがって，新債務の債務不履行があってもそれが更改契約の解除事由にはならない。しかし，解除の効果について，契約上の債権・債務がさかのぼって消滅するとする立場（直接効果説）にたてば，解除により新債務が消滅すれば新債務の成立を要件とする更改そのものが効果を生じない結果となり旧債務の復活が問題となる。判例は，新旧両債務が当事者間だけに存在したときは，旧債務が復活し，当事者以外の者との間にも存在したときは，旧債務は復活しないとしている（大判大 5・5・8 民録 22 輯 918 頁）。

　なお，改正前の 517 条は，更改によって生じた債務が，不法な原因のためまたは当事者の知らない事由によって成立せずまたは取り消されたときは，更改前の債務は，消滅しないと規定していたが，改正によりこの規定は削除された。この規定は，更改後の債務に無効・取消原因があることを知っていたときは，旧債務が消滅することを前提とするものであって，その原因を知っていた債権者が，一律に免除の意思表示をしたものとみなすに等しく，合理性を欠くとして，削除された（『中間試案補足説明』315 頁参照）。改正後は，個々の事案について，個別に判断されることになる。

2　免　除

(1)　免除の意義と性質　　たとえば，A が，学生 B の交通事故により B に対して 200 万円の損害賠償請求権を有しているとする。そのような場合，A が，B の実情を配慮して，その全部ま

たは一部を支払わなくてもよいとすることがある。このように，負担なしに（無償で）債権を消滅させる債権者の一方的な意思表示を免除という（519条）。債権者は，債務者の承諾なしに免除できる。もっとも，免除を権利（債権）の放棄としての側面だけからとらえれば，一方的になしうることになろう。しかし，義務（債務）の免除でもあることから，利益といえどもその意思なしには強要されないということを前提とする第三者弁済（474条2項）・第三者のためにする契約（537条3項）・贈与（549条）等の規定との均衡を考えると，立法論としては問題となる。なお，いうまでもなく，債権者・債務者間の契約により免除（免除契約）することもできる。

(2)　**免除の方法と効果**　　免除の意思表示は，債務者に対して　★
なされなければならないから，第三者に債権放棄の意思表示をしても免除の効果は生じない。また，債権の一部だけを免除することもできる。債務者は単に義務を免れるだけであるから，相手方が行為能力者たることは要しない（5条1項ただし書）。免除は単独行為であることから，その意思表示は撤回できないが，新たに債務者に不利益を課するものではないから，条件・期限を付けることはできるとされている。なお，たとえば，その債権が質入れされているときのように，債権が第三者の権利の目的となっている場合には，債権者は免除してこれを消滅させることはできない。

　免除によって，債権（債務）は消滅する。これにともなう担保物権も消滅するし，主たる債務が免除されれば保証債務も消滅する（448条1項参照）。

3　混　同

★　**(1)　混同の意義と性質**　たとえば，A が父親 B から 500 万円の借金をしていたとする。B が死亡すれば，B の A に対する債権も相続財産となり，他の相続人とともに A もこの債権を承継することになる。この場合，自己の負担する債務の債権者となるのは無意味であるから，A の債務は A の相続分に相当する部分について消滅すべきことになる。このように，同一の債権について同一人に債権者の地位と債務者の地位とが帰属することを混同といい，債権は，原則として混同により消滅する（520 条）。所有権と制限物権が同一人に帰した場合の物権の混同（179 条）と同様の趣旨に基づくものである。債権の混同は，相続のほか会社の合併や債権譲渡などにより生じる。

★★　**(2)　混同の効果**　混同があれば，その事実により債権は当然に消滅する。しかし，たとえば，前記の 500 万円の債権を父親が第三者 C に質入れして融資をうけていたような場合には，混同を認めると C は理由なく質権の目的の一部を失うことになる。そこで，その債権が第三者の権利の目的となっている場合には，混同が生じても債権は消滅しないと規定されている（520 条ただし書）。混同による消滅はその存続に意味がないことによるものであるから，第三者の権利の目的となっている場合でなくても，存続させるべき理由がある場合には，混同の効果は否定される。たとえば，家屋の賃借人 A が賃貸人 B からその家屋の譲渡をうければ，賃借権は混同により消滅する。ところが，その所有権移転登記を経由しないうちに第二の譲受人（C）が所有権移転登記を経由してしまった場合には，混同による消滅という効果を貫くと，A は C の明渡請求に対して所有権はもとより賃借権をもっても対抗できないことになる。そこで，このような場合には，第三者

図21　賃借権の混同と二重譲渡

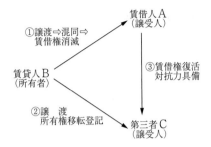

（C）に対する関係では，その所有権取得があれば，賃借権は復活し消滅しなかったものとなると解されている（最判昭40・12・21民集19巻9号2221頁参照，図21）。

第8章　有価証券

I　序　説

1　平成29年改正前

　平成29年改正前の民法では，債権譲渡に関して，まず，466
条において，債権の譲渡性を規定し，次に，467条・468条にお
いて，一般的な債権譲渡について規定するほか，469条から473
条までにおいて，証書が存在する債権の譲渡について規定してい
た。前者は，債権の発生・行使・移転に証券を必要としないもの
であり，売買代金債権，貸金債権，賃料債権などのように，債権
者がその名前によって特定されている普通の債権をいい，指名債
権と呼ばれている。これに対して，後者は，指図債権，記名式所
持人払債権，無記名債権など，債権と証券とが結びついている債
権をいい，証券的債権と呼ばれていた。

　他方，広い意味における商法の分野では，手形・小切手，株式
など，権利の発生・移転・行使の全部または一部について証券に
よってなされることが必要とされる有価証券が存在する。そこで，
このような有価証券と民法上の証券的債権とがどのような関係に
あるのかが問題となる。学説では，民法の規定を有価証券の規定
と解する見解もあるが，近時の有力説は，民法の規定は有価証券
に至らない段階の債権について規定するものであり，証書の存在
と債権の移転・行使との関連性が有価証券に比して不完全なもの

と解しているとされている。そして，民法が定めるような証券的債権は，今日の社会においてほとんど存在しないと考えられている。

2　平成29年改正

平成29年改正においては，民法典の中に有価証券に関する一般的な規定（有価証券の譲渡に限られない）が置かれることになった（520条の2～520条の20）。これに伴い民法では，証券的債権の譲渡に関する469条から473条までの規定のほか，86条3項（無記名債権を動産とみなす）および363条（債権譲渡に証書の交付を要するものを質権の目的とするときに，質権の設定が証書の交付によって効力を生ずるとする）・365条（指図債権を質権の目的とするときに，証書に質権の設定の裏書をしなければ第三者に対抗できないとする）の規定が削除された。また，商法516条2項（指図債権および無記名債権の弁済は債務者の現在の営業所においてしなければならないとする）および517条から519条まで（指図債権等の証券の提示，有価証券の喪失の場合の権利行使方法，有価証券の譲渡方法および善意取得に関する）の規定も削除された（なお，取引時間に関する商法520条も削除された）。

Ⅱ　有価証券

1　指図証券

(1)　指図証券の意義　　民法は，指図証券についての定義規定を置いていない（平成29年改正前の指図債権についても同様である）。指図証券というのは，これまでの指図債権にあたるものであるが，証券に記載された債権者またはその者に指定された（指図された）権利者に対して弁済すべき旨を定めた証券をいう。手形，小切手，

倉庫証券等がこれにあたる。

(2)　指図証券の譲渡　　改正前の民法469条が削除され，これに代えて，指図証券の譲渡について，改正法520条の2は，「指図証券の譲渡は，その証券に譲渡の裏書をして譲受人に交付しなければ，その効力を生じない」と規定している。改正前469条では，指図債権について，証書の裏書・交付を第三者対抗要件としていた。このような法制度は，民法における不動産・動産の譲渡，債権の譲渡と統一的なものである。すなわち，物の移転について，当事者間では，合意だけで譲渡の効力が生ずるが（176条），第三者にそれを対抗するためには，不動産については登記（177条），動産については引渡し（178条）が必要とされている。また，債権の譲渡については，債務者に対する通知または債務者による承諾（467条）を必要とする。これに対して，商法，手形法，小切手法など有価証券法では，証券の裏書・交付（有価証券法理では，証券の交付も「裏書」に含まれる）を効力要件としている。このように，民法と有価証券法との間に齟齬があった。そこで，改正法では，有価証券法理に合わせた規定としたのである。

　次に，520条の3は，指図証券の譲渡の裏書の方式について，「指図証券の譲渡については，その指図証券の性質に応じ，手形法（昭和7年法律第20号）中裏書の方式に関する規定を準用する」と規定している。そして，520条の4は，「指図証券の所持人が裏書の連続によりその権利を証明するときは，その所持人は，証券上の権利を適法に有するものと推定する」と規定している。

(3)　指図証券の善意取得　　520条の5は，「何らかの事由により指図証券の占有を失った者がある場合において，その所持人が前条の規定によりその権利を証明するときは，その所持人は，その証券を返還する義務を負わない。ただし，その所持人が悪意

又は重大な過失によりその証券を取得したときは，この限りでない」と規定している。

　(4)　指図証券の譲渡における抗弁の制限　　抗弁の制限について，472条が削除され，520条の6が設けられた。すなわち，同条は，「指図証券の債務者は，その証券に記載した事項及びその証券の性質から当然に生ずる結果を除き，その証券の譲渡前の債権者に対抗することができた事由をもって善意の譲受人に対抗することができない」と規定している。改正前の472条と実質的に異ならない。

　(5)　指図証券の質入れ　　改正では，指図債権の質入れに関する363条および365条を削除し，これに代えて，520条の7において，指図証券の質入れについて，520条の2から520条の6までの規定を，指図証券を目的とする質権の設定について準用することを規定している。

　(6)　指図証券の弁済の場所，証券の提示による履行遅滞および債務者の調査の権利等　　第一に，520条の8は，「指図証券の弁済は，債務者の現在の住所においてしなければならない」と規定している。

　第二に，520条の9は，「指図証券の債務者は，その債務の履行について期限の定めがあるときであっても，その期限が到来した後に所持人がその証券を提示してその履行の請求をした時から遅滞の責任を負う」と規定している。

　第三に，指図債権の債務者の調査に関する470条を削除し，これに代えて，520条の10は，「指図証券の債務者は，その証券の所持人並びにその署名及び押印の真偽を調査する権利を有するが，その義務を負わない。ただし，債務者に悪意又は重大な過失があるときは，その弁済は，無効とする」と規定している。改正前の

470条と実質的に異ならない。

(7)　指図証券の喪失およびその場合の権利行使方法　　指図証券の喪失およびその場合の権利行使方法について，次のような規律が設けられた。

第一に，520条の11は，「指図証券は，非訟事件手続法（平成23年法律第51号）第100条に規定する公示催告手続によって無効とすることができる」と規定している。

第二に，520条の12は，「金銭その他の物又は有価証券の給付を目的とする指図証券の所持人がその指図証券を喪失した場合において，非訟事件手続法第114条に規定する公示催告の申立てをしたときは，その債務者に，その債務の目的物を供託させ，又は相当の担保を供してその指図証券の趣旨に従い履行をさせることができる」と規定している。

2　記名式所持人払証券

(1)　記名式所持人払証券の意義　　記名式所持人払証券というのは，債権者を指名する記載がされている証券であって，その所持人に弁済をすべき旨が付記されているものをいう。

471条を削除し，これに代えて，記名式所持人払証券について，次のような規律を設けるものとした。

(2)　記名式所持人払証券の譲渡　　第一に，520条の13は，「記名式所持人払証券〔略〕の譲渡は，その証券を交付しなければ，その効力を生じない」と規定している。改正前には，譲渡方法についての規定はなく，見解が分かれていた。指図債権あるいは無記名債権と同視するとすれば，債権の譲渡は合意によって効力を生ずるが，証書の交付によって第三者に対抗できると解される。しかし，証書の交付を効力要件と解する見解もみられた。改

正法は，有価証券としての法理に従って，証券の交付を効力要件としたものである（なお，記名式所持人払証券は，証券上に所持人に弁済すべき旨の記載があるのであるから，指図証券のように裏書を必要としないのは当然である）。

　第二に，520条の14は，「記名式所持人払証券の所持人は，証券上の権利を適法に有するものと推定する」と規定している。指図証券に関する520条の4と同趣旨の規定であるが，証券上に所持人に弁済すべき旨の記載があるのであるから，証券を所持しているという事実のみで権利が推定されるとしているのである。

　(3)　記名式所持人払証券の善意取得　　520条の15は，「何らかの事由により記名式所持人払証券の占有を失った者がある場合において，その所持人が前条の規定によりその権利を証明するときは，その所持人は，その証券を返還する義務を負わない。ただし，その所持人が悪意又は重大な過失によりその証券を取得したときは，この限りでない」と規定している。

　(4)　記名式所持人払証券の譲渡における抗弁の制限　　520条の16は，「記名式所持人払証券の債務者は，その証券に記載した事項及びその証券の性質から当然に生ずる結果を除き，その証券の譲渡前の債権者に対抗することができた事由をもって善意の譲受人に対抗することができない」と規定している。

　(5)　記名式所持人払証券の質入れ　　記名式所持人払証券を目的とする質権の設定については，520条の13から520条の16までの規定が準用される（520条の17）。

　(6)　指図証券に関する規定の準用　　記名式所持人払証券の弁済の場所，証券の提示による履行遅滞および債務者の調査の権利等，証券の喪失，その場合における権利行使方法については，指図証券に関する520条の8から520条の12までの規定が準用さ

れる（520 条の 18）。

3　その他の記名証券（指図証券および記名式所持人払証券以外の記名証券）

(1)　その他の記名証券の意義　　ここで，その他の記名証券というのは，債権者を指名する記載はなされている証券であって，指図債権および記名式所持人払証券でないものをいう。たとえば，手形・小切手，貨物引換証などの指図証券も裏書禁止文句が記載されているときは，ここでいう記名証券にあたる（手 11 条，77 条 1 項，小 14 条，商 574 条）。

(2)　その他の記名証券の譲渡，質権設定等　　指図証券および記名式所持人払証券以外の記名証券について，520 条の 19 は，1 項において，「債権者を指名する記載がされている証券であって指図証券及び記名式所持人払証券以外のものは，債権の譲渡又はこれを目的とする質権の設定に関する方式に従い，かつ，その効力をもってのみ，譲渡し，又は質権の目的とすることができる」と規定し，2 項は，520 条の 11 および 520 条の 12 の規定をその他の記名証券に準用している。したがって，その他の記名証券については，債権譲渡や質権の設定については，一般の債権の譲渡や質権設定の方式に従い，その効力を生ずるものとされている。ただし，有価証券であることから，証券の引渡しも必要であると解される。そして，善意取得・抗弁の制限など有価証券の流通保護に関する制度は認められないが，証券を喪失した場合には，520 条の 11 による公示催告手続によって無効とすることができ，また，520 条の 12 による権利行使の方法をとることができる。

4　無記名証券

(1)　無記名証券の意義　　無記名証券というのは，特定の受取人の記載を欠く証券をいう。権利者の記載が全くないもののほか証券の所持人あるいは持参人を権利者とする旨の記載のあるもの（いわゆる所持人払証券あるいは持参人払証券）もこれに含まれると解されている。たとえば，無記名式小切手，無記名社債などがこれにあたる（小5条3項，会社681条4号参照）。

(2)　無記名証券の譲渡，質権設定等　　改正前86条3項および473条を削除し，これに代えて，無記名証券について，記名式所持人払証券の規定（520条の13～520条の18）が準用されている（改正法520条の20）。

改正前86条3項では，無記名債権は動産とみなされていたので，その譲渡等については，動産（物）と同じに扱われることになる。また，改正前473条は，指図債権の譲渡における債務者の抗弁の制限に関する改正前472条を準用していた。改正法は，これらの規定を削除し，記名式所持人払証券の規定をすべて準用することとしたので，記名式所持人払証券と同じに扱われる。すなわち，無記名証券の譲渡や質入れは，証券の交付によって行われ，善意取得・抗弁の制限など流通保護の規定が適用される。

5　免責証券

(1)　免責証券の意義　　免責証券というのは，債務者が証券の所持人に弁済すれば，所持人が正当な権利者でない場合であっても，悪意または重大な過失がない限り，債務者が免責される証券をいう（債務者の主観的要件については，善意・無過失を要するとする見解もある）。たとえば，手荷物引換証，携帯品預証，下足札，銀行預金証書などがこれにあたるとされている。多くの有価証券では，

証券の所持人が証券上の権利を適法に有するものと推定されていて，免責性が認められていることから，一見すると，このような証券も，有価証券と同様の面をもっているものと考えられる。しかし，このような証券は，特定の債権者と債務者間において，債権債務の証拠証券に，債務者の利益のために免責的効力が認められているものにすぎず，本来，証券が流通することを目的とするものではない。また，有価証券のように，証券が権利を表象するものでもない。そこで，免責証券は，普通の指名債権であると解されている。平成29年改正前はもちろん，改正後の民法においても，有価証券として扱う規定は置かれていない。

　(2)　免責証券の譲渡，債務者の保護等　　前述のように，免責証券は権利を表象するものではないから，免責証券の譲渡ということは考えられず，証券が対象としている債権について，指名債権譲渡や質権設定の規定が適用されるものと解される（債権譲渡については，本書第6章Ⅱ）。そして，有価証券に関する520条の2以下の規定が適用されるものではない。

債権法改正後の条文は，いつからどのように適用されるのか

平成29年6月2日に民法（債権法）改正法が公布された。改正法の附則1条は，「この法律は，公布の日から起算して3年を超えない範囲内において政令で定める日から施行する」と定めた。その後平成29年12月20日に「民法の一部を改正する法律の施行期日を定める政令」が公布され，改正法の施行日が令和2年（2020年）4月1日とされた。

改正民法は，施行日から後に生じたことに適用されるのが原則であるが，それぞれの条文の対象となっている事実が多様であり，新法が適用されるのか，旧法が適用されるのかが必ずしも明確でない場合も存在する。そこで，改正法の附則では，疑義があると考えられる条文について，個別的に新法または旧法の適用について規定している。本書の範囲（債権総則）に関するのは，附則14条から28条までである。

1 特定物の引渡しの場合の注意義務（附則14条）

新法400条は，不特定物の引渡債務についての注意義務について，「善良な管理者の注意義務」の判断基準を明確にした。施行日以後にその債務が存続する場合であっても，その債権が施行日よりも前に生じた場合については，なお従前の規定（旧法400条）が適用される。

2 法定利率（附則15条）

(1) 新法404条は，法定利率について，変動制をとるとともに，債権の利息について，利息を生じた最初の時点における法定利率によるとしている。施行日前に存在していて，利息がすでに発生している場合における法定利率については，施行日以後にも利息が発生し続けるが，なお従前の規定（旧法404条）が適用される。

(2)　新法404条4項の規定により法定利率に初めて変動があるまでの各期における同項の規定の適用については，同項中「この項の規定により法定利率に変動があった期のうち直近のもの（以下この項において「直近変動期」という。）」とあるのは「民法の一部を改正する法律（平成29年法律第44号）の施行後最初の期」と，「直近変動期における法定利率」とあるのは「年3パーセント」とする。

3　不能による選択債権の特定（附則16条）

　新法410条は，選択債権の不能による特定について，選択権のある者の過失による不能であることを要件としている。選択債権が施行日前にすでに存在する場合には，その給付に不能のものがあるときは，不能になった時が施行日以後であっても，従前の規定（旧法410条）が適用される。

4　債務不履行の責任等（附則17条）

(1)　施行日前に債務が生じた場合（施行日以後に債務が生じた場合であって，その原因である法律行為が施行日前にされたときを含む）において，その債務不履行の責任等については，債務不履行が施行日以後に生じたときであっても，新法の規定（新法412条2項，412条の2から413条の2まで，415条，416条2項，418条，422条の2）ではなく，従前の規定（旧法412条2項，413条，415条，416条2項，418条）が適用される。

(2)　新法417条の2（新法722条1項において準用する場合を含む）は，中間利息の控除に関する規定（特に利率について）を新設した。この規定は，施行日前に生じた将来において取得すべき利益または負担すべき費用についての損害賠償請求権については，適用されない。

(3)　新法419条1項は，金銭債務の不履行について，その損害賠償の額を債務者が遅滞の責任を負った最初の時点における法定利率（た

だし，約定利率が法定利率を超えるときは，約定利率）によって定めることを規定している。しかし，すでに施行日前に債務者が遅滞の責任を負っていた場合には，遅延損害金を生ずべき債権についての法定利率は，従前の規定（旧法419条1項）が適用され，旧法における法定利率（年5分または年6分）または約定利率（法定利率よりも高い場合）である。

(4) 損害賠償額の予定に関する合意が施行日前にされた場合には，施行日後においても，旧法420条1項が適用され，裁判所はその額を増減することができない。また，旧法421条に規定する金銭でないものを損害の賠償に充てるべき旨の予定に関する合意が施行日前になされた場合（旧法420条が準用されている）も同様である。

5 債権者代位権（附則18条）

(1) 施行日前に旧法423条1項に規定する債務者に属する権利が生じていた場合には，その権利について債権者代位権を行使するときは，旧法（423条）が適用される。

(2) 新法423条の7に規定する譲渡人が第三者に対して有する権利が施行日前に生じていた場合には，同条は適用されない。

6 詐害行為取消権（附則19条）

施行日前に旧法424条1項に規定する債務者が債権者を害することを知って法律行為がされた場合には，その行為に関する詐害行為取消権については，旧法が適用される。

7 不可分債権，不可分債務，連帯債権および連帯債務（附則20条）

(1) 施行日前に生じた不可分債権（その原因である法律行為が施行日前にされたものを含む）が旧法428条に規定されているものであるときは，その不可分債権については，旧法が適用される。

(2) 旧法430条に規定されている不可分債務および旧法432条に規

定されている連帯債務が施行日前に生じていたときは（これらの原因である法律行為が施行日前にされたものを含む），これらについては，なお旧法が適用される。

(3)　新法432条から435条の2までの規定は，施行日前に生じた新法432条に規定する債権（その原因である法律行為が施行日前にされたものを含む）については，適用しない。

8　保証債務（附則21条）

(1)　施行日前に締結された保証契約による保証債務については，旧法が適用される。

(2)　保証人になろうとする者は，施行日前においても，新法465条の6第1項（新法第465条の8第1項において準用する場合を含む）の公正証書の作成を嘱託することができる。

(3)　公証人は，前項の規定による公正証書の作成の嘱託があった場合には，施行日前においても，新法465条の6第2項および465条の7（これらの規定を新法465条の8第1項において準用する場合を含む）の規定の例により，その作成をすることができる。

9　債権の譲渡（附則22条）

施行日前に債権の譲渡の原因である法律行為がされた場合には，その債権の譲渡が施行日より後になされた場合であっても，新法466条から469条までの規定にかかわらず，旧法が適用される。

10　債務の引受け（附則23条）

新法470条から472条の4までの規定は，施行日前に締結された債務の引受けに関する契約については，適用されない。

11　記名式所持人払債権（附則24条）

施行日前に生じた記名式所持人払債権（その原因である法律行為が

施行日前にされたものを含む）については，旧法（471条）が適用される。

12 弁済（附則25条）

(1) 施行日前に債務が生じた場合におけるその債務の弁済については，(2)に規定するもののほか，旧法が適用される。

(2) 施行日前に弁済がされた場合におけるその弁済の充当については，新法488条から491条までの規定は適用されず，旧法が適用される。

13 相殺（附則26条）

(1) 旧法505条2項により施行日前になされた相殺禁止の意思表示については，旧法が適用される。

(2) 施行日前に生じた債権を受働債権とする相殺については，新法509条の規定は適用されず，旧法が適用される。

(3) 施行日前の原因に基づいて生じた債権を自働債権とする相殺（差押えを受けた債権を受働債権とするものに限る）については，新法511条の規定は適用されず，旧法が適用される。

(4) 施行日前に相殺の意思表示がされた場合におけるその相殺の充当については，新法512条および512条の2の規定は適用されず，旧法が適用される。

14 更改（附則27条）

施行日前に締結された更改の契約については，旧法が適用される。

15 有価証券（附則28条）

新法520条の2から520条の20までの規定は，施行日前に発行された証券については，適用されない。

■ **参考文献**——より進んだ研究を志す人々のために

体 系 書

〈平成 29 年民法改正後に刊行されたもの〉

中田裕康　債権総論〔第 4 版〕（岩波書店）

　＊詳細な内容の体系書である。重要な論点については，歴史的な展開が理
　　解できるように，学説・判例を詳細に解説している。

内田貴　民法Ⅲ（債権総論・担保物権）〔第 4 版〕（東大出版会）

　＊広く読まれている教科書である。総説，債権の効力，金融取引法の 3 部
　　からなるが，債権総論のほか，担保物権法の記述も含まれている。

大村敦志　新基本民法 4　債権編〔第 2 版〕（有斐閣）

　＊13 回の講義を想定した教科書である。必ずしも民法典の順序に従って
　　いるものではないが，著者の考える「実定民法の体系的理解」を目指す
　　ものとして構成されている。債権法改正案についても記述されている。

我妻榮ほか　民法 2〔第 4 版〕（勁草書房）

　＊民法全体を簡潔に解説する 3 巻からなる教科書で，長く読み継がれてき
　　たものであるが，債権法改正を取り入れた新版である。債権総論と債権
　　各論を 1 冊にまとめられている。

潮見佳男　プラクティス民法債権総論〔第 5 版補訂〕（信山社）

　＊法学部学生，法科大学院学生の自習を想定して，解釈論を示すものであ
　　る。具体的かつ簡単な事例を豊富に用い，どのように法理論を事例に当
　　てはめて，法的な問題が解決されるのかをわかりやすく解説している。

〈平成 29 年民法改正前に刊行されたもの〉

星野英一　民法概論Ⅲ（債権総論）（良書普及会）

　＊明快で理解しやすい体系書。判例を豊富に引用し，多くの問題に触れて
　　いる。

平井宜雄　債権総論〔第2版〕（弘文堂）

　＊判例・学説を踏まえた体系書。制度ないし規定の立法趣旨，判例法理に
　　重点を置くなどの特色がみられる。

奥田昌道　債権総論〔増補版〕（悠々社）

　＊詳細な体系書。多くの理論的問題について論じている。

我妻　栄　新訂債権総論（民法講義Ⅳ）（岩波書店）

　＊通説を代表する詳細な体系書。

於保不二雄　債権総論〔新版〕（法律学全集）（有斐閣）

　＊これも代表的かつ詳細な体系書。

林良平＝石田喜久夫＝高木多喜男　債権総論〔第3版〕（現代法律学全集）
　（青林書院）

　＊これも詳細な体系書である。

川井　健　民法概論3（債権総論）〔第2版補訂版〕（有斐閣）

　＊重要な問題について，多岐にわたる学説をバランス良く整理している。
　　文章も読みやすい。

淡路剛久　債権総論（有斐閣）

　＊詳細な内容の体系書であるが，平易な文章で読みやすいものである。立
　　法の沿革および外国法を視野に入れ，これまでの学説を整理し，著者の
　　見解を述べるものである。

注釈書（コンメンタール）

磯村　保 編　新注釈民法(8)債権(1)（債権の目的・債権の効力(1)）

奥田昌道 編　注釈民法(10)債権(1)（債権の目的・効力）

奥田昌道 編　新版注釈民法(10)Ⅰ債権(1)（債権の目的・効力(1)）

奥田昌道 編　新版注釈民法(10)Ⅱ債権(2)（債権の目的・効力(2)）

西村信雄 編　注釈民法(11)債権(2)（多数当事者の債権・債権の譲渡）

磯村　哲 編　注釈民法(12)債権(3)（債権の消滅）

　　　　　　　　　　　　　　　　　　　　　　　（以上，有斐閣）

判 例 集

窪田充見 = 森田宏樹 編　民法判例百選 II　債権〔第 9 版〕（有斐閣）

遠藤浩 = 川井健 編　民法基本判例集〔第 3 版補訂版〕（勁草書房）

演 習 書

内田貴 = 大村敦志 編　民法の争点（有斐閣）

磯村保 他　民法トライアル教室（有斐閣）

池田真朗 他　マルチラテラル民法（有斐閣）

そ の 他

星野英一　編集代表　民法講座 4（債権総論）（有斐閣）

広中俊雄 = 星野英一 編　民法典の百年 III（債権編）（有斐閣）

事 項 索 引

あ 行

悪意者排除説 ……………………204
与える債務 …………………………11
安全配慮義務 ……………………52
一時的給付 …………………………12
一部供託 …………………………268
一物一権主義 ………………………2
一部不能 …………………………48
一身専属権 …………………………85
一般債権者 …………………………78
因果関係 …………………………60
　事実的—— ……………………61
　自然的—— ……………………61
　相当—— ………………………61
受取証書交付請求権 ……………261
得べかりし利益 …………………71
　——の喪失 ……………………59
ABL ………………………………216

か 行

回帰的給付 …………………………12
解除条件説 ………………………269
確定期限債務 ……………………45
確定日付 …………………………201
　——ある証書 …………………201
　——ある通知・承諾の効果 …203
確定日付説 ………………………206
確定日付付与義務 ………………202
過失相殺 …………………………63
カードによる預貯金の払戻し ……257
カフェー丸玉事件 ………………25
可分債務 …………………………11

間接強制 …………………………31
完全賠償主義 ……………………61
元本債権 ……………………11, 17
機関保証 …………………………175
危険性関連説 ……………………66
規範統合説 ………………………69
記名式所持人払証券 ……………294
求償権 ……………………143, 148
　——の制限 ……………………143
　——の変更 ……………………146
　事後—— ………………………161
　事前—— ………………………162
求償権者の代位権 ………………147
給　付 ………………………………2
　——の確定性 …………………9
　——の可能性 …………………9
　——の経済的価値 ……………10
　——の適法性 …………………9
給付価値の実現 …………………24
給付内容の実現 …………………24
強制履行→履行の強制
供　託 …………………139, 237, 265
供託原因 …………………………265
供託所 …………………………267
供託物引渡請求権 ………………268
共同保証 …………………………168
共同保証人相互間の求償 ………170
金銭債権 ……………………11, 16
　——の特殊性 …………………16
金銭債務 …………………………32
　——と履行不能 ………………48
金銭賠償 …………………………58
形成権説 …………………………102

継続的給付 …………………………12
継続的保証 …………………………171
契約譲渡 …………………………179, 232
契約上の地位の移転 ………………232
契約締結上の過失…………………54
契約引受 …………………………179, 232
結果債務…………………………12
検索の抗弁 …………………………153, 157
現実の提供 …………………………242
原始的不能…………………………47
原状回復…………………………58
建築禁止債務………………………34
権利行使要件 ………………………190
更　改 …………………………140, 237, 283
公正証書 …………………………201
口頭の提供 …………………………243
後発的不能…………………………47
告知義務…………………………55
国連国際債権譲渡条約 ……………182, 188
混　同 …………………………140, 237, 288
　── と二重譲渡 ………………289
　── の効果 ……………………288

さ 行

債　権 …………………………………1
　── と請求権 ……………………5
　── と第三者………………………27
　── と物権の違い …………………2
　── の摑取力………………………27
　── の効力…………………………22
　── の実現…………………………22
　── の種類…………………………10
　── の譲渡性………………………180
　── の消滅 ………………………236
　── の消滅原因 …………………237
　── の性質 …………………………5

　── の対外的効力…………………28
　── の定義 …………………………1
　── の目的 …………………………8
　── の目的の実現と消滅原因 ……237
差押禁止の ── …………………276
不法行為に基づく ── …………274
債権・債務
　── の共同的帰属形態 …………125
　── の共有的帰属 ………………125
　── の合有的帰属 ………………127
　── の総有的帰属 ………………127
債権者代位権………………………78
　── 行使の効果……………………90
　── の客体…………………………84
　── の行使…………………………88
　── の転用…………………………81, 94
　── の要件…………………………80
債権者取消権→詐害行為取消権
債権証書返還請求権 ………………262
債権譲渡 …………………………179, 192
　── 登記 ………………………196, 208
　── と相殺 ………………………203, 279
　── による資金調達 ……………217
　── の機能 ………………………192
　── の原因関係 …………………214
　── の効果 ………………………211
　── の成立要件 …………………192
　── の対抗要件 …………………195
債権流動化のための ── ………214
代物弁済としての ── …………217
他の法律による ── ……………223
担保のための ── ………………215
債権法…………………………………6
　── の特色 …………………………6
　── の内容 …………………………6
　── の範囲 …………………………6

形式的意義における―― ……………6
実質的意義における―― ……………6
債権譲渡担保 ………………………215
債権流動化 …………………………214
催告の抗弁 …………………153, 157
財産的損害…………………………59
債　務 ………………………………1
　――の本旨…………………………39
　与える―― …………………………11
　期限の定めのない―― ……………45
　責任なき―― …………………………27
　特殊な効力の―― …………………25
　為す―― ……………………………11
債務者 ………………………………1
　――の詐害意思………………………112
債務引受 …………………179, 225
　併存的―― …………………225, 229
　免責的―― …………………………225
債務不履行…………………………38
　――の効果…………………………57
　――の諸類型………………………44
　――の成立要件……………………39
詐害行為………………………99, 104
詐害行為取消権………………99, 100
　――行使の期間制限 ………………119
　――行使の効果 ……………………120
　――の行使 …………………………115
　――の性質 …………………………102
　――の要件 …………………………104
差額説…………………………………67
作為債務………………………………12
差押禁止の債権 ……………………276
差押えと相殺 ………………………276
指図証権 ……………………………291
詐称代理人 …………………………256
事後求償権 …………………………161

持参債務の原則 ……………………242
事実的因果関係………………………61
事前求償権 …………………………162
自然債務………………………………26
自然的因果関係………………………61
指定による充当 ……………………260
自働債権 ……………………………269
謝罪広告債務…………………………34
集合債権譲渡担保 …………………215
重　利………………………………19
受益者 ………………………………100
　――・転得者の悪意 ………………113
手段債務……………………………12
受働債権 ……………………………269
受領義務説……………………………74
受領権限を有しない者への弁済 ……255
受領遅滞………………………………74
　――の要件・効果……………………75
種類債権 ………………………10, 14
　制限（限定）―― …………………16
　特定物債権と―― …………………13
消極的損害……………………………59
承　諾 ………………………………199
　――の効果 …………………………203
譲渡制限特約 ………………………180
将来債権譲渡 ………………………217
信義則 ………………………………7
信用保証 ……………………………171
請求権 ………………………………5
請求権競合……………………………68
請求権競合説…………………………68
請求権説 ……………………………102
制限（限定）種類債権………………16
制限説………………………………277
制限賠償主義…………………………61
精神的損害……………………………59

責任財産……………………77
　——の保全……………………77
責任説……………………103
責任訴訟……………………103
責任的無効……………………103
積極的損害……………………59
絶対的連帯免除……………………146
折衷説……………………103
説明義務……………………55
善管注意義務……………………14
選択権……………………20
　——の移転……………………21
　——の不能による特定……………21
選択債権……………………11, 19
全部不能……………………48
相　殺……………………139, 237, 269
　——の禁止……………………273
　——の効果……………………281
　——の方法……………………281
　債権譲渡と——……………203, 279
　差押えと——……………………276
相殺制度の機能……………………270
相殺適状……………………270
相対的連帯免除……………………146
相当因果関係……………………61
相当因果関係説……………………65
相当因果関係否定説……………………66
訴求力……………………27
損益相殺……………………63
損　害……………………59
　——＝金銭説……………………67
　——＝事実説……………………67
損害概念……………………67
損害額算定の基準時……………………71
損害賠償……………………56
　——の共通原則……………………58

　——の範囲……………………61
　——の方法……………………58
　履行遅滞と——……………………69
　履行不能と——……………………71
損害賠償額の予定……………………64

た 行

代位訴訟判決の効力……………………93
代位弁済……………………246
対抗要件……………………195
　——の強行法規性……………………197
　——の構成要素……………………198
　債務者に対する——……………………197
　第三者に対する——……………………196
対抗要件主義……………………195
対抗要件具備時……………………189, 190
代償請求権……………………64
代替執行……………………31
代物弁済……………………139, 237, 262
　——の予約……………………264
多数当事者の債権関係……………………124
他の給付……………………263
単　利……………………19
遅延賠償……………………69
直接強制……………………31
直接効果説……………………286
賃借人の債務の保証……………………173
通常損害……………………61
通　知……………………198
　——・承諾の効果……………………202
　——の効果……………………203
停止条件付代物弁済契約……………………264
電子記録債権……………………224
転付命令……………………193
塡補賠償……………………70
　履行遅滞と——……………………70

登記請求権……………………95
同時履行の抗弁………………46
到達時確定日付説………………206
到達時説………………206
特定物債権……………10, 13
　　――と種類債権………13
特別損害………………61
特別法……………6

な　行

内容証明郵便……………201
為す債務………………11
任意債権……………13
任意代位………………247
根保証……………171

は　行

賠償者の代位………………65
売買は賃貸借を破る………4
廃罷訴権……………100
判決代用………………31, 34
引渡債務
　　動産の――………33
　　土地の――………33
非金銭債権……………11
否認権……………100
費用償還請求権…………92
不確定期限債務…………45
不可分債権……………124
　　――の効力………132
不可分債権・不可分債務………130
　　――の意義と要件………130
不可分債務……………11, 124
　　――の効力………134
不完全債務………………26
不完全履行……………39, 49, 73

――と免責事由……………51
富喜丸事件……………66, 72
複利……………19
不作為債務……………12
不執行特約……………26
不真正連帯債権…………150
不真正連帯債務………124, 147
不訴求特約……………25
物権法定主義……………3
不動産登記手続債務…………34
不法行為に基づく債権………274
不法行為の成否……………28
分割債権……………124, 129
分割債権・分割債務…………128
　　――の効力………129
　　――の要件………128
分割債務……………124, 129
分別の利益……………168
併存的債務引受………225, 229
弁護士費用……………63
弁済……………139, 237, 239
　　――による代位………246
　　――の充当………259
　　――の受領権………254
　　――の性質………239
　　第三者の――………244
弁済について利益を有する代位者相
　　互間の関係………248
弁済の提供……………240
　　――の時期・場所・費用………241
　　――の方法………242
弁済の提供説………………75
ボアソナード……………1, 79, 101
妨害排除請求……………29
妨害排除請求権…………96
包括根保証……………171

法条競合説 ………………………69
法定充当 …………………………260
法定重利………………………… 19
法定代位 …………………………247
法定利率………………………… 18
保証契約 …………………………153
保証債務 ……………………124,150
　――の効力 ……………………156
　――の随伴性 …………………152
　――の成立 ……………………153
　――の相続性 …………………172
　――の内容 ……………………156
　――の付従性 …………………151
　――の法的性質 ………………151
　――の補充性 …………………152
保証人 ……………………………151
　――の求償権 …………………160
　――の抗弁 ……………………156
　――の資格 ……………………154
　――の代位権 …………………165
保証連帯 …………………………168
保全の必要性 …………………80,98
保存行為…………………………… 84

ま　行

身元引受 …………………………174
身元保証 ……………………171,174
無資力要件の要否………………… 98
無制限説 …………………………277
免　除 ……………………237,286
　――の方法と効果 ……………287
免除契約 …………………………287
免責事由………………………… 40
免責証券 …………………………297
免責的債務引受 ……………225,229

や　行

約定重利………………………… 19
有価証券 …………………………290
優劣決定の基準 …………………205
予見可能性………………………… 62
預貯金者保護法 …………………257
416条の意義………………………… 62

ら　行

履　行 ……………………3,239
履行期………………………… 44
履行遅滞 ………………………39,44
　――と免責事由 ………………… 46
　――と損害賠償 ………………… 69
　――と填補賠償 ………………… 70
履行の強制………………………… 30
　――の方法 ……………………… 31
　――の要件・効果 ……………… 32
　――の制度上の問題点……………34
履行不能 ………………………39,46
　――と免責事由 ………………… 49
　――と損害賠償 ………………… 71
　金銭債務と――………………… 48
履行引受 ……………………225,231
履行補助者………………………… 42
利息債権 ………………………11,17
　基本権たる――………………… 18
　支分権たる――………………… 18
連帯債権 ……………………124,149
連帯債務 ……………………124,135
　――の効力 ……………………138
　――の要件 ……………………136
　連帯保証と――との異同 ………167
連帯の推定 ………………………137
連帯の免除 ………………………146

連帯保証 …………………………………165
　──と連帯債務との異同 …………167

労働契約法…………………………………54

判 例 索 引

〔大　審　院〕

大判明 36・3・30 民録 9 輯 361 頁
　　　………………………………202

大判明 36・4・23 民録 9 輯 484 頁
　　　………………………………156

大判明 36・12・7 民録 9 輯 1339 頁
　　　………………………………117

大判明 38・2・10 民録 11 輯 150 頁
　　　………………………………116

大判明 38・10・7 民録 11 輯 1300 頁
　　　………………………………203

大判明 39・10・29 民録 12 輯 1358 頁
　　　…………………………………47

大判明 39・11・21 民録 12 輯 1537 頁
　　　…………………………………80

大判明 43・7・6 民録 16 輯 537 頁
　　　………………………………81, 85

大判明 43・7・6 民録 16 輯 546 頁
　　　………………………………89, 95

大連判明 44・3・24 民録 17 輯 117 頁
　　　………………………………102, 116

大判明 44・10・3 民録 17 輯 538 頁
　　　………………………………108

大判明 44・10・19 民録 17 輯 593 頁
　　　………………………………116, 120

大判明 45・3・13 民録 18 輯 193 頁
　　　………………………………198

大判大 3・10・13 民録 20 輯 751 頁
　　　………………………………146

大連判大 3・12・22 民録 20 輯 1146 頁
　　　………………………………201

大判大 4・2・9 民録 21 輯 93 頁
　　　………………………………202

大判大 4・3・10 刑録 21 輯 279 頁
　　　…………………………………28

大判大 4・3・27 民録 21 輯 444 頁
　　　………………………………204

大判大 4・9・21 民録 21 輯 1486 頁
　　　………………………………129, 137

大判大 5・5・8 民録 22 輯 918 頁
　　　………………………………286

大判大 5・7・15 民録 22 輯 1549 頁
　　　………………………………173

大判大 5・11・21 民録 22 輯 2250 頁
　　　…………………………………85

大判大 6・3・26 民録 23 輯 521 頁
　　　………………………………202

大判大 6・5・3 民録 23 輯 863 頁
　　　………………………………143

大判大 6・6・7 民録 23 輯 932 頁
　　　………………………………117

大判大 6・10・2 民録 23 輯 1510 頁
　　　………………………………200

大判大 6・10・3 民録 23 輯 1383 頁
　　　………………………………120

大判大 7・3・19 民録 24 輯 445 頁
　　　………………………………131

大判大 7・9・26 民録 24 輯 1730 頁
　　　………………………………108

大判大 7・12・7 民録 24 輯 2310 頁
　　　………………………………259

大連判大 8・3・28 民録 25 輯 441 頁
　　　………………………………208

大判大 8・4・16 民録 25 輯 689 頁
　　　………………………………108

大判大 8・5・5 民録 25 輯 839 頁
……………………………………110

大判大 8・6・26 民録 25 輯 1178 頁
……………………………………199

大判大 8・6・30 民録 25 輯 1192 頁
……………………………………204

大判大 8・7・11 民録 25 輯 1305 頁
……………………………………111

大判大 9・6・17 民録 26 輯 905 頁
……………………………………262

大判大 9・11・11 民録 26 輯 1701 頁
……………………………………81

大判大 10・2・9 民録 27 輯 244 頁
……………………………………197

大判大 10・4・30 民録 27 輯 832 頁
……………………………………266

大判大 10・5・9 民録 27 輯 899 頁
……………………………………226

大判大 10・6・18 民録 27 輯 1168 頁
…………………………………119, 120

大判大 10・10・15 民録 27 輯 1788 頁
……………………………………29

大判大 11・3・1 民集 1 巻 80 頁
……………………………………229

大判大 11・4・8 民集 1 巻 179 頁
……………………………………263

大判大 11・8・30 民集 1 巻 507 頁
……………………………………93

大判大 11・11・24 民集 1 巻 670 頁
……………………………………131

大判大 13・4・25 民集 3 巻 157 頁
……………………………………108

大判大 14・10・28 民集 4 巻 656 頁
……………………………………172

大判大 14・12・15 民集 4 巻 710 頁
…………………………………228, 234

大判大 15・2・24 民集 5 巻 235 頁
……………………………………26

大判大 15・3・25 民集 5 巻 219 頁
……………………………………230

大連判大 15・5・22 民集 5 巻 386 頁
……………………………………66

大判大 15・12・2 民集 5 巻 769 頁
……………………………………172

大判昭 2・12・16 民集 6 巻 706 頁
……………………………………233

大判昭 3・2・28 民集 7 巻 107 頁
……………………………………234

大判昭 3・11・8 民集 7 巻 980 頁
……………………………………108

大判昭 4・12・16 民集 8 巻 944 頁
………………………………29, 81, 96

大判昭 5・9・17 新聞 3184 号 9 頁
……………………………………160

大決昭 5・9・30 民集 9 巻 926 頁
……………………………………36

大判昭 5・10・4 新聞 3196 号 9 頁
……………………………………112

大判昭 5・10・10 民集 9 巻 948 頁
……………………………………199

大決昭 6・4・7 民集 10 巻 535 頁
……………………………………248

大判昭 6・4・18 評論 20 巻民法 788 頁
……………………………………110

大判昭 6・6・4 民集 10 巻 401 頁
……………………………………158

大判昭 7・5・27 民集 11 巻 1069 頁
……………………………………148

大判昭 7・6・21 民集 11 巻 1198 頁
……………………………………90

大判昭 7・6・28 民集 11 巻 1247 頁
……………………………………208

大判昭 7・7・22 民集 11 巻 1629 頁
　　　　　　　　　　　　　　　　　　85

大判昭 7・9・15 民集 11 巻 1841 頁
　　　　　　　　　　　　　　　　　　116

大判昭 7・9・30 民集 11 巻 2008 頁
　　　　　　　　　　　　　　　　　　145

大判昭 7・12・6 民集 11 巻 2414 頁
　　　　　　　　　　　　　　　　　　204

大判昭 8・4・18 民集 12 巻 689 頁
　　　　　　　　　　　　　　　　　　204

大判昭 8・6・13 民集 12 巻 1437 頁
　　　　　　　　　　　　　　　　　　70

大判昭 8・6・13 民集 12 巻 1472 頁
　　　　　　　　　　　　　　　　　　157

大判昭 9・1・30 民集 13 巻 103 頁
　　　　　　　　　　　　　　　　　　173

大判昭 9・3・29 民集 13 巻 328 頁
　　　　　　　　　　　　　　　　　　160

大判昭 9・5・22 民集 13 巻 799 頁
　　　　　　　　　　　　　　　　88, 89

大判昭 9・11・24 民集 13 巻 2153 頁
　　　　　　　　　　　　　　　　　　250

大判昭 9・12・28 民集 13 巻 2261 頁
　　　　　　　　　　　　　　　　　　199

大判昭 10・3・12 民集 14 巻 482 頁
　　　　　　　　　　　　　　　　　　90

大判昭 10・4・25 新聞 3835 号 5 頁
　　　　　　　　　　　　　　　　　　25

大判昭 10・6・29 新聞 3869 号 10 頁
　　　　　　　　　　　　　　　　　　81

大判昭 10・10・19 新聞 3909 号 18 頁
　　　　　　　　　　　　　　　　　　230

大判昭 11・3・23 民集 15 巻 551 頁
　　　　　　　　　　　　　　　　　　89

大判昭 11・7・4 民集 15 巻 1304 頁
　　　　　　　　　　　　　　　　　　230

大判昭 12・5・7 民集 16 巻 544 頁
　　　　　　　　　　　　　　　　　　234

大判昭 12・6・30 民集 16 巻 1285 頁
　　　　　　　　　　　　　　　　　　148

大判昭 12・11・15 判決全集 4 輯 22 号
　14 頁　　　　　　　　　　　　　　63

大判昭 12・12・11 民集 16 巻 1945 頁
　　　　　　　　　　　　　　　　　　139

大判昭 13・6・11 民集 17 巻 1249 頁
　　　　　　　　　　　　　　　　　　240

大判昭 14・5・16 民集 18 巻 557 頁
　　　　　　　　　　　　　　　　　　91

大判昭 15・3・13 民集 19 巻 530 頁
　　　　　　　　　　　　　　　　　　70

大判昭 15・3・15 民集 19 巻 586 頁
　　　　　　　　　　　　　　　　　　93

大判昭 15・12・20 民集 19 巻 2216 頁
　　　　　　　　　　　　　　　　　　198

大判昭 16・2・10 民集 20 巻 79 頁
　　　　　　　　　　　　　　　　　　111

大判昭 16・2・20 民集 20 巻 89 頁
　　　　　　　　　　　　　　　　　　202

大判昭 17・12・18 民集 21 巻 1199 頁
　　　　　　　　　　　　　　　　　　83

大判昭 18・9・10 民集 22 巻 948 頁
　　　　　　　　　　　　　　　　　　175

大判昭 18・12・22 民集 22 巻 1263 頁
　　　　　　　　　　　　　　　　　　89

〔最高裁判所〕

最判昭 28・5・29 民集 7 巻 5 号 608 頁
　　　　　　　　　　　　　　　　　　200

最判昭 28・12・14 民集 7 巻 12 号
　1386 頁　　　　　　　　　　　　　87

最判昭 28・12・18 民集 7 巻 12 号
　1515 頁　　　　　　　　　　　　　29

最判昭29・4・2民集8巻4号745頁
‥‥‥‥‥‥‥‥‥‥‥‥‥‥‥‥111
最判昭29・7・16民集8巻7号1350
頁 ‥‥‥‥‥‥‥‥‥‥‥‥‥‥‥260
最判昭29・7・20民集8巻7号1408
頁‥‥‥‥‥‥‥‥‥‥‥‥‥‥‥‥29
最判昭29・9・24民集8巻9号1658
頁‥‥‥‥‥‥‥‥‥‥‥‥‥‥‥‥90
最判昭30・4・19民集9巻5号556頁
‥‥‥‥‥‥‥‥‥‥‥‥‥‥‥‥‥43
最判昭30・9・29民集9巻10号1472
頁 ‥‥‥‥‥‥‥‥‥‥‥‥226, 233
最判昭30・10・11民集9巻11号
1626頁‥‥‥‥‥‥‥‥‥‥‥‥‥118
最判昭31・1・26裁判集民21号7頁
‥‥‥‥‥‥‥‥‥‥‥‥‥‥‥‥‥90
最大判昭31・7・4民集10巻7号785
頁‥‥‥‥‥‥‥‥‥‥‥‥‥‥‥‥35
最判昭32・2・22民集11巻2号350
頁 ‥‥‥‥‥‥‥‥‥‥‥‥‥‥‥273
最判昭32・3・8民集11巻3号513頁
‥‥‥‥‥‥‥‥‥‥‥‥‥‥‥‥282
最大判昭32・6・5民集11巻6号915
頁‥‥‥‥‥‥‥‥‥‥‥‥‥‥‥243
最判昭32・7・5民集11巻7号1193
頁‥‥‥‥‥‥‥‥‥‥‥‥‥‥‥‥7
最判昭32・7・19民集11巻7号1297
頁‥‥‥‥‥‥‥‥‥‥‥‥‥‥‥277
最判昭32・11・1民集11巻12号
1832頁‥‥‥‥‥‥‥‥‥‥‥‥‥110
最判昭32・12・19民集11巻13号
2299頁‥‥‥‥‥‥‥‥‥‥‥‥‥154
最判昭33・6・14民集12巻9号1449
頁‥‥‥‥‥‥‥‥‥‥‥‥‥‥‥‥89
最判昭33・6・19民集12巻10号
1562頁‥‥‥‥‥‥‥‥‥‥‥‥‥172

最判昭33・9・26民集12巻13号
3022頁‥‥‥‥‥‥‥‥‥‥109, 113
最判昭33・12・18民集12巻16号
3323頁‥‥‥‥‥‥‥‥‥‥‥‥‥268
最判昭35・4・21民集14巻6号930
頁‥‥‥‥‥‥‥‥‥‥‥‥‥‥‥‥47
最判昭35・4・26民集14巻6号1046
頁 ‥‥‥‥‥‥‥‥‥‥‥‥112, 114
最判昭35・11・22民集14巻13号
2827頁‥‥‥‥‥‥‥‥‥‥‥‥‥241
最大判昭36・5・31民集15巻5号
1482頁‥‥‥‥‥‥‥‥‥‥‥‥‥276
最判昭36・6・20民集15巻6号1602
頁‥‥‥‥‥‥‥‥‥‥‥‥‥‥‥‥17
最大判昭36・7・19民集15巻7号
1875頁‥‥‥‥‥‥‥‥‥‥111, 118
最判昭36・12・15民集15巻11号
2865頁‥‥‥‥‥‥‥‥‥‥‥‥‥131
最判昭37・3・6民集16巻3号436頁
‥‥‥‥‥‥‥‥‥‥‥‥‥110, 111
最判昭37・8・21民集16巻9号1809
頁 ‥‥‥‥‥‥‥‥‥‥‥‥‥‥‥257
最判昭37・9・4民集16巻9号1834
頁‥‥‥‥‥‥‥‥‥‥‥‥‥‥‥‥46
最判昭37・10・9民集16巻10号
2070頁‥‥‥‥‥‥‥‥‥‥‥‥‥121
最判昭37・11・9民集16巻11号
2270頁‥‥‥‥‥‥‥‥‥‥‥‥‥173
最判昭37・11・16民集16巻11号
2280頁 ‥‥‥‥‥‥‥‥‥‥‥‥‥72
最判昭38・4・23民集17巻3号536
頁‥‥‥‥‥‥‥‥‥‥‥‥‥‥‥‥99
最判昭39・1・23民集18巻1号76頁
‥‥‥‥‥‥‥‥‥‥‥‥‥108, 119
最判昭39・4・17民集18巻4号529
頁‥‥‥‥‥‥‥‥‥‥‥‥‥‥‥‥85

最判昭39・7・10民集18巻6号1078
　頁 ……………………………………118
最判昭39・7・28民集18巻6号1220
　頁 ……………………………………282
最判昭39・9・22判時385号50頁
　………………………………………137
最判昭39・10・15民集18巻8号
　1671頁 …………………………81, 85
最判昭39・11・17民集18巻9号
　1851頁 ………………………………108
最判昭39・11・26民集18巻9号
　1984頁 ………………………………263
最判昭39・12・18民集18巻10号
　2179頁 ………………………………172
最大判昭39・12・23民集18巻10号
　2217頁 ………………………………277
最大判昭40・6・30民集19巻4号
　1143頁 ………………………………156
最判昭40・7・9民集19巻5号1178
　頁 ……………………………………254
最判昭40・9・21民集19巻6号1560
　頁………………………………………95
最判昭40・10・12民集19巻7号
　1777頁 …………………………………80
最判昭40・11・19民集19巻8号
　1986頁 ………………………………254
最判昭40・12・3民集19巻9号2090
　頁………………………………………76
最判昭40・12・21民集19巻9号
　2221頁 ………………………………289
最大判昭41・4・20民集20巻4号
　702頁 ………………………………158
最判昭41・5・27民集20巻5号1004
　頁 ……………………………………108
最判昭41・10・4民集20巻8号1565
　頁 ……………………………………257

最判昭41・11・18民集20巻9号
　1861頁 ………………………………249
最判昭41・11・18民集20巻9号
　1886頁 ………………………………149
最判昭41・12・20民集20巻10号
　2139頁 ………………………………231
最判昭41・12・23民集20巻10号
　2211頁 …………………………………65
最判昭42・2・23民集21巻1号189
　頁………………………………………21
最判昭42・8・24民集21巻7号1719
　頁 ……………………………………268
最判昭42・8・25民集21巻7号1740
　頁 ……………………………………132
最判昭42・11・9民集21巻9号2323
　頁 ……………………………………112
最判昭42・12・21民集21巻10号
　2613頁 ………………………………257
最判昭43・7・4民集22巻7号1441
　頁………………………………………36
最判昭43・9・26民集22巻9号2002
　頁………………………………………85
最判昭43・11・15民集22巻12号
　2649頁 ………………………………170
最判昭44・2・27民集23巻2号441
　頁………………………………………63
最判昭44・5・1民集23巻6号935頁
　………………………………………244
最判昭44・6・24民集23巻7号1079
　頁………………………………………88
最判昭44・12・18民集23巻12号
　2495頁 ………………………………276
最判昭44・12・19民集23巻12号
　2518頁 ………………………………110
最判昭45・4・10民集24巻4号240
　頁………………………………………186

最判昭 45・4・21 判時 595 号 54 頁
　……………………………………148
最大判昭 45・6・24 民集 24 巻 6 号
　587 頁 …………………277, 280
最判昭 45・8・20 民集 24 巻 9 号 1243
　頁 ………………………………243
最判昭 45・11・19 判時 616 号 65 頁
　……………………………………111
最判昭 46・3・25 判時 628 号 44 頁
　……………………………………198
最判昭 46・4・23 民集 25 巻 3 号 388
　頁 ………………………………234
最判昭 46・9・21 民集 25 巻 6 号 857
　頁 ………………………………268
最判昭 46・11・19 民集 25 巻 8 号
　1321 頁 …………………………121
最判昭 46・12・16 民集 25 巻 9 号
　1472 頁 …………………………76
最判昭 47・3・23 民集 26 巻 2 号 274
　頁 ………………………………156
最判昭 47・4・20 民集 26 巻 3 号 520
　頁 ………………………………72
最判昭 48・1・30 判時 695 号 64 頁
　……………………………………148
最判昭 48・3・27 民集 27 巻 2 号 376
　頁 ………………………………257
最判昭 48・4・24 民集 27 巻 3 号 596
　頁 ………………………………91
最判昭 48・7・19 民集 27 巻 7 号 823
　頁 ………………………………183
最判昭 48・10・11 判時 723 号 44 頁
　……………………………………63
最判昭 48・11・30 民集 27 巻 10 号
　1491 頁 …………………………111
最判昭 49・3・7 民集 28 巻 2 号 174 頁
　…………………………205, 210

最判昭 49・6・28 民集 28 巻 5 号 666
　頁 ………………………………276
最判昭 49・9・20 民集 28 巻 6 号 1202
　頁 …………………………105, 106
最判昭 49・11・21 民集 28 巻 8 号
　1654 頁 …………………………199
最判昭 49・11・29 民集 28 巻 8 号
　1670 頁 ………………80, 82, 99
最判昭 50・1・31 民集 29 巻 1 号 68 頁
　……………………………………64
最判昭 50・2・25 民集 29 巻 2 号 143
　頁…………………………………52
最判昭 50・3・6 民集 29 巻 3 号 203 頁
　……………………………82, 99
最判昭 50・7・17 民集 29 巻 6 号 1119
　頁 ………………………………114
最判昭 50・12・8 民集 29 巻 11 号
　1864 頁 …………………219, 280
最判昭 51・7・8 民集 30 巻 7 号 689 頁
　……………………………………149
最判昭 53・10・5 民集 32 巻 7 号 1332
　頁 ………………………………121
最判昭 54・1・25 民集 33 巻 1 号 12 頁
　……………………………………118
最判昭 54・7・10 民集 33 巻 5 号 533
　頁 ………………………271, 280
最判昭 54・9・7 判時 954 号 29 頁
　……………………………………276
最判昭 55・1・11 民集 34 巻 1 号 42 頁
　……………………………………206
最判昭 55・1・24 民集 34 巻 1 号 110
　頁 …………………………106, 115
最判昭 55・12・18 民集 34 巻 7 号 888
　頁…………………………………53
最判昭 56・2・16 民集 35 巻 1 号 56 頁
　……………………………………53

最判昭 57・3・4 判時 1042 号 87 頁
　………………………………148

最判昭 57・6・4 判時 1048 号 97 頁
　………………………………263

最判昭 57・12・17 民集 36 巻 12 号
2399 頁 ………………………145

最判昭 58・4・19 判タ 501 号 131 頁
　…………………………………55

最判昭 58・5・27 民集 37 巻 4 号 477
頁………………………………54

最判昭 58・9・6 民集 37 巻 7 号 901 頁
　…………………………………46

最判昭 58・10・4 判時 1095 号 95 頁
　………………………………206

最判昭 58・10・6 民集 37 巻 8 号 1041
頁………………………………86

最判昭 58・12・19 民集 37 巻 10 号
1532 頁 ………………………105

最判昭 59・2・23 民集 38 巻 3 号 445
頁 ……………………………257

最判昭 59・5・29 民集 38 巻 7 号 885
頁 …………………………175, 252

最判昭 59・9・18 判時 1137 号 51 頁
　…………………………………55

最判昭 61・4・11 民集 40 巻 3 号 558
頁 …………………………207, 257

最判昭 61・11・27 民集 40 巻 7 号
1205 頁 ………………………250

最判昭 63・7・1 判時 1287 号 63 頁
　………………………………245

最判昭 63・10・13 判時 1295 号 57 頁
　………………………………257

最判平 2・11・8 判時 1370 号 52 頁
　…………………………………53

最判平 3・3・22 民集 45 巻 3 号 268 頁
　…………………………………97

最判平 3・4・11 判時 1391 号 3 頁
　…………………………………53

最判平 4・2・27 民集 46 巻 2 号 112 頁
　………………………………118

最判平 5・3・30 民集 47 巻 4 号 3334
頁 …………………………185, 207

最判平 5・10・19 民集 47 巻 8 号 5099
頁………………………………37

最判平 5・11・11 民集 47 巻 9 号 5255
頁………………………………26

最判平 6・4・26 民集 48 巻 3 号 992 頁
　…………………………………37

最判平 7・6・23 民集 49 巻 6 号 1737
頁 ……………………………254

最判平 8・2・8 判時 1563 号 112 頁
　………………………………114

最判平 8・7・12 民集 50 巻 7 号 1918
頁 ……………………………235

最判平 9・4・24 民集 51 巻 4 号 1991
頁 ……………………………257

最判平 10・6・12 民集 52 巻 4 号 1121
頁 ……………………………106

最判平 11・1・29 民集 53 巻 1 号 151
頁 …………………………189, 215, 218

最判平 11・6・11 民集 53 巻 5 号 898
頁 …………………………105, 106

最大判平 11・11・24 民集 53 巻 8 号
1899 頁 …………………………85, 97

最判平 12・3・9 民集 54 巻 3 号 1013
頁 ……………………………105

最判平 12・4・21 民集 54 巻 4 号 1562
頁 …………………………215, 218

最判平 13・3・13 民集 55 巻 2 号 363
頁 ……………………………281

最判平 13・11・22 民集 55 巻 6 号
1033 頁 …………………………86

最判平 13・11・22 民集 55 巻 6 号
　1056 頁 ……………………189, 216, 219
最判平 13・11・27 民集 55 巻 6 号
　1090 頁 ………………………………216
最判平 15・4・8 民集 57 巻 4 号 337 頁
　………………………………………257
最判平 17・2・22 民集 59 巻 2 号 314
　頁 ……………………………………281
最判平 17・3・10 民集 59 巻 2 号 356
　頁………………………………………98
最判平 19・2・15 民集 61 巻 1 号 243
　頁 ……………………………189, 219
最判平 19・2・27 判時 1964 号 45 頁
　…………………………………………55
最判平 21・1・19 民集 63 巻 1 号 97 頁
　…………………………………………62
最判平 22・10・19 金判 1355 号 16 頁
　………………………………………101
最判平 23・4・22 民集 65 巻 3 号 1405
　頁………………………………………56
最判平 27・6・1 民集 69 巻 4 号 672 頁
　………………………………………214

〔高等裁判所〕

札幌高判昭 31・12・14 高民集 9 巻 10
　号 640 頁 ……………………………208
東京高判昭 48・9・18 下民集 24 巻 9
　～12 号 645 頁 ………………………73
大阪高判昭 58・7・19 判タ 512 号 137
　頁………………………………………56

〔地方裁判所〕

東京地判年月日不明新聞 986 号 25 頁
　…………………………………………10
福岡地久留米支判昭 45・3・16 判時
　612 号 76 頁 …………………………73
高松地判昭 48・1・26 判時 706 号 54
　頁………………………………………73
大阪地判昭 56・3・30 判時 1029 号
　104 頁 …………………………………24
大阪地判平 15・5・15 金法 1700 号
　103 頁 ………………………………183

【有斐閣Sシリーズ】

民法Ⅲ 債権総論〔第5版〕

1988年4月30日 初 版第1刷発行	2005年4月25日 第3版第1刷発行
1995年3月20日 第2版第1刷発行	2012年4月10日 第3版補訂第1刷発行
1999年1月30日 第2版補訂第1刷発行	2018年5月20日 第4版第1刷発行
2003年4月30日 第2版補訂2版第1刷発行	2023年4月10日 第5版第1刷発行

著 者 野村豊弘, 栗田哲男, 池田真朗, 永田眞三郎, 野澤正充

発行者 江草貞治

発行所 株式会社有斐閣

〒101-0051 東京都千代田区神田神保町2-17

https://www.yuhikaku.co.jp/

印 刷 株式会社精興社

製 本 大口製本印刷株式会社

装丁印刷 萩原印刷株式会社

落丁・乱丁本はお取替えいたします。定価はカバーに表示してあります。
©2023, 野村豊弘, 栗田敏子, 池田真朗, 永田眞理, 野澤正充.
Printed in Japan ISBN 978-4-641-15957-0